Alfredo Kraus

ARTURO REVERTER

Alfredo Kraus
Una concepción del canto

Alianza Editorial

Las fotos que ilustran esta obra pertenecen en su mayoría, como se indica en cada caso, a la colección de herederos de Alfredo Kraus y han sido cedidas sin cargo alguno para su publicación exclusiva en esta edición. La foto que ilustra la portada es de la misma procedencia.

Reservados todos los derechos. El contenido de esta obra está protegido por la Ley, que establece penas de prisión y/o multas, además de las correspondientes indemnizaciones por daños y perjuicios, para quienes reprodujeren, plagiaren, distribuyeren o comunicaren públicamente, en todo o en parte, una obra literaria, artística o científica, o su transformación, interpretación o ejecución artística fijada en cualquier tipo de soporte o comunicada a través de cualquier medio, sin la preceptiva autorización.

© Arturo Reverter, 2010
© Asociación Lírica Asturiana Alfredo Kraus
© Alianza Editorial, S. A., Madrid, 2010
   Calle Juan Ignacio Luca de Tena, 15; 28027 Madrid; teléf. 91 393 88 88
   www.alianzaeditorial.es
   ISBN: 978-84-206-8231-0
   Depósito legal: M. 45.389-2010
   Impreso en Efca, S. A.
   Printed in Spain

SI QUIERE RECIBIR INFORMACIÓN PERIÓDICA SOBRE LAS NOVEDADES DE
ALIANZA EDITORIAL, ENVÍE UN CORREO ELECTRÓNICO A LA DIRECCIÓN:

alianzaeditorial@anaya.es

A Suso Mariategui

ÍNDICE

A MODO DE PRESENTACIÓN...	11
RECONOCIMIENTOS	13
PRÓLOGO	15
INTRODUCCIÓN. **Alfredo Kraus: una concepción del canto**	19
CAPÍTULO 1. **Biografía sucinta**	23
Marcha a Barcelona	26
Milán	29
CAPÍTULO 2. **Tipo vocal. Timbre y color. Criterios de clasificación**	37
Timbre y color	40
Criterios de clasificación	43
CAPÍTULO 3. **Principios básicos. El pasaje de registro. Las vocales. Articulación vocálica. Cuestiones respiratorias**	51
El pasaje de registro	52
Las vocales	56
Articulación vocálica	59
Cuestiones respiratorias	62
CAPÍTULO 4. **Pensamiento musical. En el principio fue el canto. El foso y la escena**	69
En el principio fue el canto	69
El foso y la escena	75
CAPÍTULO 5. **Cuestiones formales. Evolución vocal. Singularidades tímbricas**	81
Evolución vocal	86
Singularidades tímbricas	91

CAPÍTULO 6. **Los gestos. El valor del agudo. El aplauso. El maestro** 97
    El valor del agudo 98
    El aplauso 100
    El maestro 104

CAPÍTULO 7. **Estudio y aprendizaje. Repertorio. En busca del personaje. El toque Mozart** 113
    Repertorio. En busca del personaje 119
    El toque Mozart 129

CAPÍTULO 8. **Galería de personajes. Los hitos italianos** 135
    IL DUCA 138
    ALFREDO 145
    ALMAVIVA 148
    ELVINO 152
    ARTURO 154
    EDGARDO 158
    FERNANDO 160
    RODOLFO 165

CAPÍTULO 9. **Galería de personajes. Los hitos franceses** 167
    WERTHER 167
    ROMEO 177
    NADIR 179
    TONIO 180
    HOFFMANN 182

CAPÍTULO 10. **De voces y cantantes** 185

CAPÍTULO 11. **Una mirada al género lírico español. Variaciones en torno a *Doña Francisquita*** 209

CAPÍTULO 12. **En torno a la enseñanza. El adiós** 223
    La hora de la retirada 229

CAPÍTULO 13. **Técnica, estilo, expresión: arte de canto** 237
    Fiato 241
    Legato 243
    Reguladores 247
    Messa di voce 252
    Mezza voce 255
    Sfumature y *smorzature* 256
    Fraseo 257
    Agudos y sobreagudos 261
    Agilidades 268

CAPÍTULO 14. **El mundo del disco** 273
    Las grabaciones 277
    Recitales y clases magistrales 288

APUNTE BIBLIOGRÁFICO 293

ÍNDICE ONOMÁSTICO 299

A MODO DE PRESENTACIÓN...

Según reza el Artículo 2º de nuestros estatutos sociales el principal objetivo de la Asociación Lírica Asturiana Alfredo Kraus es «*Promover y fomentar iniciativas, ideas y proyectos que evoquen, perpetúen y difundan el recuerdo del tenor Alfredo Kraus Trujillo...*»

Creemos que con la publicación de este libro no hacemos otra cosa que cumplir dicho objetivo. La Asociación, creada en el año 2003 en memoria del insigne artista, ha organizado en su todavía corta existencia un buen número de actos evocando la figura de Alfredo Kraus. Pero pensamos que, junto con el seminario dedicado al tenor con ocasión del X Aniversario de su fallecimiento celebrado el año pasado dentro de los Cursos de La Granda, es éste el de más trascendencia y del que nos sentimos más orgullosos.

Creemos también que hemos acertado plenamente con la elección de Arturo Reverter para llevar adelante este proyecto. No en vano el autor es uno de los más respetados críticos nacionales dentro del mundo de la lírica, profundo conocedor de los misterios del canto y atento seguidor de siempre de la carrera de Alfredo Kraus.

Confiamos en que el libro contribuya de manera decisiva a dar a conocer al aficionado de hoy y a los de las generaciones futuras la dimensión artística del personaje, sin duda uno de los cantantes líricos de más influencia y significación en la segunda mitad del pasado siglo XX. El hecho de que su lectura nos permita conocer en profundidad el pensamiento artístico del propio Kraus, a través de la transcripción de las conversaciones que a lo largo de muchos años mantuvieron artista y autor, le da un «plus» de interés y novedad que le hace aún más atractivo.

Sólo nos resta decir que nos congratulamos de que Alianza Editorial se haya hecho cargo de la edición y comercialización de este libro, que se suma, esperamos que con éxito, a la bibliografía existente sobre el tenor. A todos los que han contribuido, de una forma u otra, a llevar a feliz término este proyecto, con especial mención a la Fundación Internacional Alfredo Kraus, muchas gracias.

José Carlos González Abeledo
Asociación Lírica Asturiana Alfredo Kraus
Presidente

RECONOCIMIENTOS

Un libro como éste no nace sin una labor de años; y sin unas ayudas, colaboraciones, consejos y amables sugerencias. De otra forma el esfuerzo del autor no habría fructificado de la misma manera. El llorado Suso Mariategui, a quien el trabajo va dedicado, facilitó algunos de los documentos, impresos y sonoros, y siempre estuvo abierto a consultas y recomendaciones. Conocía muy bien, y en todos los órdenes, a Alfredo Kraus, de quien fue ayudante en la cátedra Ramón Areces de la Escuela Reina Sofía. Lo mismo que Edelmiro Arnaltes, pianista acompañante durante años del tenor.

Cuatro personas se tomaron el trabajo de leer detenidamente el texto, en el que, como es lógico, encontraron errores e inexactitudes: Magdalena Manzanares, Germán Cruz, Santiago Salaverri y Victoria Stapells. A esta última se deben, además, algunos de los cambios estructurales y reordenaciones temáticas que han conducido a la definitiva configuración del texto, que así ha ganado en agilidad, fluidez y comprensibilidad.

Por último, mis más expresivas gracias a la Asociación Lírica Asturiana Alfredo Kraus, que me ha dado la oportunidad de hacer realidad un libro pensado durante mucho tiempo, y a Alianza Editorial, que ha sabido dar cauce a su publicación.   A. R.

Renata Scotto

PRÓLOGO

Me alegra sobremanera la aparición de este libro dedicado a Alfredo Kraus, amigo, compañero, gran cantante siempre. Con él tuve el honor de compartir muchas funciones de ópera y a él debo, en realidad, mi formación como soprano. Cuando canté en Venecia con él por vez primera yo contaba 20 años y comenzaba mi carrera, ya que había debutado en *Traviata* a los 18. Tenía graves problemas vocales y no terminaba de cantar realmente bien, porque mi técnica era de natura. El maestro que me había empezado a enseñar era terrible. La naturaleza te da unos medios, pero no te ayuda a cantar bien si no posees una técnica. Alfredo, que debía de ser unos cinco años mayor que yo, me animó para que fuera a ver a su maestra. La Llopart me dijo que mi voz era muy bella, pero que carecía de una técnica sólida y me propuso dejar de cantar durante seis meses para poder estudiar seriamente. Abandoné todo proyecto y me dediqué al estudio concienzudo. Cuando regresé a los escenarios había *renacido*; y hacía justicia así a mi propio nombre.

Allí comenzó verdaderamente mi carrera, en la que Alfredo, como puede deducirse, fue fundamental. Era un hermano, un amigo en el sentido más amplio de la palabra, que había captado perfectamente mi problema. Poseía un instinto infalible, enorme, un talento para captar la verdad del canto, que creo que no le había enseñado nadie, ni siquiera la Llopart. Había nacido con ese talento para entender la técnica, de saber por dónde debía ir el sonido. Un talento del que nos pudimos aprovechar otros, porque era muy generoso, como yo; o como, años después, Sesto Bruscantini, que recibió sabios consejos de Kraus; a partir de ahí pudo cantar a satisfacción durante mucho tiempo.

Alfredo no cambió prácticamente el repertorio a lo largo de su carrera; yo sí, incluso desde ese momento en el que tomé contacto con él. Me enseñó sobre todo a entender los conceptos de *messa di voce* y de la emisión a la máscara. Siempre hemos de partir de ahí: el rostro no se transforma, debe ser siempre bello, siempre natural. Era lo que predicaba. Ahí se unían los presupuestos de la Llopart y los que nacían de la propia naturaleza, que él comprendía tan bien. Comencé a cantar el repertorio ligero tras mi contacto con ellos; y ahí me situé durante unos quince años. Luego empecé con Verdi y con Puccini, a los que ya había trabajado al principio, pero sin saber cómo enfocarlos correctamente.

Guardo especial recuerdo de las numerosas *Sonámbulas* que cantamos juntos; y casi por casualidad, pues yo estaba en La Scala haciendo creo que *Elisir*, y me llamaron urgentemente de La Fenice. Ahí nació una pareja escénica inolvidable. Nos dábamos el uno al otro muchas cosas, juntas y separadas; él a mí y yo a él. Éramos dos personas que cantaban unidas y que creaban dos personajes en permanente comunicación, que se hablaban el uno al otro. Yo le daba a Alfredo todo y él me entendía. Cantaba conmigo de manera distinta a cuando cantaba con otras sopranos. Nos mirábamos a los ojos y él se convertía de pronto en Elvino, el Duque de Mantua o cualquier otro personaje. Dejaba de ser Alfredo Kraus.

Por supuesto, estoy en condiciones de afirmar que Kraus no era un cantante frío, como tantas veces se ha dicho. Consideraba que lo importante sobre la escena es ser elegante y expresar las intenciones del personaje de dentro afuera; no perderse en inútiles gesticulaciones o exageraciones. Esa elegancia, ese porte, que en todo caso penetraba sutilmente en el carácter de cada personaje, eran interpretados en aquella época como frialdad. Sin embargo, creo que cuando cantaba conmigo, sin abandonar esa distinción, se transformaba en cierta medida; yo lo removía, lo arrastraba, lo que se apreciaba luego en la calidad y la expresividad de su sonido.

Éramos también muy amigos fuera de escena, lo que facilitaba mucho las cosas. A veces se unía a nosotros Rosi, su mujer. Me acuerdo de haberla llevado en mi viejo automóvil en Bergamo cuando ella estaba de nueve meses, a punto de dar a luz de un momento a otro. Lo pasábamos estupendamente. Llegamos a ser, verdaderamente, uña y carne. Convivíamos con frecuencia. Recuerdo que, muchas veces, en Florencia, Rosi nos hacía unas comidas riquísimas; era una fantástica cocinera. Realmente, éramos como una familia. Hablo de los años 1975 y 1976. Tengo recuerdos espléndidos; con los dos. Naturalmente, cuando iba a España, a veces me hospedaba en su casa; y salía con ellos. Porque Alfredo los días de función no se quedaba quieto; le gustaba salir e ir de tiendas, lo mismo que a Rosi. Incluso fuimos un día en el que Alfredo cantaba por la tarde *Puritanos*, una ópera a la que todos los tenores tienen terror. Él lo hacía con la mayor naturalidad. Realmente extraordinario.

La última ópera que canté con Kraus fue *Werther*. Nunca la hice con otro tenor. La de Charlotte es una parte entre soprano y *mezzo*; me iba bien y me daba la posibilidad de recitar, de declamar, de cantar. La primera vez que la representamos fue en San Francisco; luego en Dallas; la última en el Liceo, bajo la dirección de Michel Plasson, un magnífico maestro. Puede decirse que Alfredo llevaba a Werther dentro de sí. Fue grande. Y pienso que conmigo se liberaba un poco y era más apasionado. Estoy hablando de los primeros años ochenta.

No es fácil definir a Kraus como artista, porque era muy especial. Como tenor, pertenecía al periodo intermedio que va de los años veinte a los años sesenta. No parecía siempre bien emplazado. No era artista del ochocientos ni de nuestros días; por su discurso, por su modo de comportarse en escena. Y nada frío, por supuesto, como he dicho. Elegante y gran músico. Me hace gracia recordar cómo en Florencia llevaba el diapasón para comprobar si la entonación era justa, la en torno a 40 o 42. Era un tenor que sin duda recuperó, en la época moderna, modos y técnicas del pasado. Hoy un cantante que podríamos comparar con él, salvando distancias, con otro tipo de voz, pero con un estilo similar en escena es Jonas Kaufmann. Como Alfredo, es moderno; se ha anticipado a su tiempo. Ambos creo que son excelentes músicos, tienen el sonido, la afinación, en su interior.

Alfredo no amaba Puccini, pero grabó y cantó una vez *La bohème*. Me preguntaba qué debía hacer, cómo debía cantar una música a la que no estaba habituado. Le dije que pusiera toda la pasión posible y que no cantara siempre sin portamentos, que se dejara ir libremente y que aplicara esa técnica cuando le viniera en gana. Sin abandonar la rigurosa entonación, hacer grandes frases. Aunque, efectivamente, no era ópera para su estilo. En lo que quiero insistir es en la mezcla que en Alfredo había de modernidad y de clasicismo; o romanticismo. Seguramente había leído y estudiado los textos más famosos de la vocalidad, García, Vaccai y otros, cuyos presupuestos técnicos había hecho suyos. La aplicación perfecta de la *messa di voce* no creo que proviniera únicamente de la Llopart. Iba más allá. Hablábamos mucho en aquellos primeros años de la técnica del canto. Gracias a eso pude reorientar mi carrera, siguiendo lo que Alfredo me decía. Poseía, sin duda, el secreto de la técnica, del sonido rotundo y claro y pienso que todo ello venía de entender y trabajar los presupuestos de los maestros del *ottocento*; que él verdaderamente supo llevar a sus máximas cotas ejerciendo, eso sí, su arte en plena libertad.

Renata Scotto

INTRODUCCIÓN
Alfredo Kraus: una concepción del canto

Realizar una prospección en torno al arte y a la voz de Alfredo Kraus es tanto como penetrar en los secretos del canto clásico, de lo que podríamos llamar bel canto –el unido a maestros como Porpora, Pistocchi, Tosti o Manzini, luego heredado por Rossini y renovado por los románticos: Donizetti, Bellini, primer Verdi–, parcela en la que se instaló siempre, desde sus modos, el tenor canario, en un trabajo de recuperación, de puesta al día, de servicio a las reglas de oro de la tradición.

Kraus no fue un mimético seguidor de esas normas, como alguno de los alumnos de Celletti, sino que fue su defensor a partir de su aplicación hoy, con las consiguientes modificaciones que imponía el tiempo y el entendimiento de lo que ha de ser un canto moderno, en el que la expresión es tan distinta: menor énfasis, más rigor en la métrica, más control de la cuadratura, menor inventiva. Lo raro, y al tiempo lo destacable, lo meritorio, lo realmente revolucionario del tenor fue cómo supo, de una manera efectiva, elegante, musical, actual, romper con las espurias tendencias de un verismo rampante e instalar la verdad del canto tradicional, el buen canto, restaurar sus bases más límpidas y hacerlas suyas. Fue, por tanto, un rupturista, un creador, un francotirador, un valiente, un indomable, un muy honesto y honradísimo trabajador de la materia vocal; de la talla, en este aspecto, que tenía un cantante al que él admiraba de forma especial, muy diferente en todo caso: Miguel Fleta, cuya técnica, tan de natura, hacía prodigios a través de una voz impresionante, única en algunos puntos, y de la utilización de efectos y efectismos, falsetes y demoras incluidos, de los que Kraus era poco amigo; bien que el canario no fuera siempre intérprete que renunciara al lucimiento y que no buscara éste, por ejemplo, a través de la ubicación, no en todo momento santa y rigurosa, de sobreagudos; que, de todas formas, han sido durante siglos, una de las sales y de las gracias del canto.

Cualquier estudio mínimamente serio de la personalidad de Kraus ha de partir por ello de estas premisas, englobadas en el reconocimiento de que fue un artista creador por excelencia, que se sirvió de unas bases de irreprochable rigor para acercarnos, en la segunda mitad del siglo XX, a lo largo de más de cuarenta años, el canto más esbelto, acrisolado, limpio y puro. He ahí el gran valor de su actividad; un ejemplo a seguir. Hemos de estarle agradecidos por haber desempeñado esa misión que nos permitió conocer, en directo o en grabación, la verdad del canto más bello, la verdad del bel canto; desde principios no reñidos con la modernidad. Asimilar lo rancio, lo tradicional, lo antiguo pero valioso, a lo actual, lo serio, lo vigoroso, lo claro y preciso; aunar las reglas clásicas con las derivadas del paso de los siglos fue su gran aportación a la historia de la música. Por estas razones hemos de situar a Alfredo Kraus en la estela de su lejano antecesor Manuel García, el tenor, maestro y compositor sevillano, una de las indiscutibles figuras de la transición del siglo XVIII al XIX, cuyos presupuestos técnicos y expresivos en tantos puntos defendió nuestro cantante. Todo el vigor de la vocalidad española heredada de la práctica de los tradicionales actores de cantado unida a las teorías derivadas del más estricto belcantismo, que García había aprehendido de Ansani, antiguo discípulo de Porpora, fundador de la escuela napolitana, fue en cierto modo a desembocar, luego de muchos lustros, por los que discurrieron multitud de cantantes hijos de aquella escuela, en un intérprete como Kraus; que así, a través de sus recreaciones y de sus enseñanzas, nos lo hizo llegar. En su calidad de intérprete, de maestro, si bien no haya tenido especial continuidad en lo docente, quitando unos cuantos casos. Si la muerte no hubiera aparecido inoportunamente, es muy posible que el tenor canario hubiera desarrollado más ampliamente esa labor que, de todos modos, llevó a cabo con interesantes resultados, un poco a salto de mata, en su cátedra Ramón Areces de la Escuela Reina Sofía.

Lo más importante y definitorio para nosotros y para un libro de este tipo y de este pretendido alcance, es que haremos participar al propio Kraus en estas explicaciones y reflexiones, en estas matizaciones relativas al canto y a su producción, empleando para ello las numerosas opiniones de primera mano que pudimos obtener de él a lo largo de conversaciones y entrevistas mantenidas en un espacio temporal de más de veinte años, bastantes de las cuales destinadas precisamente a servir de base a este libro, por entonces todavía en el limbo. Es por tanto la voz del cantante la que se va a escuchar; son sus juicios, sus apreciaciones, sus expresiones los que se consignan. El autor se ha limitado a transcribir y a ordenar el material para que éste tuviera la suficiente fluidez y amenidad. En cierto sentido ha actuado como una especie de manipulador que, en todo caso, se considera fiel transcriptor del pensamiento musical y vocal de un cantante que ha hecho historia.

En el capítulo correspondiente ilustraremos la teoría con grabaciones del propio intérprete procedentes de distintas épocas de su extensa carrera. Con un pequeño apartado dedicado a ejercicios de vocalización. Y, desde el principio, iremos pespunteando el texto con pensamientos y comentarios de nuestra propia cosecha, a modo de glosas, incluso defendiendo en algún caso presupuestos contrarios a los mantenidos por el protagonista de este libro.

CAPÍTULO 1
Biografía sucinta

El futuro de Alfredo Kraus parecía predestinado desde que, a los 8 años, quiso participar en el coro del colegio. Allí descubrió su instrumento. Es ilustrativo escuchar al tenor evocar aquellas fechas:

> Poco a poco iba descubriendo el instrumento humano, la voz, aunque realmente no destaqué en un principio por ella, porque, la verdad, era ronca, grave, por lo que me pusieron a hacer segundas voces, lo que me daba mucha envidia, ya que veía que a los tiples, a los niños de timbres agudos, les daban las partes solistas. Aunque alguna vez, como se daban cuenta de que a mí me gustaba mucho, me dejaban cantar, pero enseguida salían los verdaderos solistas con esas voces de ángeles que tienen algunos niños y ya no tenía nada que hacer. Lo curioso es que, cuando llegó el cambio de la voz, sucedió todo lo contrario, se me agudizó y a los niños que la tenían aguda, precisamente, se les puso ronca. Lo que obedecía a una regla: a los niños de voz aguda, cuando crecen, se les pone grave, y al revés.

La actividad fue aumentando la afición del niño. De los villancicos, canciones infantiles, cánticos semirreligiosos, fue pasando, a medida que la voz iba mudando, a piezas más serias; y a otras cosas. Son los tiempos en que el futuro cantante empezaba a escuchar voces famosas de zarzuela y ópera como Tito Schipa o Beniamino Gigli; o, entre los españoles, Juan García o Pepe Romeu, que luego fue actor. Y Alfredo, a su manera, «entonaba sus cosillas».

> Tenía 15 o 16 años y un excelente oído; y musicalidad. Cuando se fundó el coro de la Sociedad Filarmónica llamaron para dirigirlo al maestro Obradors, que ya vino enfermo y no tardó mucho en morir. Se inscribieron también muchos amigos míos. A mí me dieron el tenor segundo, bien que aún no había terminado de mudar la voz.

El mocito, que se manejaba bastante bien en solfeo, que había estudiado junto con el piano desde muy niño en casa, era, sin embargo, según propia confesión, más bien vago y estudiaba diez minutos antes de que llegara el profesor. Su gran facilidad hacía el resto. Pero no comulgaba demasiado con el teclado, al que había que prestar más atención; de hecho, lo estudió cuatro años y lo dejó. Volvería a la solfa más tarde con una maestra, al tiempo que terminaba el bachillerato. Y, paulatinamente, la voz se iba colocando. Escuchaba y tomaba buena nota mental; no copiaba, porque Kraus nunca tuvo facilidad para imitar, pero se fijaba en la forma de cantar de unos y otros; había cosas que le gustaban y cosas que no. Poco a poco se constituyó un pequeño grupo de aficionados al canto y a la ópera en particular, que se reunía y oía discos, entre los que destacaba *El trovador* de Aureliano Pertile, que a todos gustaba.

> Tontos no éramos –comentaba años después el tenor–. Oíamos muchísimo la radio, Radio Lisboa sobre todo, que transmitía desde el San Carlos las funciones de ópera. Escuchábamos con relativa frecuencia a Gigli y a Bechi. Todo ello nos orientaba.

En todo caso, la idea de una dedicación exclusiva al canto no pasaba por la cabeza del joven. Era en principio un pasatiempo agradable. Ahí, en el coro, fue donde conoció a doña María Suárez, viuda de León, que ayudaba al maestro Obradors, director del grupo, a organizarse. Esta señora había sido alumna de Néstor de la Torre, un barítono perteneciente a una familia canaria de rancio abolengo que reunía en su casa a grupos de chicos y chicas jóvenes, que luego participaban en conciertos benéficos. Con doña María, Kraus empezó a cultivarse un poco más seriamente y comenzó, por ejemplo, a cantar lied y romanzas. A los 17 y 18 años. La voz de tenor estaba aún formándose, pero ya existía esa facilidad de los agudos que fueron una de las señas de identidad del cantante. Allí se hacía música y cuando surgía un concierto benéfico los jóvenes preparaban un programa para participar en él. Vinieron de este modo las primeras actuaciones en público, como aquélla en la que algunos debutaron cantando en el coro de peregrinos de *Tannhäuse*r; a veces incluso aparecía crítica. Y los amigos comenzaron a preguntar a los padres del mozalbete por qué no se lo tomaba en serio y se dedicaba al canto.

El futuro divo no lo tenía todavía nada claro:

"Dudaba. Pero a medida que pasaba el tiempo, lo iba viendo más factible. Es una cosa que se fue fraguando lentamente en mi fuero interno; no decía nada, pero veía esa posibilidad. Y un día mi propio padre me preguntó si quería estudiar canto; y dije que sí. Claro que también me recomendó que hiciera algo, que me sacara un título, "porque en la vida no se sabe". Decidí seguir la carrera de perito, que se estudiaba en Las Palmas. Yo no quería irme lejos. En realidad, no me interesaba ninguna. ¿Para qué iba, por ejemplo, a ir a Madrid, Sevilla o donde fuera? En Las Palmas me daban el título y mi padre se quedaba contento; y esto es lo que hice. Pero no dejaba de cantar. Tenía mi grupo, ensayaba, estaba con gente que cantaba también. Había un par de barítonos, entre ellos mi hermano Paco, dos o tres sopranos, una mezzosoprano… Todos aficionados. Excepto mi hermano, ninguno se dedicó después a cantar profesionalmente."

Y con doña María Suárez emprendió nuestro tenor los primeros estudios serios, aunque siempre dentro de la órbita del amateurismo. Se solfeaba la partitura –Kraus y los demás alumnos– y ella corregía.

> Me dejaba a mi aire y al menos no me estropeó la voz. Decía: "Abre, que vaya la voz arriba". Practicaba un lenguaje fácil, una manera fácil de tratar la voz, pero eso fue lo bueno, porque si hubiera sido complicado a lo mejor nos la hubiera estropeado y la verdad es que de todos los que pasamos por sus manos ninguno quedó perjudicado, y eso fue una gran suerte. Por supuesto, que en mi caso existía voz de natura. Sacar de donde no hay, es una cuestión mucho más difícil. No creo que yo fuera capaz de hacer cantar a un señor que nunca ha cantado y que no sabe que hay que abrir la boca para que salga la voz. En aquella época yo ya tenía el si y el do agudos.

Marcha a Barcelona

Kraus concluyó su carrera de perito y a los 22 años tomó el camino de Barcelona. Le habían recomendado a una buena profesora, una rusa llamada Galli Markoff.

> La verdad es que me ayudó muchísimo, no cabe la menor duda. Era muy científica y meticulosa, estudiaba mucho la manera de trabajar, por ejemplo, cómo había de estudiarse una partitura, una romanza, no sólo de memoria sino con unos criterios. Era una apasionada del estudio de la voz; todos los días aparecía con una teoría. Decía: "Anoche estuve pensando que conviene hacer esto o lo otro". Me ayudó mucho y me abrió intelectualmente, mentalmente, al lenguaje del canto, de la voz cantada, tanto es así que después siempre estuve muy despierto y abierto a la mínima explicación; entendía lo que me querían decir, que el canto son sensaciones. Has de estar muy atento a ello e intentar entender perfectamente cualquier ejemplo. No es fácil, sobre todo si no se tiene la práctica de hablar de esta

manera, de utilizar el lenguaje; de conocer lo que podríamos denominar la jerga."

Un año y tres meses más tarde, sin que realmente hubiera estudiado lo que necesitaba, aunque se dedicaba sólo a ello, el tenor se trasladó a Valencia. Una estancia obligada porque tenía que hacer seis meses de prácticas en la milicia universitaria. Y allí encontró al maestro Francisco Andrés, que era, después lo supo, tío lejano de la soprano Ana María Olaria. La pista se la dio un sargento. Kraus se presentó ante Andrés y le dijo directamente:

"Me gustaría estudiar estos seis meses que he de pasar aquí, pero no lo conozco a usted, no sé si a mí me va a ir bien lo que usted hace. Si no tiene inconveniente probamos unos días. Me contestó que sí, que no había ningún compromiso. Y me gustó. Luego me enteré de que la técnica que usaba era la misma de la Llopart, con quien estudiaría años después en Milán. Una técnica que me convenció. Y me hizo adelantar una barbaridad en el aprendizaje del canto."

Lo que explicaba el maestro valenciano coincidía también en parte con las enseñanzas de Markoff, pero aquél lo exponía con mayor facilidad. La rusa resultaba un tanto sofisticada, muy científica, daba muchísimas vueltas y complicaba las cosas. Aunque eso, a la postre, fue beneficioso para captar los dictados del profesor valenciano y, ya en Milán, meses más tarde, los de la Llopart. La maestra rusa calificaba al joven de tenor, simplemente, sin hacer referencias a si era lírico o dramático, y le hacía cantar de todo. Lo mismo hacía Andrés. Aquí es interesante escuchar de nuevo la palabra de Kraus:

"Sucedía algo un poco terrible: el maestro de canto por lo general tiene un pianito vertical y una habitación pequeñita, que es donde escucha y cuya acústica, claro, no tiene nada que ver con la de un teatro, lo que promueve no pocas confusiones. La misma Llopart, después de varios meses de clases me dijo: "Tú podrías cantar algo más *spinto*; prueba esto". Y me dio nada menos que *Manon*

Lescaut. A ella le entusiasmaba, pero yo notaba que me cansaba, que me costaba trabajo. Aunque, como era joven, la voz salía, el timbre que siempre tuve brillaba, por lo que era relativamente fácil prestarse a una confusión. Le contesté que prefería hacer algo más lírico. Cantando *Rigoletto* no me cansaba. No cabía duda de que había algo que no iba. Y, menos mal, se convenció de que era un tenor lírico-ligero cuando empecé a cantar."

Volviendo al maestro Andrés, resulta que llevó una vez a la radio a nuestro tenor para cantar el *Fausto*. Se hizo un disco con piano hoy inencontrable en el que la cavatina estaba en italiano. Un recuerdo sólo en posesión de coleccionistas muy avezados. Uno de los primeros testimonios de la voz de nuestro artista, realizado en un magnetófono rudimentario. De esos años se conservan algunos documentos grabados, como es lógico, muy deficientes; como el de un concierto benéfico de Las Palmas con el aria de Tonio de ¡*Payasos* de Leoncavallo! Un registro más o menos coetáneo de la época de la que hablamos. Con Andrés, Kraus daba clase tres veces por semana. Hacía ejercicios de vocalización y cantaba un aria. En media hora bien aprovechada, rigurosa. Y la voz iba asentándose, estaba enfocada.

Terminadas las prácticas de la milicia, regresó a Barcelona, y meses después retornó a Canarias y pasó por un periodo de crisis. Ya con novia –Rosi de Ley–, a la que había conocido en 1949, el tenor estuvo dudando en qué camino seguir; no sabía muy bien qué le convenía. Estamos en 1952. El propio artista nos manifestaba así sus cavilaciones:

"No es que me hubiera desanimado, estaba viendo qué posibilidades tiene un cantante. Todo el mundo sabe que una carrera como la del belcanto es un poco una aventura, nadie te garantiza que vayas a tener éxito por muchas y muy buenas condiciones que poseas, nadie te puede asegurar nada. No estás ante una carrera habitual de una universidad, en la que estudias unos años y ya está. Empecé a ver las cosas desde un punto de vista profesional: ¿y si me dedico a esto y después no me sale, qué pasa? Estuve un poco en la incertidumbre hasta que me convencí de que cantar era lo que quería de verdad. Pero también hacía otras cosas. Por ejemplo, ayudaba a mi padre en el periódico *La provincia*, del que él era gerente; o echaba una mano en la oficina de mi futuro suegro, que tenía negocios de carretillas y de seguros. Claro que a mí nada de eso me gustaba.**"**

Milán

Mientras, Alfredo seguía estudiando con doña María e intervenía cada vez con más frecuencia en conciertos y recitales. Y entonces aceptó la proposición paterna de irse a Italia. Afortunadamente, en casa no había problemas económicos. Don Otto Kraus era hombre de posibles y corrió con todos los gastos de desplazamiento y de estudio. Y consintió sin pestañear que su hijo se instalara en Milán. El Cabildo colaboró con una beca de quince mil pesetas, que no era mucho pero sí suficiente para pagar el viaje de ida y vuelta. El joven tenor iba un tanto despistado, sin nada preparado ni un profesor apalabrado. Llevaba únicamente un par de cartas de recomendación de la mezzosoprano murciana Conchita Velázquez, a quien había conocido en su segunda etapa con la Markoff. Iban destinadas a dos señores que ya habían muerto cuando el artista llegó a Milán en marzo de 1955. Allí lo primero que hizo fue ir a la policía para pedir el permiso de residencia; y en busca de la comisaría... se perdió. Escuchemos a Kraus:

"No hablaba italiano, me encontré despistado y le pregunté a una señora que pasaba por allí, que me dijo: "Mire, no le puedo informar porque soy española". Y esta es la historia, era la hermana de la señora Llopart, de la profesora Mercedes Llopart. Casualidad. Y entonces me preguntó que para qué estaba en Milán. Cuando se lo dije, me indicó que su hermana era cantante y maestra. Así aparecí por casa de la Llopart; me oyó y le gusté mucho. Recuerdo que lo primero que le canté fue *Rigoletto* y luego *Aida*. "Creo que *Aida* no es para usted", observó, y como yo internamente pensaba igual, me quedé escuchando las lecciones a sus alumnos. Y al final le pregunté si podía volver otro día a escuchar. Me dijo que sí. Y allí estaba yo al día siguiente. Me sentaba muy formal y atendía. Me convencieron sus métodos, que en síntesis no diferían de los de Andrés, que buscaba la proyección en la máscara. Pensaba que era difícil que dos personas pudieran estar equivocadas. Y decidí por último seguir sus clases.

Y así empezó Kraus las clases con Llopart. Eran divertidas ya que, de la hora prevista, solamente se aprovechaba media; el resto transcurría en animada tertulia y en interesante cambio de impresiones. La profesora catalana encaminó al tenor hacia una de las bases de su depurada técnica, las vocalizaciones a partir de la i, la vocal que está más cerca de la posición en máscara, la que sirve de apoyo para la a y la e, lo cual tiene lógica. Pero las vocalizaciones podían ser otras muchas.

Lo importante era utilizar la i. Con la i al empezar a vocalizar, diciendo sólo i y después pasar a la e y a la a, para igualarlas, tomando como base la posición de la i que es la que utilizan los foniatras para rehabilitación porque es el sonido que menos toca la garganta. No la toca para nada.

Esas cuestiones de orden técnico las iremos estudiando, analizando y desarrollando en otros capítulos de este libro. Ahora nos interesa seguir con la abreviada historia de esos primeros años del tenor en ciernes. Con Llopart mantuvo contacto hasta que ella dejó este mundo en 1970. Pero lo importante fueron esos meses de 1955, de marzo a diciembre. Es decir, desde la llegada a Milán hasta el debut en El Cairo. En septiembre Kraus se presentó al Concurso Internacional de Canto de Ginebra, en el que Teresa Berganza llevó una medalla de plata. Él acudió con su segundo apellido, Trujillo, en busca de un buen horario de actuación (por orden alfabético, a la

T le correspondía por la tarde). Cantó un poco de todo en el concierto final: lied, canción rusa (de Musorgski) y ópera. Al parecer, gustó mucho al público y a los demás cantantes, aunque no debió de convencer en la misma medida al jurado, que otorgó los dos primeros premios a un tenor americano y a un barítono inglés, de los que hoy nadie se acuerda.

De todas formas, participar en un concurso siempre es positivo.

"La importancia que puede tener un concurso es el hecho de que para participar hay que prepararse y eso es lo interesante, la preparación que conlleva participar, que te hace estudiar, adquirir unos conocimientos. Si te dan un premio, mejor, porque es un dinerín, que a los estudiantes de canto les hace falta. No quiere decir nada absolutamente a la hora de tener una carrera más o menos brillante. Te la puede facilitar, pero también es un arma de dos filos porque no creo en la bondad de los jurados habituales. Para mí un jurado tendría que ser competente en todos sus miembros y mantener una discusión sobre cada uno de los cantantes. No se puede, aunque es el método más fácil, rápido y eficaz para llegar a término, emitir una nota privada, eso no quiere decir nada, para ti un señor se merece un 5 y para mí un 10. Porque tenemos sensibilidades y conocimientos distintos, a mí no me va, pon un 8 y yo pongo un 6 y se quita la más alta y se baja y se hace una media. Estas operaciones matemáticas llevan a un concursante a ser premio o no y eso no es, pero es el método que se utiliza. Lo justo sería ver cómo ha cantado este señor: técnica, expresión, aquella nota, calaba, no calaba; la técnica, todo examinado minuciosamente. Pero si hacemos esto con cada uno de los que se presentan, un concurso puede durar muchos meses. Hay unos pocos minutos para deliberar, a no ser que salga una cosa tan injusta a ojos vista que haya que cambiarla. En lo que suele haber discusión es en los premios extraordinarios, el premio de la ciudad, al mejor tenor dramático, el premio Verdi o Puccini. De repente sale un señor o señora que gana el primer premio, que consiste en que dé un concierto o cante una ópera y ¡oh!, desilusión, a este señor, ¿se le ha dado un primer premio, eso qué es? Lo que no quiere decir que la intención no sea buena, que es ayudar a los jóvenes y que al premiado se le facilite el camino para hacer una carrera en los teatros y salas. Ese es el camino."

Kraus obtuvo una medalla de plata, que en cierto modo le abrió puertas. Hizo una audición enseguida con vistas a unas representaciones en El Cairo. Buscaban gente para esas funciones que subvencionaba el gobierno italiano a las compañías italianas en el extranjero. Una manera de exportar la ópera. El empresario era italiano, oyó a Kraus y lo contrató rápidamente para cantar *Rigoletto* y *Tosca*. El tenor no quería enfrentarse a esta última, pero las razones del empresario prevalecieron. No podía contratar más que a un tenor para las dos óperas. Era cogerlo o despedirse de una oportunidad. Nos lo narra el cantante:

"Fui a casa del agente, a la que acudían empresarios de por ahí, de otros teatros, para que les presentara a los más destacados jóvenes. El empresario de El Cairo me oyó y me contrató de inmediato; y luego dijo: "Le contraté porque cantó *Parmi veder le lagrime* muy bien, y eso que es una romanza de las más difíciles para tenor. ¿Cómo la canta usted tan bien?". "Mi maestra me la hacía estudiar todos los días", le contesté. Su respuesta fue muy lógica: "Si esta romanza la cantas bien quiere decir que lo cantas bien todo". Es una teoría. Pero es cierto. La pieza tiene un poco de todo: fiato, recitativos, legato, respiraciones precisas y rápidas; robadas..."

La parte de Cavaradossi es lógico que le quedara a Kraus algo pesante, demasiado grave. Está prevista para un tenor lírico pleno, un lírico de mucho cuerpo. Pero se la tuvo que aprender urgentemente para la ocasión. Había cantado ya *Recondita armonia* en octubre y la función cairota era en enero. La verdad es que no encontró problemas, pero ya sabía cuidarse a fin de evitar un posible deterioro en el desempeño de un cometido destinado, efectivamente, a un tenor de más fuerza. En todo caso, aparte las lecciones de la Llopart y el aprendizaje previo con Markoff y Andrés, el cantante canario iba cogiendo de aquí y de allá. Preciosas fueron para él las asistencias a La Scala durante su estancia milanesa. Iba al Teatro siempre que podía. Una de las cosas que más le sorprendió fue la *Norma* de la Callas; la manera en que aquella mujer aparecía en escena con una personalidad tan fuerte.

Lo demás no parece que le gustara demasiado. Escuchó a Giuseppe di Stefano, al que había oído en discos en las Palmas, pero eran discos de los de su época mejor, que fue corta además. He aquí las impresiones de Kraus al respecto:

" La verdad es que fue bueno para mí entrar en ese mundo y ver que la gente que cantaba en la Scala también tenía sus defectos. Y me dije: "Yo también puedo cantar". Te da confianza en ti mismo ver que los demás no son dioses y son tan famosos como te creías...; y eso es positivo para un estudiante de canto, sin soberbia, simplemente constatas un hecho real, que las mismas posibilidades que ellos tienen las tienes tú también. Como así es en realidad. Era más difícil en aquella época entrar en ese círculo porque había más cantantes y mejores que en la actualidad. Más cantidad y más calidad, contrariamente a la regla de hoy en día que es mucha cantidad y poca calidad. "

En El Cairo el tenor compartió cartel en *Rigoletto* con un barítono de cierto predicamento, siempre un tanto engolado, como Enzo Mascherini. Como era la primera vez que salía a un escenario a representar, vestido de época, una ópera entera, Kraus observaba todo aquello como si fuera un baile de máscaras pero no yendo al baile, pendiente de una serie de cosas, del movimiento escénico, que eso al principio es muy difícil, sin perder de vista al maestro, sin equivocarte musicalmente, sin olvidarse del texto...

" Coordinar todo esto es muy difícil. Cuesta trabajo, aunque luego, poco a poco, uno se vaya soltando. El director musical en *Rigoletto* era Mario Parenti, un maestro solvente que hacía para la casa Ricordi las nuevas ediciones de las partituras –en las biografías mejor documentadas consignan para las dos óperas el nombre de Franco Patané–. En *Tosca* la batuta la empuñaba otro experto en estas lides, Franco Patané, padre del malogrado Giuseppe. El nivel era muy bueno. Entre las demás voces de la compañía estaban Virginia Zeani, Alvino Misciano o Antonio Analoro, cantantes que en Italia tenían mucho predicamento. Las críticas fueron muy buenas y el éxito, sin fisuras. Hay que tener en cuenta que la mayoría del público era italiano y francés, residente en El Cairo. A los egipcios parece que no les atraía demasiado la ópera."

Milani, el empresario que hizo posible esas funciones, volvió a llamar a Kraus tiempo después para una temporada en Londres. Mantuvo con el cantante, a quien llevaba siete años, una buena amistad. Esa temporada londinense fue en 1957. Kraus cantó *Traviata* en el Stoll Theatre, que ya no existe. Intervenían también la Scotto y la Zeani. Pero nos habíamos quedado en El Cairo, en enero de 1956. Muy pocas semanas después el tenor hubo de interpretar de nuevo a Cavaradossi en un teatro pequeñísimo de Cannes. Él no quería pero el empresario Dusserger lo convenció. Dirigía Bruno Bartoletti y Tosca era Lidia Marimpietri.

Se le contrató para un festival de música sacra en la semana santa veneciana, donde cantó, el 31 de marzo, una rareza, una pieza sacra de Malipiero (*La Passione*). Y los compromisos empezaron a sucederse: de momento, *Traviata* (debut en el papel de Alfredo) y *Rigoletto* en Sevilla; luego, nuevo contrato en La Fenice de Venecia, con *Traviata*. Esta ópera ya la tenía medio aprendida porque en El Cairo tenía que sustituir, en caso de necesidad, a Misciano; lo mismo para *Manon*. Después de Venecia, donde debutó Florville de *Il signor Bruschino* de Rossini, *Doña Francisquita* en Madrid, en la conmemoración de los cien años de Teatro de la Zarzuela, título repetido en La Coruña (ver capítulo 11), y una *Traviata* en Turín con Magda Olivero, que volvía al canto después de varios años, y, en diciembre de ese año inaugural de 1956, *La vida breve* en Trieste. Es el comienzo de una firmísima carrera, que siguió desarrollándose fluidamente. El tenor ya empezaba a cantar lo que era y fue su repertorio de lírico-ligero. Él mismo se fue definiendo el repertorio que quería cultivar. Y, siempre, los encuentros periódicos con Llopart cuando los contratos lo llevaban a Milán.

> Siempre rendía esa visita. Ella decía una cosa con toda la razón: "El escenario hace al artista pero estropea al cantante". Porque, llegado un momento, no estudias más el canto, te crees que ya te lo sabes, pero no se puede abandonar porque es muy traicionero.

Es ocioso seguir a partir de aquí la meteórica carrera del cantante, una trayectoria que es bien sabida. Desde el principio, gracias a una técnica singular, recuperadora, casi infalible, estuvo en lo más alto. Retazos de ese camino irán apareciendo en los capítulos posteriores, al hilo de los recuerdos y de las consideraciones diversas, de las explicaciones y de los análisis. Kraus era hombre de buena memoria y, como podrá comprobarse, ordenaba bien sus experiencias; y sabía contarlas, lo que facilitó la labor de este cronista.

CAPÍTULO 2
Tipo vocal. Timbre y color. Criterios de clasificación

Parece estar muy claro el tipo vocal de Kraus desde casi el principio de su actividad. Ya sabemos que su profesora en Milán, Mercedes Llopart, entendía que la voz de Kraus poseía cuerpo y timbre suficientes como para acometer partes de tenor lírico a secas, incluso de lírico pleno. Fue el propio cantante quien se dio cuenta de que no lo era, de que su instrumento, por claridad de color, por proyección, se ajustaba más a ese tipo intermedio del lírico-ligero, territorio en el que se comportaba con naturalidad, sin merma de esmalte, sin forzamientos, sin durezas, sin ahogos, sin necesidad de dotar de una robustez inexistente a las notas graves. De ahí que en su debut en El Cairo Kraus se encontrara cómodo en el Duque de Mantua y notara que no lo estaba en Cavaradossi. No sólo su voz, sino su tipo de emisión, casaba más con el personaje del calavera verdiano. Había aprendido, antes de su contacto con Llopart y desde luego por sentido común, por inteligencia natural y por disposición, a mantener una emisión muy alta y bien apoyada en la máscara; técnica que, como vimos, había trabajado con la Markoff en Barcelona y sobre todo con Andrés en Valencia.

Caso aparte era el metal de nuestro tenor. No tenía el brillo, el mordiente de otros. No era un timbre que pudiera definirse como hermoso o singularmente cálido. Era un espectro vocal muy peculiar y atractivo por su tersura, su equilibrio de armónicos, su vibración, su intensidad, su temple; estaba constituido por una materia, por una carne de curiosa composición, de cualidades permanentemente vibrátiles y de proyección sensacional; lo que le confería ese valor a veces, podríamos decir, casi percusivo, que en las zonas elevadas adquiría una especial corporeidad, una plenitud excepcional, una densidad sorprendente.

¿En qué línea colocaríamos a Kraus? ¿En la de un Schipa? ¿En la de un Thill? ¿En la de un Tauber? Podía tener parentescos con ellos o con otros, pero su estilo era muy personal, como se deduce de lo aquí expuesto; como personal era el de los citados. Su voz tenía más amplitud y volumen que la del primero, pero no poseía ese toque alado, ese dominio de la expresión elegíaca, ese control milagroso de la *sfumatura*, practicada frecuentemente en falsete, algo que Kraus evitaba. Schipa era un típico tenor de gracia, más por su técnica y expresividad, por su abandono, que por su tipo vocal, de lírico-ligero. Ya sabemos que ese título, tenor de gracia, depende menos del timbre o de las características naturales del instrumento que de la forma de utilizarlo. El canario se asimilaba desde luego a ese carácter en muchas ocasiones; porque su arte era muy fino. En cuanto a densidad vocal, a potencia, Kraus podía estar más cerca de Thill, aunque éste no tenía esa proyección arriba, ese *punch*, y su timbre era más penumbroso y, sin duda, su instrumento, más consistente, más de lírico puro que de lírico-ligero. En cuanto a Tauber, también de tintes oscuros, era muy corto en la zona alta, pero, como Kraus, ejercía un control de reguladores excepcional, es cierto que con abundante aplicación de falsetes.

Desde luego, nuestro tenor admiraba mucho a Schipa y en algunos casos lo imitaba. Como admiraba a Fleta, con quien coincidía en el ejercicio de reguladores de intensidad, en la precisión de los ataques; aunque no, claro, en el tipo vocal. Igualmente es conocido el respeto que Kraus sentía por Pertile, como cantante de sólida técnica, de recia y brava encarnadura, de minuciosa elaboración interpretativa, de caleidoscópico estilo y de emotiva enunciación fraseológica (Kraus habla sobre estos y otros cantantes en el capítulo 10). Es curioso que sus maestros a distancia fueran comúnmente cantantes de arrebatada fuerza expresiva, de apasionada entrega, de calor reconocido, cualidades que muchas veces le fueron negadas a él y que, sin embargo, y es algo que hay que mantener, poseía y administraba muy inteligentemente. Las encarnaciones krausianas, siempre estilizadas, daban nítidamente en el corazón de sus personajes, que él representaba sin excesos, con una sabia dosificación de aconteceres, y matizaba exquisitamente; hasta el punto de que a los catadores poco finos y a los que prefieren el efectismo o el trazo más bien grueso pudiera parecerles una aproximación demasiado prudente o, incluso, fría. Nada había menos frío que un Werther cantado por Kraus; y eso tendremos ocasión de comprobarlo y demostrarlo más adelante.

Al principio, la voz de Kraus, antes de estudiar sobre todo, era ligera, muy ligera. Luego, naturalmente, con el estudio y el ejercicio, fue tomando más fuerza, cuerpo y timbre. Así la juzgaba el cantante:

"La técnica ha permitido que en un determinado momento mi voz tuviera mucho timbre, porque de niño era un poco áfona, incluso hablando. Fui aprendiendo poco a poco a concentrar el sonido para sacarle brillo, esmalte y timbre, metal, que dicen los italianos. Creo que lo conseguí, pero a base de estudio y de trabajo. El instrumento se fue enriqueciendo en armónicos, que es lo que yo siempre he buscado. Concentrarla en un haz luminoso. Es como un rayo pequeño con más luz; como un caudal de agua de gran anchura que se va estrechando. Hay una imagen muy gráfica: un río ancho, cuyas aguas bajan mansamente. En cuanto hay una garganta, una estrechez, el agua adquiere rápidamente velocidad. La voz es totalmente igual. Como cuando se tira la cerveza a través de un grifo desde un barril. Sale espumita concentrada. Estas metáforas ayudan; no es un lenguaje de locos, no lo es. Es así y tiene su razón de ser, y una razón que se basa en los resultados."

Algo que preocupaba muchísimo a nuestro artista, incluso lo aterraba, era ponerse delante de un público sin saber lo que hacía y sin conocer por qué salía el sonido, sin tener una seguridad técnica, sin entender cómo se desarrollaba por dentro el proceso fonador.

> Emitía agudos, simplemente abriendo la boca. A mí eso me parecía absurdo y me decía que debía tener el conocimiento total de lo que estaba pasando y lo que iba a pasar cada vez que quisiera que pasase. Eso es lo que me había de dar la seguridad de ponerme delante de un público. Con mi carácter no me habría atrevido a salir ante él sin tener ese conocimiento. Me acuerdo de que cuando cantaba en actuaciones benéficas como puro aficionado pasaba un miedo terrible. Abría la boca y salía el sonido; pero, y si un día no sale, ¿cómo hago para que salga? No tenía la seguridad porque no tenía el conocimiento, buscaba desesperadamente profesores que me explicaran y me hicieran comprender todo el mecanismo de la voz para poder cantar; y tuve suerte porque con los tres maestros importantes con los que estudié, aparte de doña María, es decir, Markoff, Andrés y Llopart, me fue bien y adquirí paulatinamente cada vez más conocimiento, más seguridad y aplomo. Hasta al punto de que luego todo el mundo me decía que era un ser frío. "No –contestaba–, yo me pongo nervioso pero domino los nervios porque también sé". Ese es el gran desafío que tiene el cantante: saber que sabe y cómo dominar la voz en todo momento. Ser dueño de ella, en una palabra.

Timbre y color

Sin duda, las voces canónicas, las bien emitidas, han de estar equilibradas en armónicos, lo que a juicio del tenor canario quería decir que debían tener el mismo colorido a pesar de estar en los distintos registros, agudo, grave o medio, que la voz había de ser homogénea, mantener el mismo color dentro de la variedad que supone emitir una nota aguda, central o grave.

> La homogeneidad te la da la técnica. Si un cantante no está seguro de su técnica y el sonido se le va a la garganta o, al tiempo o más tarde, a la boca y a la nariz, no cabe duda de que cada uno de

estos sonidos tiene distintos coloridos o colores; de ahí que a veces se hable de desigualdad en la voz. Alguien me preguntaba acerca de la técnica de la Callas. Era, qué duda cabe, una gran cantante e intérprete, pero no tenía una gran técnica como demuestran los distintos coloridos, los registros. Pero era una mujer que estudiaba en busca de resultados, y los conseguía; y ahí está, y a pesar, según mi modesta opinión, de no poseer una gran técnica, obtenía grandes interpretaciones que eran fruto de su trabajo, su dedicación, de la manera en que profundizaba en los papeles y en la expresión."

Aquí Kraus equipara, lo que es discutible, timbre y color. En ese sentido creemos que deben entenderse sus comentarios. Puede plantearse que el tener una voz no homogénea obedece a una técnica incompleta o deficiente, pero también a una constitución natural. Al maestro no le convencía demasiado esta idea. Más bien la consideraba como una excepción a una regla general. Opinaba que tener dos, tres o cuatro calidades vocales era un defecto de emisión de toda la vida y que se ha hecho crónico. Se cantaba de esa manera incorrecta, en ocasiones sin inmutarse, porque, pese a ello, la voz salía, abriendo la boca y empujando por ella, pero no lo hacía de una manera ortodoxa si no se contaba con la técnica justa para que los sonidos fueran equilibrados y tuvieran homogeneidad. La Callas se había acostumbrado, probablemente desde niña o jovencita, a cantar y a emitir agudos de una manera, apoyar graves de otra y a redondear el centro de otra. Como la voz se proyectaba, incluso con facilidad, y tenía ese encanto que muchas veces suelen tener los defectos –y en ella a veces los defectos se hacían virtudes–, extraía un gran provecho desde un punto de vista interpretativo. Los sonidos, imperfectos, podían resultar en ocasiones más sugestivos que el sonido puro emanado de una técnica muy bien estudiada. Sobre este tipo de irregularidades vocales habló en su día, definiéndose como defensor de las voces impuras insertadas en la garganta de grandes artistas, Stendhal. Lo hacía también en tiempos más recientes el estudioso alemán Jürgen Kesting, que se centraba justamente en la voz de Callas.

Kraus estimaba que su voz, la voz ya hecha, basada en una técnica y en una emisión canónica, era bastante rica en armónicos, porque fundamentaba esa técnica en el espacio que queda internamente al pronunciar el sonido de la i, la vocal que más armónicos tiene. Luego se trataba de equiparar a ella los demás sonidos.

"Es difícil –decía– que en mi manera de cantar y proyectar la voz haya un sonido caído, uno puede tener un momento de despiste, perder concentración y abandonar el sonido en alguna nota, pero mis sonidos están todos al mismo nivel y altura que el sonido de la i; y entonces está todo timbrado por igual prácticamente. Admito que mi voz no es especialmente calurosa en cuanto al timbre. Tengo claro, porque mis oídos funcionan bien, que una voz engolada tiene más calidez, más calor que una timbrada, que posee más metal. Curiosamente, el engolamiento es un defecto, pero hace que la voz suene más a terciopelo, está clarísimo. Sin embargo, en el teatro se busca la calidad de la voz a través del timbre, porque este corre, viaja; los armónicos son los que viajan en el espacio, por lo que una voz engolada, que incluso puede tener mucho volumen, pero no timbre, y ser enorme, quizá no alcance a oírse en teatro. Cuando se lo explico a los alumnos pongo el ejemplo de un golpe pegado con un puño en una mesa de madera o en la tapa de un piano. Ese golpe puede tener una gran potencia, pero no tiene calidad; no hay metal. En cambio, si cogemos una pequeña copa de cristal de bohemia, por ejemplo, y con las dos uñas tocamos el borde, se produce un sonido pequeño pero vibrante, que se oye y viaja hasta el fondo del teatro por encima de los sonidos gruesos que no tienen esa vibración. En la manera de estudiar, la mayor parte de los cantantes observan la zona más ancha, buscan la emisión en anchura, no la zona estrecha. Al usar siempre la anchura no cabe duda de que se busca sobre todo volumen y no calidad."

Criterios de clasificación

Todo ello nos lleva a una cuestión bastante espinosa, que es la de la clasificación de las voces. Para Kraus, las voces deben clasificarse, pero es un tema complicado. Hay una cosa fundamental también en el canto, a la hora de cantar según qué cosas, porque una de las historias más debatidas siempre ha sido, en efecto, ¿cuál ha de ser el criterio a seguir? ¿Con arreglo a qué deben clasificarse las voces y, en concreto, la de Alfredo Kraus? ¿Al color, al timbre, al volumen? El tenor lo tenía bastante claro cuando opinaba lo siguiente:

> Si me llega un cantante indefinido que no sabe lo que es y no resulta fácil hacer un diagnóstico, a veces puede haber un poco de confusión porque él ha creado una falsa imagen de su voz redondeándola artificialmente, ensanchándola artificialmente. Yo le haría pronunciar una i y eso me daría, me marcaría un poco la pauta a seguir, porque si la i es de una cierta dimensión, lo demás tiene que ser igual, sobre esa i trabajaría para que la voz se igualara. Automáticamente, la voz quedaría definida. A la hora de averiguar si es lírico, lírico-ligero o *spinto,* seguiría criterios conectados con el volumen, el color y la intensidad de esa i y de todas las demás vocales igualadas a aquélla. Le pediría que no hiciera una voz artificial, sino que cantara con esa i natural, y así todas las demás. De esa manera sabría si esa voz es ligera, lírica o lo que sea. Todo ello tiene que salir a la fuerza de manera natural. Ahora, lo que yo no puedo hacer es decirle: "Te voy a hacer tenor dramático, o lírico". Eso no lo puede hacer nadie, eso está ya hecho por la naturaleza. Lo que tienes es que encontrar esa verdad. Así que hemos de juzgar, a partir de esos procedimientos, el tipo vocal con arreglo al color y a la extensión. Y al volumen, pero pasa que muchas veces aparentemente una voz no es extensa y por ello no se la cataloga como de tenor ligero, sino como de lírico o *spinto*. Pero lo que hay que hacer es llevar esa voz a su verdadera extensión. Si uno es tenor ligero tiene que tener los agudos, y los sobreagudos; y si no sabe emitirlos, hay que buscárselos.

Kraus no estaba muy de acuerdo en que las voces son de natura más o menos extensas. Creía que eran más extensas las voces ligeras, aunque muchas veces se ha demostrado, paradójicamente, que los tenores ligeros han sido los tenores más cortos, porque cantaban con voces blancas, con voces aflautadas, asopranadas y cantaban en falsete; y no solían tener agudos, cuando lo lógico es que esas voces fueran las más agudas y debieran alcanzar el mi bemol sobreagudo cuando menos. En la época belcantista anterior a Rossini, incluso después, con Donizetti y Bellini, había tenores líricos o líricoligeros incluso de mayor corpulencia vocal que atacaban los agudos en falsete, empleando una técnica belcantista. Resulta muy interesante seguir aquí las ideas concretas del tenor canario:

"La técnica era la llamada de sopranista, que era la aplicada por el famoso Rubini; o por los *castrati*. Entonces los tenores cantaban de esa manera. Hasta que aparecieron Manuel García y Gilbert Duprez, que fueron los que inventaron lo que, de una manera equivocada, se llama la voz de pecho. Es al contrario, es la voz de cabeza, pero la real, no el falsete, no el sonido del sopranista o *castrato*. Ellos fueron los que inventaron la voz actual y la manera de cantar hoy en día. Es la época de un tenor romántico como Duprez, que teóricamente es el primero que da un do de pecho, que da paso a la emisión a plena voz y que acaba con la línea del falsete, del belcantismo histórico. Ese do de pecho, que no se emite con o desde el pecho, es la emisión natural. Y si García también lo conseguía, hemos de agradecerle una cosa más. Un do sobreagudo con la voz natural tiene muchísimo más efecto que si se hace con el falsete, porque la voz suena más, tiene más volumen y más armónicos, puesto que es una voz real. Duprez o García, al descubrir este efecto, seguramente se dirían: "Lo voy a llevar a la práctica, lo llevo al escenario", y, claro, la novedad y el impacto que suponía el escuchar una voz de verdad llenando esas zonas agudas tan difíciles, promovió que naciera la escuela de canto moderna."

Respecto al uso del falsete, Kraus era muy claro. Se mostraba total enemigo de este efecto expresivo, tan caro a los belcantistas.

Prefería el efecto a plena o media voz, que levantaba al público de sus asientos.

> Yo no sé cómo se hace el falsete. Indudablemente, la misma palabra lo dice, es algo falso. El canto ha ido evolucionando como todas las cosas y creo que en ese sentido para bien en algunas y para mal en otras. Tampoco cabe la menor duda. Pero creo que una voz real debe cantar en toda la gama de manera natural y llegar a las medias voces. Hay algunas que, por su color, se prestan a confusiones. Aquél, en principio, puede que no case con su extensión. Ocurre a veces que un bajo tiene la extensión de un barítono o de un tenor, pero ello no quiere decir que pueda mantener esas tesituras.

El cantante recordaba a este respecto el caso del barítono Cornell MacNeil, que en las notas graves parecía un bajo y en las agudas un tenor.

> Tenía la virtud, a sabiendas o no, de estrechar el agudo de tal manera que llegaba a un si bemol y parecía un tenor, un tenor dramático en este caso. Una voz se define a través de estas dos cosas, timbre o color y extensión; estoy convencidísimo. A veces también por el volumen. Una mezzosoprano puede ser nada más que una mezzosoprano rossiniana. Le falta volumen para cantar otro repertorio, Verdi, por ejemplo. Entonces hay tres aspectos a considerar: color de mezzosoprano, voz pequeña o voz grande y ancha y timbre –es decir, metal– y, al mismo tiempo, lo que para mí es falta de estudio, voz con o sin agudo. Creo que cuando una voz está definida como soprano o mezzosoprano lírica, es decir, una voz pequeña y clara de mezzosoprano, automáticamente tendría que tener agudos; si no los tiene, es porque técnicamente no es capaz de hacerlo.

Caso a observar asimismo, es el de esas voces de mezzo con color más claro, más asopranadas, que no por ello han de considerarse vecinas a las sopranos dramáticas; una suerte de voces intermedias o de transición. Lo importante para calificar una voz, como se ha dicho, es el timbre o el color. El dramatismo viene dado por una especial consistencia y un metal más agresivo.

"Esta es la interpretación válida. La soprano dramática tiene más anchura que una mezzosoprano lírica y también la voz más hiriente, el agudo más en punta y por lo tanto es difícil muchas veces establecer la diferencia en lo que se refiere a la extensión. Un dato que puede evitar la confusión, que también se produce, entre soprano dramática y mezzosoprano auténtica es la de las notas de paso, de pecho, a notas de cabeza. La soprano de verdad, dramática, no tiene problemas de este tipo; los tendría si cantara de mezzosoprano como ocurre con mucha frecuencia, cuando la soprano dramática, por error o porque aparentemente le resulta más fácil, canta como mezzo erróneamente; pero llega un momento en el que la propia naturaleza se impone y suena llanamente cuando canta en el registro de soprano dramática y deja de sonar, con huecos y vacíos impresionantes, en la zona que debe pasar de la nota de pecho al registro agudo de cabeza. Todo eso no escapa a los oídos de un entendido. De acuerdo con ello, el maestro tendría que decir: "No eres mezzosoprano, sino soprano dramática". Ahí está el problema, muy pocos caen en esto y la mayor parte de mezzosopranos que existen son sopranos dramáticas y, con mucha frecuencia, ni siquiera dramáticas, porque la mujer por regla general tiene la facilidad de la nota de pecho, esa nota grave. Muchas se salvan gracias a esto y hacen grandes carreras incluso como mezzosopranos sin serlo realmente."

La clasificación de las voces se ha ido perfilando, ampliando a lo largo del último siglo y medio o dos siglos, porque en la época de Mozart no había más que sopranos, tenores y bajos. Entonces cada voz se arreglaba para cantar cualquier cosa. La especialización se fue produciendo con el paso del tiempo. Aunque hay voces que no acaban de tener clara su naturaleza y, aparentemente, están a medio camino entre una cosa y otra. Antes había, y se ha hablado mucho de este asunto, tenores o sopranos absolutos que cantaban todo.

> El mismo Gayarre cantaba *Aida*, *Gioconda*, *Pescadores de Perlas* y *Lucia*, pero en una época en que la orquesta se componía de treinta y tantas personas a lo sumo, los teatros eran pequeños, el escenario estaba situado casi en el centro de la sala, no encima del foso. La sonoridad era corta, porque el escenario la cubría al avanzar hasta el medio de la sala. En esas condiciones, yo me pongo a cantar *Aida* y lo puedo hacer perfectamente, pero hoy día hay que pasar una barrera sonora impresionante, que es la de las grandes orquestas de cualquier teatro, que si no llegan a cien elementos, poco les falta. Claro, ya no es lo mismo, cantar una *Aida* con treinta señores que con cien rascando a toda presión. Además se ha hablado muchísimo de que los directores le dan a la orquesta muchísima más importancia de la que se le daba antes, cuando se servía al cantante. Hoy es en ocasiones total protagonista; al menos es lo que se pretende; no se repara en que hay una voz cantando y que ha de luchar contra cien elementos. No importa que en muchísimos momentos de una ópera la voz quede prácticamente cubierta por el sonido de la orquesta. Por eso para las óperas dramáticas hacen falta voces realmente importantes en cuanto a volumen se refiere.

Según Kraus, el timbre servía exclusivamente para proyectar la voz, para que la voz viajara con más riqueza de armónicos, penetrante e incluso hiriente, como si fuera una trompeta. Con mordiente, con *squillo*, que es lo mismo que brillantez metálica.

> A los estudiantes de canto les digo que hay que cantar con claridad siempre; el color te lo da la propia naturaleza, fisiológicamente tu voz es de una manera. No tienes por qué intentar ahuecarla o darle color oscuro para que suene. Me parece que eso es indudable: cantando con claridad, lo que suena es la voz que tienes y, naturalmente, a esa voz, para que viaje y tenga calidad, hay que darle timbre, buscarlo desesperadamente.

Resulta interesante volver, con el cantante, a las acepciones de timbre y color.

> La diferencia entre ambas existe. Una voz puede tener color de bajo y ser opaca y seguir siendo de color de bajo y tener timbre. Es cierto que ambos conceptos se suelen confundir, porque puede que se parezcan, pero creo que, realmente, no es así. Una cosa es tener timbre y otra color, pero deben ir unidos los dos. Debo tener color y timbre de bajo; al darle timbre, éste tiene que ser el de una voz de bajo, no el de una de tenor. Efectivamente, son ideas que se solapan. Ahí está la ambigüedad del canto. Qué difícil es poner la voz en máscara y que no te salga por la nariz, que está al lado. El canto está lleno de contrasentidos. A veces es el contrasentido lo que funciona, paradójicamente.

En esta exposición, las diferencias entre timbre y color no terminan de clarificarse a nuestro juicio; y más si seguimos las nociones acuñadas por los estudiosos tradicionales, que consideran que el color es uno de los atributos del timbre. Recordemos que Husson descomponía la noción de timbre en cinco cualidades: color, volumen, espesor, mordiente y vibrato. Según el color, y siguiendo esta idea, las voces pueden ser claras u oscuras.

A la hora de decidir quién debe cantar o no una parte determinada es importante observar esas características del timbre y de su color; como la línea de canto, la tesitura, la zona central, la zona aguda; es decir, la extensión. En definitiva, las exigencias musicales y dramáticas planteadas por el autor. Con todo ello habrá de tenerse suficientemente claro si la obra es para tenor dramático o lírico, para esta o aquella soprano, para este barítono o este bajo. Para Kraus en este terreno se operaban fenómenos extraños.

> Los últimos tenores ligeros que han existido tenían una técnica falsa, equivocada, porque cantaban con voces claras, blancas, con mucho falsete y les faltaba el agudo. Concretamente, los de los últimos 40-50 años; cosa rara, porque deberían tener más agudos

que nadie, y no los tenían, eran voces verdaderamente blancas. Ahí están Luigi Alva o Nicola Monti. Muchísimos famosos, grandes estilistas, conocedores de la partitura han hecho grandes carreras y llegaban bien al público, pero no deja de ser paradójico que siendo dueños de las voces que deberían tener los súper agudos más brillantes, no los tuvieran. Modernamente, parece que se está corrigiendo este tipo de cosas y los tenores actuales jóvenes son más completos y cuentan con agudos más fáciles."

Otra cuestión a estudiar es la de la utilización en plena época belcantista, que rigurosamente termina con Rossini, del falsete reforzado o *falsettone*, voces mixtas, luego ya en la época del tenor romántico, primero con Nourrit o Rubini, y más tarde con Duprez y García, que teóricamente, como comentábamos, son los primeros que dan un do de pecho y logran emitir el sonido por esas alturas a plena voz y dejan atrás, en parte, quizá una escuela o un estilo de años. Esa voz de pecho

"era la voz natural, no porque se emitiera con el pecho ni mucho menos, ya lo dijimos. No cabe duda de que si se llegaba a un do con la voz natural tenía muchísimo más efecto que si se hacía en falsete, porque la voz suena más, tiene más volumen y más armónicos, puesto que es una voz real. Una voz real debe cantar en toda la gama de forma natural, con la verdad de la plenitud, regulando y administrando las medias voces."

CAPÍTULO 3
Principios básicos. El pasaje de registro. Las vocales. Articulación vocálica. Cuestiones respiratorias

El arte de Alfredo Kraus se basaba en un respeto absoluto a los sacrosantos principios del buen cantar, pero con ojos del presente. La habilidad para regular las intensidades, en lo que era auténtico maestro, le facultaba para dotar de un colorido distinto –bien que su timbre no fuera en exceso coloreado– a cada frase en busca de efectos expresivos y de proporcionar el exigido carácter a la interpretación. Cualidades que nadie ha sabido, probablemente desde la muerte de Schipa, Tauber o gente así, manejar con tanta pericia y honradez. A ello había que sumar la insultante facilidad en la zona alta, la proyección y potencia del agudo y del sobreagudo. Era raro que un cantante de expresión nada lánguida, enemigo de excesivos abandonos o de sonoridades blancas o afalsetadas, supiera mantener, sin embargo, una línea de canto tan pura, tan refinada, tan válida para toda época y lugar. El sostén del aire y la adecuada respiración diafragmático-intercostal, eran el fundamento de un fiato canónico, que él sabía hacer monumental e inacabable; la consecución de un inconsútil legato, en el que cada palabra, cada fonema, aparecía prodigiosamente ligado a los anteriores y a los posteriores eran otros tantos rasgos de su manera.

El pasaje de registro

La naturaleza le había marcado el camino; tenía las cosas muy claras: apoyo en los resonadores superiores –senos nasales, frontales y maxilares– y elevación del sonido en limpia proyección hacia lo alto, impulsado por una base respiratoria importante, sostén de una columna unidireccional en la que no parecía haber tránsito, pasaje de registro, tan acusado en otras voces, en torno al mi o al fa agudos. En el joven Kraus ese paso no se daba, era inapreciable; es más: como veremos, él opinaba que de hecho no existía, teoría defendida por otros, como Viñas, pero que sigue siendo discutible y que los años maduros del propio Kraus, con su búsqueda de resortes emisores, pusieron en entredicho.

Es singularmente revelador lo que nos comunicaba el maestro respecto a esta tan debatida cuestión. Para él, el instrumento es uno; porque no había que confundir el pasaje con el cambio de registro, con el tránsito del pecho a la cabeza.

" De todas maneras, no tiene por qué cambiar nada; si es aire, y se trata de empujar el aire hacia fuera, lo que se trata es de seguir empujando. De seguir comprimiendo ese aire; a mayor compresión, corresponde un sonido más agudo, eso está clarísimo. Como en un piano o un violín, a menor tamaño de la cuerda, corresponde un sonido más agudo; es igual, menor tamaño de cuerda quiere decir menos espacio entre el paladar, por ejemplo, y la cabeza, menos espacio porque comprimo más el aire. Es como si tuviéramos un émbolo: a medida que vamos subiendo de nota aguda a más aguda, vamos comprimiéndolo; entonces el espacio que queda libre es más pequeño. "

Frente a la teoría del pasaje, que apunta la existencia de un salto a partir de una nota determinada, que puede ser en los tenores el mi o el fa, Kraus mantenía que no existía ningún salto:

" El salto lo damos nosotros, hacemos funcionar el instrumento tal y como es, o sea pensando en ese émbolo que va empujando por arriba. No hay un salto, el émbolo se va cada vez más arriba y cada vez se va estrechando más el sonido y va siendo más agudo. No tiene por qué existir ese salto. Pero, claro, como los maestros enseñan que sí se produce, que hay un pasaje, que hay que girar la voz, todo el mundo parece que va a vomitar, con perdón, en ese giro. Yo lo haría si la voz la tuviera que pasar a otra cabeza que tuviera más arriba o un cuello al lado mío o una garganta a la izquierda; entonces sí habría un pasaje de un instrumento a otro, pero estamos ante el mismo instrumento y en ninguno, que yo sepa, ocurre que haya pasajes, pues funcionan exactamente igual que un instrumento de viento. El aire produce un sonido que nosotros aprovechamos en los resonadores para emitirlo y proyectarlo hacia afuera. Es como si tuviéramos una trompeta en los labios. Por eso facilita mucho el estudio del canto pensar que el instrumento no está en la garganta, sino que está de los labios para afuera y que se produce una especie de amplificación al tener delante de la boca esa especie de trompeta, ancha por delante y estrecha atrás. El sonido viene a amplificarse por esa trompeta que tenemos delante.

El hecho de que a muchos cantantes se les note esa diferencia, incluso en el color, que se aprecie que a partir de una nota la voz parezca estar situada en otro sitio, que se produzca un cambio de posición, lo explicaba nuestro tenor por la obsesión de algunos en la búsqueda de ese cambio. Se busca el pasaje y entonces hay un cambio de color, lo que tampoco es lo correcto ni lo ortodoxo, porque la voz tiene que ser igual en todos los registros. Con la diferencia de que en los graves la voz suena menos, pero el color es el mismo. Convicciones del cantante que se apartan de la habitual creencia sobre la base de un estudio en el que, a nuestro juicio, se establece un cierto confusionismo entre timbre y color. Éste es uno de los atributos de aquél y por eso puede e incluso debe modificarse en ocasiones gracias a los reguladores.

La del pasaje es una cuestión efectivamente debatida y a la que es difícil sustraerse. Frente a los que creen, como Kraus, que el pasaje de registro no existe y que es un artificio innecesario, cabe argüir que siempre a un oído experto o simplemente fino queda clara habitualmente la modificación de la posición del sonido, tal y como establecíamos en el libro *El arte del canto*. Se aprecia sin esfuerzo ese cambio, esa nueva proyección hacia los resonadores superiores; y nos referimos, por supuesto, a las técnicas de la era moderna, las nacidas hacia los años 20 y 30 del siglo XIX y elaboradas luego poco a poco a lo largo del tiempo. Quedaban ya cada vez más lejanas las épocas belcantistas puras. Se tendía a que la columna de aire, transformada en columna de sonido por la presión muscular y la intervención de todo el aparato fonador, fuera una e indivisible y que, aun contando con esa zona de paso, no se produjeran alteraciones tímbricas, de tal manera que la gama fuera homogénea, igual. Algo más difícil, evidentemente, con los modos de cantar instalados ya a mediados del XIX, que propiciaban que la vibración se mezclara con el aliento. Más allá de que puedan darse instrumentos imperfectos atractivos por otras causas y servidos con un arte de canto y una variedad expresiva fuera de serie.

Voces como las del peruano Juan Diego Flórez, el joven Giuseppe di Stefano o las del propio Alfredo Kraus en sus años más mozos, emitidas con una limpieza libre de gangas, con una utilización natural del aire, proyectado sin ningún tipo de obstáculos musculares –sin la criticable intervención de la gola–, iguales arriba y abajo, son raras, en efecto; pero aún en ellas creemos que hay un punto, entre el mi y el fa agudos, que necesita, bien que a veces casi insensiblemente, de un mínimo cambio de orientación del aliento para que la resonancia se produzca en las cavidades craneanas.

El legendario tenor catalán Francisco Viñas exponía en su método de canto: «Al pasar la voz de una a otra octava, se observa que la laringe se contrae bruscamente, lo que ha contribuido a alimentar la creencia de que existe como una línea divisoria, que parte por la mitad la extensión total y que llaman paso de la voz, punto de unión entre los dos registros imaginarios. Pero, en el supuesto de que por un momento admitamos tal sistema, es grave error fijar por igual en todas las voces la nota exacta donde debe producirse este paso. No obstante, es muy cierto que, estudiando a la moderna, la contracción se hace sensible en una de las tres notas siguientes: re, mi, fa de la clave de sol.» Y Viñas postulaba una manera de resolver ese paso. Se trata de prepararlo grado a grado desde las cuatro o cinco notas anteriores, «sombreando el sonido, pero sin exagerar; auxiliándose con la vocal A, pero poniendo atención en dar a su timbre tanta redondez y color de O recogida, que obligue a la laringe a tomar posición estable casi desde las primeras notas de la gama y disminuyendo un poco la abertura de la boca hasta haber superado el famoso paso imaginario.»

Viñas también aplicaba la expresión pasaje al punto en el cual la voz de pecho se transformaba en voz de cabeza durante un proceso en el que se produce un filado, cuando la voz se adelgaza y transita de la plenitud sonora a la debilidad del sonido afalsetado, quizá con intervención de la sonoridad a media voz en el punto intermedio; lo que establecería tres clases de espectros tímbricos: plena voz, media voz y falsete. Claro que, y eso lo llega a comentar también el artista, a ellos podría sumarse la voz mixta, ese estadio intermedio entre el pecho y la cabeza. El tenor catalán exponía sus ideas y consejos para que esa línea decreciente, tan conectada con otro concepto básico, el de *messa di voce*, pudiera realizarse sin dificultad y sin que se produjera ruptura.

«Para conseguir la facultad eminente de unir los dos registros (pecho y cabeza), salvo en las rarísimas voces excepcionales dotadas de ella por gracia de la naturaleza, se requerirían largos y pacientes estudios cotidianos, que duraban a veces de cinco a seis años, sin que se diera a ningún cantor el título académico si en el examen no demostraba poseer esta suprema virtud canora de predominio técnico (...). Teniendo muy presente el principio de que en su origen cada registro goza separadamente de la más perfecta autonomía, conviene fijar la atención en que en la mayoría de los individuos se interpone un obstáculo, como si fuera una laguna que divide los dos sectores.» Y abundaba: «Si obligamos al aspirante cantor inexperto a emitir una nota cualquiera del registro de pecho con voz fuerte y hacemos que vaya disminuyéndola cuanto sea posible hasta el pianísimo infinito, por lo general, llegado a cierto límite del *smorzando* –desvanecimiento del sonido con retención del tempo–, acabado el dominio de las cuerdas naturales, el discípulo, especialmente si posee voz robusta, encontrará tales dificultades que la laringe habrá de resistirse violentamente contrayéndose; y pudiendo más que la voluntad, se producirá de súbito por esta causa el *crak* inevitable, una rotura. A esto sí que con fundada razón podremos llamar paso de la voz.»

Vemos, pues, que incluso Viñas, que no era amigo de hablar de ese proceso muscular, de alguna forma lo tenía en cuenta y admitía su existencia. En cualquier caso, es una cuestión que afecta en menor medida a las féminas, particularmente sopranos. Kraus lo explicaba

"porque la soprano no suele buscar pasajes, sino que lo que busca es anchura arriba, de ahí que a las mujeres se las entienda menos cuando cantan. Es difícil que una soprano vocalice bien en un agudo, una i o una e, porque es sólo un sonido que ellas procuran que sea ancho, ya que creen que eso les facilita la emisión; y probablemente es así. No tienen que pensar más que en un sonido solo. Las mezzos suelen apoyar mucho en el pecho, pero, al no ser verdaderas mezzosopranos, pues a veces son prácticamente sopranos, necesitan dar notas de pecho y hay un pasaje que deben inventarse, lo que produce una especie de hueco de la voz de cabeza, por así decirlo, en la parte más alta, que es donde pueden empezar a apoyar en el pecho; y de ese huequecito sólo sale aire, porque es una zona que no han sabido o no han podido aprovechar al no ser verdaderas mezzosopranos. El grave apoyado de pecho es artificial porque no son auténticas. A las mezzos de verdad no se les nota ese "hueco", ese pasaje que está prácticamente vacío, falto de timbre, de apoyo."

Las vocales

Para adquirir, completar y defender una técnica básica hay que seguir unos fundamentos esenciales, unos puntos inamovibles e indestructibles desde los que desarrollar la actividad de forma artística y bella. Aquellos que le fueron insuflados a Kraus por sus profesores y que eran en lo principal herencia de los manejados en tiempos de Gayarre por Francesco Lamperti –profesor del tenor navarro junto con Gerli– y otros maestros de la segunda mitad del XIX, provenientes a su vez de las sacrosantas verdades de las más rancias escuelas belcantistas, y que fueron recopilados en buena parte por el hijo de aquel estudioso, Giovanni Battista Lamperti.

La voz «en máscara», decía siempre Kraus:

> La voz tiene que pasar por detrás de la nariz, no por delante, en un buen uso de la resonancia. Lo afirmaba Llopart y lo había dicho siempre el maestro Lamperti, que imponía unos ejercicios para tirar la voz hacia arriba e insistía una y otra vez cuando veía que la voz estaba un poco caída. Porque una cosa es calar y otra es tener la voz caída. Con la voz caída uno puede estar perfectamente afinado pero no está en el hueco o posición en que tiene que estar. Es la manera de obtener una homogeneidad de sonido, lo que, en definitiva, se pretende en el canto: que el instrumento suene igual. El piano suena a piano, la flauta a flauta todo el tiempo, tanto en agudos como en graves. Ha de sonar lo mismo, "a lo mismo", incluso cuando haces un piano o un pianísimo. De tal forma que, aunque se apiane, no se pierda timbre. Hay que mantenerlo, bien que pueda hacerse con menor volumen.

La cuestión, evidentemente, es cómo ha de procederse para conseguirlo, al tiempo que se logra una adecuada emisión. Y aquí hemos de entrar en el método que para el tenor era infalible y sobre el que descansaba todo su proceso fonador y emisor y que tantas veces se ha comentado. En contra de lo que, por aparente sentido común, uno puede tender a pensar, es a partir de la vocal más estrecha, más débil, la i, sobre la que se edifican los fundamentos. La boca no se cierra más al pronunciarla. Kraus lo tenía muy claro y lo demostraba de continuo.

> Cuando digo i, y estoy hablando, no cierro la boca; es una manía que tienen muchos cantantes de cerrar al emitirla. Se ha

demostrado hasta la saciedad, científicamente, fotográficamente, que no es así. Para mí ha sido una de las grandes satisfacciones de mi vida contar con un vídeo en el que se ve que la i abre totalmente toda la cavidad laríngea y, al mismo tiempo, produce el sonido con mayor número de frecuencias. A mí me llegó la teoría de mi profesora Llopart. Es una historia curiosísima que me contó ella misma, que había estudiado con un maestro que se llamaba Fatuo –que a lo mejor no tenía nada de ello–, un repasador que Toscanini utilizaba para muchos de sus trabajos y que se llevaba en sus viajes a América. Todos los días había ensayos en el salón del barco, con el piano, y el maestro Toscanini le decía: "Maestro Fatuo, mañana de tal hora a tal hora coja a la soprano y repase ese pasaje del segundo acto o la romanza, que no la tiene muy bien, colóqueselo bien". Y Toscanini se apostaba detrás de una columna a escuchar y comprobaba cómo Fatuo hacía indicaciones que no eran solamente musicales sino también técnicas. Y así un viaje tras otro. Una vez repasaba al barítono, otras al tenor o a la soprano; les corregía y les hacía sugerencias técnicas que a Toscanini le parecían muy importantes. Hasta el punto de que en el último viaje le dijo: "Maestro Fatuo, en el próximo viaje ya no viene usted conmigo". "Pero ¿qué he hecho yo, maestro?". "Nada, no ha hecho nada, pero usted se queda en Milán y abre una escuela de canto" Toscanini, no hay que olvidarlo, dirigía la Scala, le interesaba tener a un elemento así en la escuela del Teatro. Le empezó a mandar a todas las *prime donne* para que les ajustara, les arreglara y les perfeccionara la técnica, porque se daba cuenta de que tenían problemas, muchos defectos, que, sorprendentemente, este señor corregía. A la Llopart, que era una de esas *prime donne*, la mandaron a estudiar con él. He atado cabos por mi cuenta y creo que de alguna manera estos conocimientos llegaron del maestro Lamperti, posiblemente por vía oral. Enseñanzas que conocieron tanto Fatuo como, a través de él, Llopart y que encontré asimismo en las teorías del maestro Andrés. Y que manejaban muchos otros docentes repartidos por toda Europa.

»Es cierto que Andrés no hablaba específicamente de la i, pero utilizaba la boca cerrada a la hora de vocalizar, que viene a ser igual:

uno apoya el sonido cerrado donde está la i. Es la técnica básica, que fue llevada también a América. Por eso cuando me escucharon en San Francisco me lo dijeron: "Usted tiene la técnica del maestro Lamperti". Así que de alguna manera estos conocimientos llegaron, no se sabe cómo, a estos señores o a lo mejor por intuición también, quién sabe. La intuición también es importante en estos casos. Pero alguien tuvo que inventar el procedimiento porque en aquella época no existía el vídeo que permitía ver las cuerdas vocales. Es posible por tanto que se llegara a estas conclusiones de una manera intuitiva y utilizando, no cabe duda, un sentido muy agudizado de las sensaciones del canto. Y la Llopart, alumna de Fatuo, me sirvió en bandeja todas estas cosas, que asimilé rápidamente. Y no es que no fuera bien orientado, pero me faltaba camino por recorrer. Tuve ese toque, esa inspiración final, esa convicción de que había que cantar de esa manera y no de otra. Y la supe luego utilizar.

Articulación vocálica

En cuanto a la propia emisión de la voz, la técnica que puede considerarse natural y lógica, que Kraus aprendió casi desde la cuna, fue purificándose en él, que intentaba mejorarla día tras día. Porque la emisión, conectada con la articulación de las vocales, guarda muchos secretos. Se han hecho multitud de estudios y científicos parisinos han examinado el fenómeno fisiológicamente.

Eso está bien –comentaba el tenor–, es interesante saber, conocer, pero lo es más enseñar a cantar partiendo de los principios resultantes. Desde el punto de vista del cantante lo que interesa es que le enseñen a manejar los principios en función de la voz y por y para la voz, y eso es lo que no hace nadie o casi nadie. Cuando se fotografía la laringe mientras se está cantando, mientras se está emitiendo, se ve perfectamente el funcionamiento de las cuerdas vocales y de la cavidad laríngea y faríngea. Se ve clarísimamente lo que yo he predicado siempre: que al pronunciar la **i**, la cavidad se abre totalmente, es como una cueva enorme completamente abierta, y se producen la mayor cantidad de frecuencias de un sonido, lo que parece un contrasentido teniendo en cuenta que es la vocal más débil; un absurdo. Pero el caso es que, al contrario, nuestra voz debería estar situada en la **i** todo el tiempo, porque es la que está colocada prácticamente en los resonadores; y la prueba es que, midiendo los hertzios, la medida de la frecuencia, el mayor número corresponde, por este orden, a la **i**, la **e**, la **o** y la **u**. Está claro que cuantas más frecuencias tenga la voz, más se oye, es decir, que hay que procurar buscar permanentemente esa posición. La **i** nos la ha dado la naturaleza. Y se nota en el vídeo cómo cuando se pronuncia una **e** y sobre todo una **a** y una **o**, se cierra prácticamente de forma total la cavidad, lo que significa que hay un impedimento, que no están tan afuera como la **i**. Esto, que parece una tontería, es para mí la base de la técnica de la emisión. Luego hay una serie de cosas como crecer, disminuir y tantas otras. El canto en sí mismo no tiene nada que ver con la emisión, pero la emisión sí tiene que ver con el canto, porque sin ella no podemos cantar bien.„

„Todo ello redunda en la búsqueda de la emisión más canónica y lógica. Partiendo de esas evidencias, Kraus fue basando los sonidos, el resto de los sonidos, en el de la **i**, aprendiendo a base de sensaciones a emitir los demás, que de una manera natural cierran la cavidad, manteniendo ésta abierta como si se emitiera una **i**, pero pronunciando los demás sonidos. Al abrir la cavidad, se piensa en una **i** pero se dibuja una **a** o una **o**. Y esto es fácilmente comprobable porque nada más pronunciar **i**, **e**, o **a**, las dos últimas se han ido más atrás, están apoyadas en la garganta; en cambio, con la cavidad abierta, como si se dijera **i**, pensando en **i**, pero pronunciando realmente **e** o **a**, la emisión se engrandece y enriquece. Está colocada en el mismo sitio que la **i**. Naturalmente, al principio la cosa no es nada fácil.

„Es difícil porque no se puede evitar que, al tener una **a** ya en el pensamiento de una manera inconsciente, mecánica, se favorezca el hacer el sonido de esta **a** en la garganta, como cuando hablamos. Por eso es una lucha continua; por eso el canto es complejo. No es una nota, ni dos ni tres, son todas y todas tienen que estar bien colocadas, no basta con dar el do, no basta con dar el agudo, porque las notas que están más abajo son tan importantes como el do, como la nota aguda, y tienen que estar bien apoyadas, metidas en ese canal por el que va la voz impostada. Ese es el problema del canto. La técnica de la i es básica por ello; y su vecindad con las demás. Algo que siempre he aplicado. Mis maestros me lo hicieron notar y yo me di cuenta de que sí, de que ésta es la verdad y que cuanto más lo pusiera en práctica y perfeccionara, pues mejor sería para mí y para mi voz. Para mi manera de cantar. Y, en principio, para cualquier otra voz. Aunque hay excepciones, configuraciones particulares, el instrumento es igual para todo el mundo, pueden cambiar algunas de sus características, pero el funcionamiento fisiológico es el mismo, por lo tanto la técnica que funciona bien para mí, tiene que funcionar bien para todos los demás. No estoy de acuerdo con una célebre soprano que decía que "la técnica de Alfredo le va bien a él, pero a los demás no". Habría que preguntarle: "¿Tú la has probado?" "¿No?". Pues entonces no sabes si te va mal. No cabe duda de que la gente canta y a veces lo hace con lo que tiene, y con intuición, con escasa técnica. Pero está claro que cantaría mejor con una buena preparación. Esto está clarísimo también.

»Por lo que debe colegirse que no hay dos buenas técnicas, sino una. Y no hay cantante que tenga una i mala, pero la mayor parte tienen muy deficientes la a y la o. Se nota el cambio, se nota el sonido distinto y cómo la voz se va para atrás. Si se tiene que dar un agudo se nota cómo la voz se ha ido para atrás. El único modo de evitarlo es colocándolo a la misma altura que la i. Una dificultad puede venir de la u francesa, que deberá situarse exactamente en el mismo sitio, aunque no hay que desconocer que esta letra es medio u y medio i.„

Para eso Kraus tenía remedio:

"El problema es que la posición que se puede conseguir de la u donde está la i, es la boca y entonces eso es anticanto, porque en los agudos hay que abrirla, no se puede cantar con la boca cerrada, claro, y es que a medida que vamos hacia arriba tenemos que ir subiendo la boca, los labios superiores, para que la distancia sea más corta. Para aclarar el sonido yo hago siempre una tontería que no lo es en realidad, pero que lo puede parecer, que es levantar la cara, con lo que el espacio se me hace más corto del labio a la frente. Los ojos se convierten en una línea y los músculos de los pómulos empujan hacia arriba para lograr que el espacio sea lo más pequeño posible y, por tanto, el agudo más agudo. Es clarísimo. No hay que darle vuelta de hoja. Cuanto más abro la boca, más arriba está el sonido. Y cuanto más arriba llevo la parte superior de la cara, mejor.

»El efecto no es por tanto, como alguien pudiera pensar, que un cantante abre mucho la boca porque le cuesta mucho trabajo dar el agudo, sino al contrario: el agudo sale mejor emitido, más claro y más en su sitio cuando se sube la boca de esta manera aparentemente forzada. Un agudo o sobreagudo no se puede dar con la boca semicerrada. Lo que no quiere decir que el mecanismo sea fácil; sobre todo en una **u** aguda; por eso hay que aplicar la dicción a la técnica, no la técnica a la dicción. Y esa **u** ha de meterse dentro de esa técnica para que funcione.„

Cuestiones respiratorias

Ya sabemos que una de las cosas más importantes del canto, quizá la base, es la respiración. Los niños y los cantaores de flamenco lo tienen asumido de una manera natural, y eso que no han estudiado, pero los cantantes de ópera, que no tienen esa facilidad natural por lo común, normalmente estudian, incluso hay diferentes técnicas, los distintos tipos de respiración: diafragmática, abdominal, intercostal, clavicular. Después de todo, la voz es aire que se transforma en sonido; de ahí que sea importantísimo y básico tener una buena respiración, de cara a proyectar la voz; lo mismo que para hablar, algo que hacemos prácticamente sin darnos cuenta. Este es uno de los puntos más trabajados por Kraus.

"Al hablar no nos damos cuenta y como nos sobra fiato, nos sobra aire y nos sobran pulmones, pues no le concedemos tanta importancia; pero para cantar sí que la tiene. Observamos al niño que llora, al niño de meses que llora en su cuna o encima de la cama. Este niño por instinto mueve las costillas de adentro para afuera cuando respira y luego va empujando a medida que llora; sus músculos se ponen tensos y duros, va empujando con ellos, extrañamente, hacia fuera. Si ese niño empujara para dentro, como dicen algunos, para favorecer la expulsión del aire, se quedaría inmediatamente sin aire. Por eso no podría llorar todo el rato que le diera la gana, lloraría a base de frases cortas. Es lo que pasa en el canto: el aire necesita un apoyo, ¿cuál es ese apoyo?: es el diafragma, que es una membrana elástica que sostiene la columna de aire, cuanto más elástico esté, más tenso esté, más apoyo tiene esa columna. Por eso hay que respirar con las costillas hacia fuera, ensanchar hacia afuera para que la membrana elástica se ponga lo más tensa, lo más rígida y horizontal posible. La postura fisiológica de la membrana es ligeramente inclinada, en cambio si yo tiro hacia fuera de todos los costados de mi cuerpo, incluso la espalda, estómago, los lados donde están las costillas, esa membrana se pone casi circular, pero al mismo tiempo lo más plana y tensa posible, y ahí es donde se apoya la voz. Y para que esa columna se mantenga tensa, si yo relajo estos músculos que han tensado, que han ensanchado las costillas, si relajo esos músculos y la membrana se destensa, ya no hay apoyo, no existe ese sostén de la columna de aire. Por eso para que la membrana siga siendo completamente rígida y mantenga la columna, tengo que seguir empujando; extrañamente, porque parece un contrasentido y contrariamente a lo que muchos sostienen de que hay que ayudar al fiato a que salga y, por lo tanto, hay que contraer el estómago, es justamente al revés. Es curioso que un niño haga todo esto naturalmente y, sin embargo, nosotros cuando intentamos cantar, no lo hacemos; al menos de manera inconsciente. Está visto que muchos maestros aconsejan echar la barriga hacia fuera y de este modo la mayor parte de los cantantes tienen unos estómagos terribles porque, en efecto, empujan para fuera con el estómago. Hay teorías muy extrañas."

Es interesante traer aquí algunas consideraciones de ciertos estudiosos en torno a esta cuestión de la colocación del estómago y el del adecuado juego de los procesos de inspiración y espiración, aspectos observados muy en primer lugar por los García, como también por todos los representantes de las antiguas escuelas napolitana y boloñesa y otros muchos investigadores e intérpretes, como el célebre bajo Luigi Lablache, defendían una inspiración con el tórax avanzado y el vientre plano (para hacer entrar la *fontanella dello stomaco*) y una espiración, durante el canto, dejando marchar el aire mediante una suave y lenta presión del diafragma y el tórax sobre los pulmones repletos. Esta disposición fue muy discutida después, sobre todo a partir de finales del XIX, con los nuevos modos y exigencias que imponía la expresión dramática en el verismo y con la mayor amplitud de las salas y tamaño y sonoridad de las orquestas. El primero en hacerlo fue el húngaro Louis Mandl: el vientre no debía bajarse, sino abombarse para evitar que descendiera el músculo fundamental, que ya sabemos que es el diafragma, e impedir que la necesaria respiración profunda se convirtiera en la nociva clavicular. La polémica estaba servida y el acuerdo, ausente. Hoy se piensa que lo más adecuado es una combinación de ambas teorías, que debe llevar a una respiración intercostal o costoabdominal. Aunque Kraus, como vemos, es claramente defensor, sin ningún tipo de ambages, de la primera y antigua teoría.

El autodidacta Kraus hizo en buena medida por su cuenta todos lo procesos respiratorios. Y tenía muy claros los pasos a dar, en línea con lo ya explicado más arriba:

"Gracias a Lauri Volpi, que me lo explicó una vez, entendí cuál era la técnica justa en este punto: no es solamente el diafragma el que trabaja, sino también los intercostales. Es decir, respiración mitad diafragmática, mitad intercostal. Porque lo que interesa es mantener el diafragma lo más tenso posible, nunca me he cansado de decirlo, y eso únicamente se obtiene alargando las costillas, como si todo fuera un círculo alrededor, ensanchando, no estirando. Naturalmente, si tiro hacia fuera de la circunferencia del tórax para abajo, donde están las costillas, estoy tirando hacia fuera del diafragma, que es elástico y está medio encogido, pero que inmediatamente se pone tenso. Ahí apoyo la voz. Mientras esa membrana sea elástica, el apoyo tendrá siempre un valor; mientras estoy emitiendo, necesito ese apoyo. Es una especie de contrasentido, porque, al mismo tiempo que me quedo sin aire, tengo que mantener tenso el diafragma para que, a su vez, mantenga la columna de aire.

»A veces, esto se tiene de una manera natural, pero no se emplea. Y se utiliza incorrectamente la parte superior de los pulmones levantando los hombros, lo que lleva a la respiración clavicular. La cosa tiene en realidad un fundamento científico: si ensancho la parte baja de los pulmones, el pulmón se ensancha, permite la entrada del aire casi por un sistema físico que pasa a ocupar el pulmón desde la parte más inferior. De esta manera se llena totalmente de abajo a arriba, mientras que si hago respiración de hombros, clavicular, se me llena solamente la parte superior del pulmón. Con Llopart aprendí a hacer esto correctamente y empecé a mover la parte de atrás de la espalda."

Kraus iniciaba así el dominio de una técnica impecable, que fue la base de su carrera y que le permitía administrar y regular el aire de la manera más lógica y conveniente. Él decía que ya lo hacía por costumbre; que le era relativamente fácil el manejo y dosificación. Un concepto este último verdaderamente fundamental:

"Dosificar es importantísimo; tanto si expeles el aire enseguida como si no; un agudo necesita una cantidad de aire; eso no te lo da más que la costumbre. Hay que hacerlo a diario hasta que lo repitas de una manera casi mecánica. Tengo que decir de entrada que quien me dijo cómo tenía que hacer la respiración fue la Markoff, la rusa, que incluso me dio unas tablas que le recomiendo a mucha gente para que haga gimnasia de respiración. Me decía: "Póngase las manos así, colocando el pulgar en la parte de atrás de las costillas y el índice en la de delante. Y ante un espejo desnudo empiece a aspirar por la nariz, mantenga el fiato unos segundos y échelo; tome luego lo más lentamente posible el aire". Estos consejos estaban inspirados en unas tablas de su maestro ruso, que todavía conservo y sigo. Una prueba de que la técnica fundamental de canto es la misma en todas partes. La diferencia viene dada por aspectos fonéticos.

En el capítulo 12 hablamos con cierta extensión de estas tablas e incluimos algún ejemplo gráfico. No hay duda de que el tenor pensaba que esa manera de respirar era la básica y que debía ser igual en cualquier latitud; una técnica fundamental, esencial. A la que no se ajustan quienes respiran y echan el estómago hacia fuera al tiempo que mueven las costillas. Esa buena técnica es inmutable. Las diferencias entre escuelas, caso de existir, son accesorias. Él mismo reconocía que no sabía realmente en qué consistían. Pero la técnica no es igual en todos los sitios. Era sincero cuando decía:

Es cierto que los alemanes cantan de una manera y los franceses de otra. En qué consiste esa diferencia, no lo sé, francamente. Para mí si todo el mundo utilizara la técnica en máscara que yo uso, todos cantaríamos igual, con nuestras voces pero todos igual de bien, porque tengo comprobado que a los cantantes que no emplean la técnica que considero idónea les dura menos la voz, que acaba por tener distintos colores, se queda atrás o en la nariz. Comprobadísimo. Si todos usáramos la técnica justa, no hablaríamos de una italiana o inglesa o alemana o española o francesa. No, se trata de cantar bien, de cómo sacarle el máximo rendimiento al instrumento sin estropearlo, conservándolo y haciéndose con él. A mí lo único que me han podido demostrar hasta la fecha es que la mejor técnica que hay es la que yo uso. El día que surja otra mejor que lo demuestren; estoy dispuesto a reconocerlo. Pero la mía, y lo digo después de tantos años de carrera, es la única técnica que tiene sentido, lógica. La i, que no toca las cuerdas vocales, me abre al máximo la cavidad bucal y me permite sacar más timbre de cada nota. La cosa está bien clara, de este modo no me saldrá nunca un nódulo ni la voz se me va a estropear. Es la técnica que hay que utilizar, las otras técnicas son aproximativas.

Afirmaciones que tienen su correspondencia en el hecho de que al oír la mayoría de las voces, sobre todo las actuales de tenor, hay pocas que vayan por ese camino. Lo curioso es que cuando el cantante canario enseñaba y explicaba a los alumnos de un curso o unas clases magistrales por dónde tenían que ir, éstos lo solían entender perfectamente y lo ponían en práctica. El problema es que, terminada la clase, volvían a su casa con sus maestros habituales y ahí acababa todo. Era frustrante para nuestro protagonista: le daba pena que a alumnos a los que se podía sacar un rendimiento más grande no llegaran a ir más lejos por la cortedad del contacto. Le dejaba, según propia confesión, desmoralizado. Era una lucha sin fin. La lucha de toda una vida para casi nada. Aunque algunos superdotados eran capaces de mantener esas premisas fundamentales para siempre. A todos había que aconsejarles: «Deja a tu maestro, es mejor que estudies solo con estas nociones y te controles con los aparatitos de casetes, te escuches y escuches a otros». Claro que ese consejo era para aquellos que tuvieran las ideas claras. Sobre estos aspectos se habla más en extenso en el citado capítulo 12.

El célebre tenor español Hipólito Lázaro recomendaba para hacer los ejercicios respiratorios bajar la cabeza y poner boca de pez y cantar cuanto más aguda era la nota con la cabeza más baja.

Lo que no deja de tener algo de sentido –apostillaba don Alfredo–, porque cuanto más bajas la cabeza menor es la distancia interna, y esto va un poco en apoyo de lo que yo decía antes, de que hay que tener en cuenta las distancias. Al ser menor la distancia interna, se procura más facilidad de emisión. Es una especie de truco, porque en realidad no haría falta bajar la cabeza sino subir el émbolo, el pistón y aplastar el sonido, hacerlo más estrecho y la cavidad más corta al elevar el paladar; pero, en fin, cada cantante tiene su truco. Poco a poco van cayendo en una serie de argucias que les facilitan la emisión; a veces sin conocer realmente la razón. Los agudos de Lázaro eran impresionantes. Pero a mí me gustaría haber visto a este hombre cómo emitía los agudos, seguramente que tenía que abrir la boca mucho para arriba y que cantaba con la boca en forma de pez para hacerla más oscura, que es otra de las manías de los maestros de cantantes: oscurecer la voz, cuando en realidad tendría que ser al revés, aclararla para su mejor manejo: cuanto más ligera es una cosa, más fácil es de manejar. Imaginemos que tengo que levantar una mesa, no voy a poder levantarla, porque pesa mucho, pero si de una manera ideal, en el momento de coger la mesa por los costados y empezar a levantar, la mesa fuera disminuyendo de tamaño y peso, seguro que terminaría por levantarla por encima de mi cabeza. Por tanto, cuanto más pequeña, más fácil de manejar; y la voz, lo mismo, cuanto más pequeña, más fácil de manejar. Así que lo que hay que procurar no es sacar más voz sino menos. O por lo menos la que uno posee de verdad. ”

CAPÍTULO 4

Pensamiento musical. En el principio fue el canto. El foso y la escena

Es interesante escuchar la palabra de Kraus a la hora de estudiar el fenómeno vocal como algo natural, nacido a lo largo de la historia como una manifestación del hombre que fue adquiriendo con el tiempo una importancia artística y que no necesitó durante siglos prácticamente nada en su torno para llegar a expresar y a emocionar al público; que hoy se deja llevar por otros aspectos. El canto auténtico, puro, se ha perdido en buena parte. Indudablemente, el tenor era un purista y toda su vida artística estuvo encaminada a recuperar esencias, a plasmarlas en la realidad actual, a desbrozar la maleza de lo desigual, de lo rudo, de lo exagerado, de lo fácilmente melodramático. Buscaba la esbeltez, la diafanidad. Y se asentaba sobre un pensamiento humanista de firmes fundamentos.

En el principio fue el canto

" Me gusta pensar que en otras épocas el hombre era más sensible, más espiritual que ahora y que por lo tanto no necesitaba que se lo diéramos todo masticado; bastaba el simple hecho del fenómeno vocal y de la música en sí mismos. Que se le diera más o menos estilizado, con una línea musical, con un gusto exquisito, no le interesaba tanto; bastaba que oyera las voces y la música que acompañaba a las voces: lo demás se lo imaginaba. Es lo mismo que si no hubiéramos tenido cine y televisión, o teatro con sus decorados pintados y sus actores. Seríamos nosotros espectadores los que nos imaginaríamos la acción que en un teatro no se puede representar. Se escuchaba por entonces la música de Monteverdi con un cantante de la época y eso bastaba. Luego nos hemos ido haciendo cada vez más perezosos, porque nos han ido dando cada vez más y nosotros exigiendo más. No queremos fatigarnos, no queremos cansarnos, no queremos molestarnos, ni siquiera mentalmente y queremos que nos lo den todo hecho. Esto también puede ser, en parte, una explicación de por qué hoy día se canta con menos técnica; también se preocupaban entonces más de la técnica, de estudiar el fenómeno de la voz, cómo hay que hacer para cantar. Hoy en cambio nos preocupamos menos; el público se preocupa menos de la técnica y más de lo que le llega por fuera, del embeleco. Se quiere que las sensaciones vengan dadas a flor de piel. Este es el problema de por qué hemos ido en algunos aspectos ganando y en otros perdiendo. Hemos ido perdiendo en gusto y en sensibilidad, porque nos ha dado por pensar que la ópera verista es el verdadero bel canto y se ha perdido lo que es la técnica en función de la expresión, de la manera de decir, de cómo cantar con gusto y sensibilidad, con clase."

Afirmaciones que tienen su miga y su verdad, lo que se corresponde con el que, en ciertas épocas, muchos compositores abandonaran preceptos musicalmente rigurosos, reglas áureas de la perfecta escritura y se refugiaran en el servicio a una línea de canto desnuda y privada de efectos artísticos y de complejidades. Productos en general artesanales, musicalmente parvos, aunque revestidos de un aura melódica envolvente, creados por compositores como Rossini, Bellini, Donizetti, Pacini, Verdi, Mercadante y otros que nos han legado óperas muy bellas melódicamente, que cultivan el estilo belcantista o neobelcantista que parecen ser el resultado de un abandono a la mera inspiración melódica del momento, con libretos muy poco consistentes y con presupuestos armónicos más bien modestos, en los que, eso sí, la línea vocal aparecía muy bien servida.

Una cuestión a la que nuestro tenor tiene algo que decir:

> Sí, pero ahí está lo bueno, la voz lo tenía que hacer todo, o sea con tan poco acompañamiento, con tan poca música crear esas melodías tan sensibles, tan bonitas y a través del canto construir lo que la orquesta no había hecho; ahí está la dificultad de las cosas simples, esto pasa en todos los órdenes de la vida. ¿Hay una ópera más difícil que *Sonámbula*, por ejemplo? Lo dudo, es tremendamente difícil, porque la voz lo tiene que hacer todo. Pero eso es lo bueno. En cambio ahí tenemos a Puccini, por ejemplo, en cuyas óperas hay tanto de orquesta, tanto de teatralidad, tantas instrucciones escénicas, tantos detalles en las partituras que la voz, casi, casi... es un elemento más, no es el elemento básico, primordial e importante. Lo que no quiere decir que se pueda hacer una *Tosca* sin buenas voces. Aunque siempre quedará la poderosa música, la teatralidad del asunto; que, en cierto modo, si las voces no son desastrosas, puede salvar una función. Lo que no sucederá con una *Sonámbula*. Sin cantantes no se puede. Unos *Puritanos* sin cantantes no pueden salvarse. Porque ahí además van unidas las dificultades vocales, que son superiores a las de cualquier ópera llamada verista y además hay que construir la expresividad. En Puccini casi no se necesita porque la orquesta lo va diciendo todo. Y en cambio en Bellini y en Donizetti, en su mayor parte, la voz es la que lo está diciendo todo; diciendo y haciendo. Porque para mí Bellini y Donizetti son compositores de la misma talla, si no mayor que Puccini o que Verdi.

Aseveraciones éstas de Kraus que no dejan de ser muy discutibles y que crearían polémica, aunque haya que entender su punto de vista de intérprete vocal que prefiere la sencillez, incluso simplicidad, de algunas obras de tipo belcantista, en las que la voz es casi total protagonista, a la mayor ambición musical y teatral, a la mayor elaboración instrumental, armónica, tímbrica, temática de óperas de un romanticismo avanzado o de un verismo en sazón. ¿Y Wagner?

"Bellini, Donizetti o Verdi eran mejores compositores de ópera que el alemán, sí. No mejores compositores de música. Wagner y otros empezaron a darle una importancia muy grande a la orquesta, y eso ha sido la que ha ido matando al canto poco a poco. El hacer de la orquesta un factor protagonista, cuando el protagonismo lo llevaba siempre la voz en la ópera, por definición, es, creo, lo que ha ido matando a la ópera y destrozando las voces. Desgraciadamente. Lo que quiere decir, a la postre, que de los elementos en cuestión, los que intervienen en una ópera, la voz unida a su texto y música como soporte instrumental, me quedo abiertamente con la parte vocal musical, es decir, la línea vocal."

En este caso, Alfredo Kraus marginaba cuestiones siempre tenidas como básicas. Históricamente se ha hablado, para definir la importancia o la perfección o maestría de una ópera, el que con ella se ha logrado esa síntesis maravillosa que nunca se da en óperas de Bellini o Donizetti y sí en otros autores anteriores y posteriores, como Musorgski con su *Boris Godunov*, Debussy con su *Pelléas*, Mozart con *Don Giovanni*, *La Flauta Mágica* o *Las Bodas de Fígaro*, Verdi con su *Rigoletto, Traviata, Otello* o *Falstaff*. Por no hablar de óperas más modernas. En ellas, sin duda, se integran más elementos dentro de una concepción unitaria.

En relación con estas manifestaciones, el cantante canario decía que no lo negaba y que en la música ocurrían fenómenos extrañísimos.

"La mayor parte de las óperas citadas, quitando alguna excepción, ahora no son precisamente las más populares. Popular es *La donna è mobile*, que son cuatro notas, y la voz que lo hace todo. No cabe duda de que si nos ponemos a analizar en porcentajes, qué porcentaje hay de música, qué porcentaje de orquestación, de voz, de los distintos asuntos a tratar, tampoco son populares los motivos wagnerianos, porque ¿quién conoce bien esa mitología? Eso no es popular. Los temas que impresionan son o los muy teatrales, tipo Puccini, y algunos de Verdi; o la música y el canto de Bellini y Donizetti, con todo lo que tiene de ingenuo. Eso es lo bonito precisamente. Primero, que el teatro es convencional, del todo. Y segundo, que el atractivo del teatro, para mí, es teatro, teatro, con comillas y subrayado, que es telones pintados, ingenuidad; temas si se quiere infantiles. Nos movemos, si se quiere, un poco en el estilo naïf.

»Lo que ocurre en *Puritanos*, por ejemplo, es una historia ridícula; ¿y qué ocurre en *Lucia*? Pues algo por el estilo, aunque todavía aquí la anécdota tiene alguna consistencia. Pero hay una serie de óperas... Una cosa más ridícula que *Sonámbula* es difícil de imaginar. El tema de *L'elisir d'amore* también se las trae. Pero lo bonito es esa ingenuidad; con ella disfruta la gente. Hay que ir al teatro con una mentalidad muy abierta y sobre todo dispuesto a disfrutar y a admitir esa ingenuidad, esa simplicidad, ese convencionalismo que tiene el teatro. Por eso a mí me molesta mucho que queramos cambiar todo eso por un modernismo, un movimiento escénico, unos montajes inmensos. Venga construcciones en los escenarios y gente que sale arriba y abajo, luces, algo que no tiene nada que ver con el teatro, eso es cine, Broadway o lo que se quiera, pero eso no tiene nada que ver con la ópera.**"**

Es muy interesante la opinión de Kraus sobre todo lo que, dentro de su convencionalismo, tiene el canto de artificial. Puesto que lo es la misma impostación de la voz, la misma técnica vocal.

"Sí, pero ahí está el misterio y el encanto, o sea una cosa que es artificial, que parezca natural, que no lo es; es como si se habla del circo: ¿qué atractivo tiene el circo?: que alguien esté haciendo algo que no es natural, porque no es natural estar ahí en los trapecios como si uno fuera un mono o en la cuerda haciendo equilibrios. Eso no es natural, no hemos nacido para eso. Pero tiene su atractivo; es un arte, para mí, que soy un gran amante y admirador del circo y sus artistas, lo es. Esos profesionales son unos fenómenos increíbles. Y el canto es igual, es antinatural, como es antinatural el hablar. Porque nosotros hablamos por accidente, según tengo entendido, que no soy un experto. Los elementos fisiológicos que han conducido a la emisión de un sonido no nacieron para eso, nacieron para respirar y facilitar la ingestión de los alimentos, curiosamente y luego, por accidente, al pasar el aire por las cuerdas vocales, se produce un sonido. Sonido que el hombre, intuitivamente, ya que no quiero decir inteligentemente, se dio cuenta de que podía articular apoyándolo en las resonancias; y eso es el canto. Lo que pasa es que para apoyar en las resonancias y que salga una voz importante, voluminosa, con agudos, hay que corregir esa técnica natural que poseemos, lo que resulta mucho más difícil, aunque siga siendo sencillo. Cuando lo complicamos, por rebuscar esa técnica, cuando lo estropeamos, hacemos las cosas más equivocadamente.

El foso y la escena

Para Alfredo Kraus, en los tiempos modernos se perdieron ciertos valores tradicionales de la ópera en cuanto a la simplicidad, a la captación del melos por parte del auditor. Todo se complicó. Las mismas composiciones y los montajes que se hacían de ellas. La llegada de las más recientes innovaciones técnicas motivó la pérdida de un norte en cuanto a la sensibilidad operística.

Todo eso se debe a muchas razones. La primera, para mí, la influencia de Toscanini: fue el culpable en parte del dominio y preponderancia de la orquesta. Creó la gran orquesta, se lucía con las óperas, era un gran maestro. Y todo el mundo le quiere imitar, pero claro, no todo el mundo es Toscanini. Y ahí está lo malo. Toscanini podía, probablemente, porque yo nunca le vi dirigir, darle la importancia a la orquesta en los momentos en que la orquesta tiene su importancia en la ópera, pero, al mismo tiempo, ser acompañante de las voces cuando las voces son protagonistas. Pero eso no lo sabe hacer todo el mundo, es más, diría que prácticamente no existe hoy un maestro que pueda hacer esto. A lo mejor hay alguno por ahí, pero ya digo, la generalidad es otra; esto puede ser uno de los factores. Otro, el querer a toda costa renovar la ópera, el querer hacer estas presentaciones, producciones fabulosas tipo Hollywood, televisión o cine. Este predominio que hay del director de escena, que lo que quiere es lucirse no importa cómo, ha provocado que algún cantante de fama se haya vuelto muy acomodaticio y no quiera problemas. Muy bien, si lo quieren así, cuando en realidad es responsabilidad nuestra en parte todo lo que pasa y, como protagonistas, tendríamos que exigir una serie de cosas que no exigimos. El público se ha vuelto más interesado en la ópera pero, curiosamente, menos exigente. Menos conocedor. Más superficial."

Pero para hacer frente a ese movimiento hay defensas:

"Sencillamente, yo prefiero hacer teatros poco importantes, donde no hay dinero para pagar grandes orquestas y directores de escena, donde no hay millones para pagar unos decorados, donde yo puedo crear un personaje, donde no me cohíben, no me coaccionan. Eso es lo que prefiero. Me informo más o menos en los teatros importantes qué tipo de producciones proyectan, si son tradicionales o no. Si la puesta en escena es moderna digo directamente que no; si es tradicional, digo que sí. A este respecto, por ejemplo, con el Metropolitan, con la Ópera de Viena o con La Scala es prácticamente imposible mantener un diálogo. Estoy en pleito actualmente con este teatro a causa de un incumplimiento de contrato por su parte; es un teatro muy complejo, lleno de intereses contrapuestos, lo que es hasta cierto punto habitual. En Alemania todo es un disparate porque es el paraíso de los directores de escena, hacen verdaderos oprobios y no pasa nada. Yo lo que quiero es que me dejen tranquilo, que me dejen actuar, que la orquesta no me tape, en fin... lo tradicional, lo clásico, eso es lo que me interesa."

Claro que eso, lo digamos tradicional, no se puede presentar de cualquier manera; ha de estar bien hecho, para

" hacerle descubrir al público lo que tiene de bonito y bueno la ópera, de ingenuo, de sencillo, para que los espectadores vuelvan a ser un poco niños, que vayan al teatro a descubrir el teatro. Y crearse un mundo de fantasía, una frase dicha en un escenario con unos telones pintados, es volar con la fantasía e imaginárselo como si fuera real. Ese es el aliciente que tiene el teatro, no se lo quitemos."

Pero, naturalmente, siempre habrá problemas con el director de orquesta o los directores musicales en cuanto a que, en muchas ocasiones, se trata de hacer lo que parece que estaba escrito en un principio, en relación con tonalidades, repeticiones, en esa búsqueda que ahora se lleva de la pureza de los originales, que a lo largo del tiempo han ido evolucionando, incluso con el consentimiento del propio compositor en ciertos casos. ¿Cómo plantearse, entonces, el respeto, la fidelidad a lo primigenio? Kraus tenía las ideas claras a este respecto.

" Hay mucha maniobra en este sentido. Por ejemplo, ahora se sacan versiones nuevas, ediciones nuevas, revisiones; que no son realmente tales, porque luego lo vas a mirar y, en el fondo, sigue siendo todo lo mismo. "Vamos a hacer una versión nueva porque vamos a cobrar dinerito, derechos de autor", se piensa muchas veces; y esto se ha hecho con *Barbero de Sevilla*, con *Los cuentos de Hoffmann*, con *Don Carlo*, y otras muchas óperas, y no se ha descubierto realmente nada nuevo. Estamos en las mismas de siempre. Esa manía que tienen ahora algunos de que ese agudo no se puede dar porque no está escrito, no tiene sentido. Y la tradición, ¿qué? Y el gusto del público, ¿qué? Y el final de esta aria, este dúo, que está pidiendo a gritos un final, porque el autor no lo escribió, pero lo permitió en su vida y en los ensayos de sus óperas, ¿qué? Eso es una ley; esas cosas no se pueden cambiar, ya que, en caso contrario, se le quita a la ópera ese punto de emoción, el agudo, el final, que te produce un escalofrío en el cuerpo. Entonces se queda todo así, llano, sin aristas, sin interés. Yo no estoy de acuerdo con esto, creo que en la ópera hay que mantener la tradición. ¿Qué vamos a mejorar si todas las óperas tienen sus puntos buenos y sus puntos malos? No todas las páginas de Verdi o de Donizetti fueron oro colado. Hay cosas muy malas y se han cortado por tradición, porque no eran buenas, no eran teatrales, no eran eficaces.

»Y hay cosas no tan malas que se amputan porque en su día pusieron en aprietos a los cantantes, dada su dificultad. En ese caso, si un cantante puede con esas dificultades, es interesante la recuperación. Pero hacerlo porque sí o porque estaba en el original puede ser muy discutible. Para qué: esos cortes suelen estar hechos por grandes maestros. Una página que he cantado alguna vez, pero que generalmente he eliminado, es la *cabaletta* de *Rigoletto*, *Possente amor mi chiama*. La he cantado muy poco porque no tiene valor musicalmente, ni añade valor al personaje. Cómo vas a cantar una cosa que notas que no sientes, que musicalmente no tiene interés ni añade nada positivo a la ópera.»

Aunque el tenor ha llegado a cantar habitualmente otras piezas de este tipo que tampoco podrían calificarse como musicalmente muy válidas; así la de *La traviata*; pero ésta, manifestaba Kraus, era un caso diverso:

«Realmente, completa al personaje; es una especie de *Pira*. Antes de ésta en *Il trovatore* está *Ah!, sì ben mio*. La *Pira* es como un complemento. En *Traviata* incluso entraña mayor fuerza ese sentido, porque el personaje es débil y parece ser que cantando esa *cabaletta* que viene después de la romanza se define un poco más su carácter; y la prueba es que después del cierre el teatro se viene abajo. Después de la de *Rigoletto* no pasa nada. Es tan bella, tan importante musicalmente la romanza, ese *Parmi veder le lagrime*, que la *cabaletta* no es nada; acaba siendo insignificante. En cambio en *La traviata* la *cabaletta* añade musicalmente e ilustra al personaje.»

En este punto habría que hacer una pequeña glosa sobre los fragmentos que se recuperan y los que no. Es cierto que la mayor parte de las veces, los que el tiempo y los maestros han eliminado no entrañan un valor musical singular y entran en lo rutinario o manifiestamente convencional. Claro que, según eso, habría que prescindir de gran parte de muchas óperas, algunas muy conocidas. La recuperación hecha por musicólogos de tantas cantidades de texto y música, en su momento podados, tiene el valor de dar a conocer la obra tal y como salió concebida de manos de su autor; que evidentemente sabía lo que quería. Aunque también es obligado reconocer que muchos de ellos dejaban luego buena parte de su creación al capricho o fantasía de los cantantes. Es cierto que Alfredo, el amante de Violetta en *Traviata*, expresa, tras un aria (*De' miei bolenti spiriti*) en la que muestra su tiernos sentimientos por ella, sus remordimientos al confirmar, luego de la intervención de Annina, la criada, que está viviendo a expensas de la antigua cortesana y que la *cabaletta Oh mio rimorso!* resalta ese sentimiento de culpa de manera eficaz; pero la pieza musicalmente es flojita; como lo es la que cierra, tras la *canzonetta Di Provenza il mar, il soul*, la escena de Giorgio Germont minutos más tarde, ya al final del acto segundo; que se ha venido eliminando habitualmente. La *cabaletta* de *Rigoletto* también nos sirve para evidenciar el entusiasmo amoroso del duque de Mantua una vez que ha exhibido en el aria *Parmi veder le lagrime* sus poéticos anhelos hacia Gilda. Ese *Possente amor!* Es una llamada de violenta sensualidad hacia el objeto amado. Y que muchas veces los tenores –Kraus cuando la cantaba– han coronado con un estrepitoso re natural sobreagudo, no escrito; de muy difícil consecución, por supuesto. Acerca del do 4 con el que asimismo se suele coronar la *cabaletta* de *Traviata*, tampoco consignado en la partitura, nuestro cantante tenía sus argumentos.

"No está escrito, pero la página está pidiendo a gritos un sobreagudo. Hay un final de orquesta, un *crescendo* y una aceleración del ritmo, por lo tanto, no veo por qué no lo tiene que tener también la voz. En este punto tuve una discusión con el maestro Muti que opinaba que estaba de más. Y yo le decía: "Pues quítale entonces instrumentos a la orquesta y que el final sea flojo; entonces si el final de orquesta es flojo, el de la voz habrá de serlo también, sin que por ello venga a cuento que tenga que elevarse hacia el sobreagudo. Pero si el final de orquesta es tan rutilante, se necesita que la voz lo sea igualmente". No me supo responder a esto más que diciendo que el autor lo había escrito así. Pero para mí que el autor lo haya escrito de una manera y no de otra, no quiere decir que haya sido Dios quien lo haya escrito. Los autores también se equivocaban y la prueba es que hay páginas escritas muy malas, incluso en las óperas mejores. *La favorita*, por ejemplo, tiene cosas muy buenas y cosas muy flojas. Bueno es, por ejemplo, todo el último acto, que no tiene desperdicio, pero en medio hay una cantidad de rollo increíble; mucha morralla. Toda esta discusión con Muti fue a propósito de la grabación de *La traviata*. A consecuencia de esta discusión no volví a cantar nunca más con él. No he querido yo: tenemos opiniones musicales totalmente distintas. Muy bien, allá él con la suya y yo con la mía.

»Y que conste que a este director yo no le quito un ápice de valor como profesional; porque, eso hay que decirlo, es uno de los pocos maestros actuales competentes que se sientan a preparar con el piano. Es de los poquísimos que aún conservan la tradición del maestro *concertatore*, del maestro concertador, pero claro, luego impone su criterio a la fuerza a los cantantes. Los antiguos maestros directores de orquesta, cuando un cantante tenía personalidad y características particulares en la voz, dejaban que las pusiera de manifiesto y Muti es muy autoritario, impone su criterio al cantante y le quita esa libertad de expresión, le quita esa personalidad, lo que es terrible. Al cantante, con sus méritos o deméritos, hay que dejarle que se manifieste tal y como él siente la música, como siente el canto y el personaje."

CAPÍTULO 5

Cuestiones formales. Evolución vocal. Singularidades tímbricas

Siempre se ha considerado a Alfredo Kraus como un ejemplar estilista, un respetuoso servidor de los más firmes valores de la tradición, bien que dentro de unas muy particulares características de emisión, acentuación y fraseo. La zona grave del espectro sonoro de su tesitura nunca ha sido su fuerte, algo lógico en un cantante que emplea tanto la máscara y que busca la amplitud, la apertura, la luminosidad de los resonadores superiores. Acerca de esta cuestión, el tenor tenía las cosas muy claras.

"No es que no me preocupe la falta de peso de los graves; me preocupa porque las notas deben sonar todas, lo que sucede es que el instrumento humano es humano, no una máquina que le pones al piano una nota aguda y otra grave y tienen que sonar todas igual. El instrumento humano responde a unas condiciones, según las cuales las voces muy agudas no tienen por qué tener notas graves. Eso le ha pasado a la mayor parte de los tenores líricos o lírico-ligeros. He oído discos, cuando empecé a cantar y cuando me hacía dudar ese hecho, de Beniamino Gigli, en los que se advertía que en esa zona grave faltaba el aire, la voz se debilitaba, y él no se preocupaba. Cantando de cierta manera es muy difícil tener apoyo, porque cuando se está en esa zona la voz está tan alta, tan colocada arriba que bajar de golpe es prácticamente imposible; la voz se queda como colgada en el aire. Para resolver el problema habría que ir bajando poco a poco, pero en una romanza o canción los compositores, poco conocedores en general de la voz de tenor y de otras, desgraciadamente no calcularon que ese fallo se puede presentar normalmente en una voz de tenor agudo y no han ido preparando la escritura paulatinamente para llegar a esa franja inferior, en la que se pueda ir colocando la voz poco a poco en su justa posición con el fin de evitar lo terrible que es el salto del agudo al grave.

»A finales del XVIII o principios del XIX, una época netamente belcantista, los tenores emitían y proyectaban sin duda muy arriba. Y con anterioridad, los falsetistas o *castrati*, naturalmente fallaban en esa zona grave. Pero en lo que se refiere a los tenores, había que dejar el falsete para entrar en lo que se suele llamar voz de pecho, que no existe, ya lo hemos visto, pero bueno, eso para ellos era todavía más difícil. Hay que ver lo que han cambiado las cosas en estas cuestiones. Hoy nos produce cierto espeluzno escuchar a un tenor cantando *Puritanos* en falsete en los does y res y en aquella época no era raro. Claro que era menos raro que ahora oír a un tenor que canta ópera normalmente y cuando llega al sobreagudo emplea el falsete, porque siendo todo falsete, el llamado *rinforzato*, como decían ellos, había en aquellos tiempos una homogeneidad de color en toda la gama, era todo igual. Un sobreagudo emitido en falsete no se notaba porque la voz sonaba igual que en notas más graves. Hoy sí porque se canta con la voz de pecho, en una impostación más natural y si se pretende hacer el sobreagudo de falsete se nota muchísimo; eso sí que es feo.»

A este respecto, forzoso era recordar la conocida anécdota de Gilbert Duprez, que al cantar la parte de Arnold de *Guillaume Tell* de Rossini, acometió aquellos does mal llamados de pecho con una técnica de voz plena de cabeza bien distinta a la tradicional emisión en falsete que había aplicado en el estreno de la obra Adolphe Nourrit. El compositor salió espantado al oír aquella voz inesperada.

> Se explica: aquello era una especie de cañonazo para los oídos, que estaban acostumbrados desde mucho tiempo atrás a oír cantar a los tenores de esa manera; para ellos eso era lo justo, claro, luego se demostró que no. Hoy se canta con la voz natural, empleando una técnica muy distinta.

Podría decirse quizás que hoy, en pleno siglo XX, existen muy pocos tenores como Kraus, herederos en cierto modo de toda una tradición, que siguen un método que en el fondo es un poco el belcantista y que en vez de emplear el falsete o *falsettone* empleen la voz de cabeza o voz plena en los agudos. Él lo tenía muy asumido:

> Hay muchos cantantes que podrían estar en las mismas condiciones que yo, pero luego, como esta manera de cantar es más difícil y requiere más estudio y técnica, un repertorio particular del cual no se debe uno salir para no perder todo esto que es el belcanto, han empezado bien y han terminado mal, porque han dejado de estudiar, porque van a lo fácil en vez de mantenerse y profundizar en lo que es difícil, que es la única manera de obtener una perfección, y se han ido estropeando. O sea que en realidad tendría que haber bastantes más cantantes actuales que pudieran hacer este repertorio con suma facilidad, pero lo han ido dejando y ya es tarde.

Es curioso, pero también un hecho innegable, que en casi todas las artes se ha avanzado mucho en la cuestión técnica, a veces no tanto en la expresiva. Hoy, por ejemplo, hay un grupo de violinistas o pianistas que en el aspecto técnico no tienen nada que envidiar a los antiguos. Pero, ¿puede hablarse de la misma forma en relación con el canto? La experiencia nos ha puesto de relieve que en el canto, con contadas excepciones, no ha sido así, ha habido como una vuelta atrás en muchos aspectos. Un tema que apasionaba a nuestro protagonista:

"Ha habido una regresión y además lo saben los propios cantantes perfectamente. Mejor que nadie, pero es tarde para echar marcha atrás y para enderezar entuertos. Ellos lo saben y la prueba es que para justificarse dicen que no, que eso de la técnica, que bueno, cuando uno estudia al principio viene bien, pero lo que hace falta es emoción y corazón. Y así se justifican. Según el repertorio que se haga, en efecto, hace falta emoción. Sin embargo, hay que pensar que la música ya la lleva en sí y nosotros tenemos que limitarnos a transmitir al público lo que el autor quiso y concederle una carga expresiva que viene en la palabra, a la que hay que dar calor en el momento en que la transmites, pero siempre con base en la técnica y a través de la técnica. Estoy harto de decir que la emoción es un momento de la inteligencia, que cuando uno quiere emocionar, manda el cerebro primero, y cuando uno quiere cantar y dar un calor a la frase, está el cerebro mandando y diciendo: ahora hay que mandar el calor a esta frase; o sea que eso del corazón, que todos sabemos que es una válvula más, no es verdad. Sin técnica no podemos hacer nada. El violinista, el pianista, si no tienen una técnica sólida no pueden llegar a transmitir. No basta solamente con la inspiración, con el querer dar una carga expresiva pura. Si no se tiene una técnica por debajo y por encima que sustente a esa expresión, el canto pierde el norte, la belleza, el equilibrio."

Un tema que conecta evidentemente con la degradación que parece haberse operado también en el mundo docente, porque no parecen existir hoy profesores que sepan transmitir esas verdades tan sencillas y tan fundamentales como las que transmitieron a Kraus los maestros Markoff, Andrés y Llopart. Ellos dieron con la clave que necesitaba el tenor. Aspecto en el que el artista ha profundizado como pocos.

"Se ha perdido esto también, porque no creo que nadie sepa qué dio lugar a qué, la gallina al huevo o el huevo a la gallina. No sé por qué, pero en un momento determinado empezaron a desaparecer los buenos cantantes y, al mismo tiempo, los buenos maestros. De quién ha sido la culpa no lo sé. Yo se lo achaco a esta corriente moderna de darle una importancia excesiva a la orquesta y que ya hemos tratado; que sea la protagonista, que los directores de escena sean protagonistas, que todo esto tenga más peso que el verdadero canto. De nuevo tenemos que remontarnos a Toscanini nada menos, para encontrar al que creo que es el primer culpable de que la orquesta sea hoy tan protagonista, al crear esas grandes masas que cubrían a las voces que hacían belcanto y necesitaban medias voces y pianos y pianísimos. Muchas veces es inútil pretender, con una orquesta que toca a todo meter, hacer florituras. Cuando el cantante se percató de que con tener un vozarrón, una voz potente y ancha ya lo tenía todo hecho, la cosa empezó a torcerse.

Quizás haya que pensar también que otra de las razones de que se hayan producido estas desviaciones estilísticas haya sido la existencia de un fenómeno como el verista, esa corriente a partir de la cual, erróneamente, se asumió que había de cantarse de una forma distinta, buscando el apoyo en la imprecación y el acento excesivamente violento y dramático antes que *cantabile*. Se trataba desde luego de alcanzar, y eso es lícito, la expresión más sincera y conveniente. Kraus era tajante en este punto. Para él, además, es que no se había sabido dar al verismo lo que realmente pedía:

> El cantar es belcanto siempre y si cogemos las óperas veristas y analizamos sus partituras, encontramos que tienen medias voces, *diminuendi*, pianos, igual que las de otras épocas. En ninguna ópera verista, que yo sepa, ningún compositor ha puesto la indicación de "cantar a grito pelado del principio al final". Lo que sucedió en su día, y volvemos a lo ya dicho, es que al coger el director la orquesta en sus manos y empezar a arremeter, sacar sonido, fuerte, duro, para adelante, el cantante tampoco ha podido hacer otra cosa, porque era inútil que se molestara en hacer *diminuendi* si la orquesta no los hacía. Y al haber creado ese complejo de instrumentos tan

grande, se ha tapado completamente cualquier voz. Incluso el escenario se echó para atrás, se agrandó. En tiempos, la orquesta estaba metida en el foso y casi no se veía, con lo que el escenario estaba prácticamente en medio del teatro. Cantar ahí era como dar una especie de concierto y el público estaba alrededor del cantante. La orquesta eran cuatro gatos. Pero más adelante, no contentos con aumentar la orquesta le quitaron la tapa del foso, lo hicieron muchísimo más grande, lo retranquearon. Con esa inmensa barrera orquestal delante es difícil cantar a media voz. Es verdad que cantantes como Schipa supieron sortear de alguna manera a base de timbre.

»Ha costado mucho ir venciendo esos inconvenientes, a base de permitir que en algunos momentos no se nos oyera, a base de tener que pelear con la orquesta, a base de años para que el público se fuera dando cuenta poco a poco, porque, claro, es un receptor fácil, está muy cómodo sentado en su sitio, recibe lo que le dan y lo recibe con facilidad; no quiere plantearse ningún problema. Si percibe una voz hermosa, ancha, fuerte, esto le llega y no tiene que preocuparse de qué ha querido decir o expresar su dueño, de qué manera canta, si hay gusto, estilo, personalidad, clase. No se preocupa de esto, le llega una buena voz y ya está. Es como salir a la calle y ver un árbol bello. Ya eso puede ser impresionante. Entonces el público no se ha venido preocupando de esto. Pero a fuerza de insistir, de machacar un año y otro, creo que el público va comprendiendo. Acabará por educársele.»

Evolución vocal

Kraus siempre fue un cantante lógico e inteligente que, como todos, sufrió a lo largo de su vida y carrera una evolución, que él supo ir atemperando y acoplando a las obras que en cada momento había de cantar. Lo que, por supuesto, conecta directamente con la elección del repertorio propio de cada instante y de cada época. Supo ver a tiempo lo que sucedía en su instrumento vocal y qué le convenía interpretar. Por supuesto, el tenor reconocía el extenso camino recorrido y apuntaba los inconvenientes encontrados en su curso. Y sabía lo que había pasado en su vida artística.

La evolución de la voz va marcando el camino de manera natural. El cantante es consciente de los cambios que se operan en él. Kraus eso lo tuvo siempre muy claro aun sin perder el norte de que su terreno era el de un lírico-ligero. Veía cómo desarrollaba nuevas posibilidades y necesitaba ir ahormando su técnica. Y la forma de acercarse a cada ópera cambiaba. Siempre buscando nuevas y distintas vías de expresión, de servicio riguroso a lo escrito; y de cultivo del repertorio más conveniente.

" Me daba cuenta de que no había gente que se dedicara al repertorio que más me convenía y por eso vino el éxito. El público empezó a redescubrir otra vez este tipo de óperas que estaban medio adormiladas por ahí, no se representaban con frecuencia y cuando se hacían no era con las voces ideales. Se empezó a celebrar esto y yo me di cuenta. A partir de ahí también influyó la propia consciencia de lo que estaba haciendo y, sobre todo, insisto, la aceptación que tenía para los espectadores ese repertorio. Había, por supuesto, tenores que lo cantaban, por ejemplo Cesare Valletti, aunque tenía menos facultades. Era el clásico tenor ligero que durante una larga temporada estuvo de moda, sin agudos, de voz más bien blanca. Era muy artista, cantaba con mucho gusto, pero justo desapareció cuando yo empezaba. Es decir, que cuando canté *La sonámbula* en La Scala en el año 1961 ya Valletti no residía en Italia, se había ido a EE.UU. Allí cantó unos cuantos años y se retiró relativamente joven. De ahí que en realidad casi nadie me hiciera sombra. Los ligeros que en ese momento había o eran pocos o habían desaparecido. Luigi Alva, por ejemplo, que era tenor ligero que cantó durante muchos años en Italia, pero hacía exclusivamente el repertorio de lo que podríamos calificar de ligero puro, *Barbero* sobre todo. Otro era Nicola Monti, ya fallecido. Debía de andar por los setenta y tantos. Ese tipo de voz, ese tenor blanco, de falsetito, sin agudos, pero bueno, cantaba bien, con gusto. Eran buenos artistas y tenían excelente estilo, pero no podían cantar *Pescadores de perlas* ni *Manon* de Massenet ni *Rigoletto*; ópera ésta que tampoco podían cantar las voces pesadas. Todo esto facilitó evidentemente mi ascenso."

Sin duda, Alfredo Kraus fue en todo momento un gran servidor de lo escrito. Más allá de algún que otro sobreagudo no previsto, es indiscutible su respeto a la voluntad del compositor. Al aproximarse a las partituras, veía escritas en ellas notas y frases que se obsesionaba con reproducir fidedignamente. La pregunta era: ¿si esto está aquí claramente escrito, por qué no se hace siempre así?

"En relación con este asunto, tengo un ejemplo clarísimo. Fue a propósito de *Los pescadores de perlas*, cuando empezaba a estudiarla. El maestro que tenía, un repasador, el maestro Fornasari, al llegar a la romanza la tocó medio tono bajo porque se cantaba así, era la costumbre; y yo no podía, me ahogaba. Y le dije: "Maestro, me ahogo, no lo puedo cantar de esta manera, ¿por qué no lo probamos en su tono original, medio tono para arriba?" Fue lo suficiente para que mi voz estuviera en su sitio y ya no me costó ningún trabajo. Y no fue la primera vez que me pasó una cosa semejante. A veces también puede suceder que, aunque cantes en el tono en que sueles hacerlo, tampoco te encuentras del todo bien, aunque yo siempre haya ido sin problemas por arriba. Pero las cosas son como son, como las escribió el autor, que seguramente pensó en un tipo de voz como el mío, no en un tenor dramático porque son partes románticas, que necesitan un tipo de voz diverso. Pero cuando el papel lo interpretan voces *spinto* o dramáticas o que tienen dificultad en el pasaje y la zona aguda, evidentemente prefieren hacerlo, porque les es más cómodo, en tono más grave."

Sobre este asunto, y en relación con la ópera *Lucia de Lammermoor*, volverá Kraus en el capítulo 8, en el que se estudia su visión y la forma de interpretar sus principales personajes del repertorio italiano. De momento debemos afirmar que una de las informaciones más relevantes a la hora de asignar una parte a una voz determinada es, además del estudio de la partitura y del carácter del personaje, saber qué cantantes estuvieron en el estreno o para qué tipo de voz escribió el compositor. Si éste pensó en un cantante o voz concretos, no cabe duda de que ésa es la que deba acometer el papel. Es una buena regla a seguir y que Kraus matizaba:

> Eso es importante, lo que pasa es que a veces las cosas evolucionan; por ejemplo, las óperas que Bellini escribió para Rubini se cantaban en falsete; *Puritanos*, sin ir más lejos. Por eso tenía el temible fa sobreagudo, aunque ya sabemos que el diapasón estaba más bajo. Hoy en día si se quiere cantar *Puritanos* como dios manda, hay que cantarlo a tono, como está escrito y con diapasón alto; y para eso hacen falta cosas muy especiales y particulares. Al cantarla a plena voz, entonces no puedes hacer ese fa, porque un fa a plena voz en una voz de tenor no existe, existe el fa en falsete, que será más o menos reforzado, pero siempre será un falsete. Si quieres cantar *Puritanos* de verdad, como está escrito, hacen falta unas voces especiales, particulares que prácticamente no hay; o hay muy pocas.

El tenor fue siempre asimismo riguroso seguidor de las indicaciones dinámicas de los pentagramas. Entendía como nadie que no se puede cantar todo igual, de ahí que su arte para la regulación dinámica acabara por ser de una rara perfección.

> Estudiemos, por ejemplo, *Elisir*, que es una ópera que todos los tenores pueden cantar. Pero, claro, no es lo mismo cantarla como uno puede que cantarla como está escrita. No es lo mismo cantar *Una furtiva lagrima* a voz en cuello, como muchos hacen, que cantarla como está escrita, atendiendo a los prescritos matices. Para poder hacer respetar lo indicado, las voces tienen que ser aptas para este repertorio, del tipo que pensó Donizetti para esta ópera, que está llena de detalles. Una voz que no reúna las condiciones adecuadas puede hacerla, pero no es lo mismo. Claro que también una voz puede reunir las condiciones idóneas y luego no subrayar estos matices. Eso ocurre, pero la inconsecuencia o incongruencia se da sobre todo cuan-

do la voz que interpreta no es la voz que hace falta. Un tenor dramático, por ejemplo, no podrá, le será imposible respetar los matices que Donizetti anotó en la partitura. Un tenor lírico podría si tiene la técnica suficiente para poder manejar la voz a su antojo, que no es otro antojo que el del autor, que quiere un *diminuendo*, que quiere media voz, que quiere un legato, y tantas otras cosas; a veces no escritas, eso es cierto. Para todo eso hace falta, además de inteligencia musical, una técnica, porque si se te pide apianar o *crescendo*, si no tienes la técnica para regular sin que la voz se vaya abajo, entonces no lo puedes hacer. Eso les pasa a muchos, que quisieran hacer matices pero luego no les salen. Técnicamente no les salen. Porque son personas con un buen gusto musical, con un estilo, pero la técnica sirve para ese gusto musical, para que ese estilo pueda luego ser traducido en realidades.

La ventaja de Kraus era que podía servir las características de ese papel, otorgarle la delicadeza, la finura adecuadas, sin perder la densidad y el carácter vocales. Nemorino es una parte de lírico-ligero, un personaje que muchos han cantado blandamente desde instrumentos en exceso livianos y lo han convertido en un tontaina, un personaje demasiado edulcorado, casi afeminado y afectado. Por eso dar con un tenor que le devuelva la virilidad es siempre estimulante. Aunque, y eso es importante, sin pasarse de rosca, sin hacerlo, para entendernos, heroico, como Pavarotti.

Hubo una época –decía Kraus–, sobre todo en el repertorio francés, que se jugaba con esa afectación poco varonil. Afortunadamente el tiempo ha ido colocando las cosas en su sitio. Una afectación que también se ha dado en el mundo mozartiano, porque siempre se ha estimado que el tenor mozartiano tenía que ser una voz blanca. De ahí que mi grabación de *Così fan tutte*, que preparé en menos de una semana, sea un ejemplo, y está mal que yo lo diga, de cómo se debe hacer un Ferrando, que es un personaje casi de medio carácter a veces, necesitado de una voz con cuerpo, con carne. *Tradito, schernito!* es un aria que puede considerarse dramática. Para dar ese matiz se necesita un tenor de mi tipo, que pueda otorgar esa dimensión y aportar esos acentos que constituyen una especie de invectiva; porque vocalmente de donde no hay no se puede sacar."

Aquí vuelve el tenor canario a considerar vocalmente pobres las partes tenoriles mozartianas, una opinión que mantuvo siempre y que impidió que se dedicara en mayor medida a defender la literatura del músico de Salzburgo. A nuestro parecer, esos personajes, como Ferrando, Tito, Idomeneo, Tamino, incluso Belmonte o don Ottavio, requieren voces líricas o lírico-ligeras dotadas de amplitud, de una cómoda robustez, de un carácter varonil; justamente como la de nuestro artista. No hay más que comprobar de qué manera pudo servir las dos únicas criaturas de Mozart que cantó, los mencionados Ferrando y don Ottavio; y aquella sólo en esa versión de estudio dirigida por Böhm en 1962. Sin perder la exquisitez de la línea, nos legaba entidades humanas y corpóreas. Virtudes que poseían asimismo las interpretaciones que, muy de vez en cuando, realizaba el cantante en sus recitales, de algunas arias de concierto.

Singularidades tímbricas

En cuanto a la mayor o menor ligereza del timbre, al peso del instrumento, Kraus lo tenía claro en relación no sólo con Mozart, sino respecto a compositores posteriores, fundamentalmente románticos:

"Ese es el problema que tienen muchísimas óperas, mal llamadas ligeras, de Donizetti, a quien se suele entender mal. El mismo *Don Pasquale* tiene una orquestación más pesada de lo que se cree y hay momentos muy duros para la voz, realmente fuertes. El que el tema de esta ópera, como el de *Elisir*, sea leve, como de comedieta, reduce la importancia vocal, el carácter de sus personajes, concretamente, de los tenores protagonistas. Nemorino necesita centro y graves, y ese es el problema para muchos. Y no hablemos de otras óperas como *Favorita*. Toda la escena de la corte, las invectivas contra Leonora, el gran conjunto con la incorporación del Padre Baltasar requieren un tenor con una señora voz. Y la misma aria *Spirto gentil*, que proviene de una ópera anterior, resulta mejor con una voz de cierto empaque, que sepa filar, claro. Tanto en francés, idioma original, como en italiano. Aunque yo, la verdad, excepto en un disco de mi última época, siempre la canté en este último idioma; me resultaba más fácil de encajar. Y no porque no me gustara la lengua de Molière, en la que me metí poco tiempo después del debut en El Cairo. Allí recuerdo que llevaba *Tosca* y *Rigoletto* pero también, y esto figuraba en contrato por si ocurría cualquier percance a los otros tenores, *Manon* y *Traviata*. O sea que empecé con repertorio francés desde el principio, pero entonces cantaba en italiano. Debuté *Pescadores de Perlas*, también ese año, en italiano. Seguí con la lengua de Dante cuando canté otras óperas francesas, *Fausto* y *Werther*, aunque pronto empecé a alternarlas con mis salidas al extranjero, a EE.UU. por ejemplo, con el francés y ya no quise cantarlas en italiano. Cuando en Italia me las pedían contestaba que o las cantaba en francés o no las cantaba; porque me había acostumbrado, me gustaba más y era lo lógico, a pesar de que en aquella época en Italia se usaba indiscriminadamente el italiano, incluso en el repertorio alemán, el de Wagner sin ir más lejos. Claro que en Alemania por esa época también se cantaba casi siempre en el idioma de Goethe.

»La paulatina transformación se aprecia continuamente. Lo constataba, por ejemplo, en *L'elisir d'amore*, en donde con los años acabé por hacer un Nemorino muchísimo más completo. A este personaje nunca lo vi ni lo concebí según la tradición. En cinco o diez años lo modifiqué por completo. Lo sometí a una evolución drástica, lo mismo que a otras criaturas operísticas. No se trataba de ser más actor que antes sino también de emplear una más granada madurez musical en busca de una interpretación vocal más depurada. Las diferencias quizá no fueran enormes, abismales, ni muchísimo menos, pero para una persona atenta, para una persona seguidora de la lírica y en particular de Alfredo Kraus, se notaban. El público se daba cuenta. Cuando la gente venía a hablar conmigo, señalaban las diferencias y las ponían de manifiesto porque las habían visto, oído y sentido."

Todo dentro de la línea, siempre respetada, del tenor lírico ligero:

"Eso lo tuve siempre bien claro, lírico-ligero con ciertas posibilidades de lírico para acceder a Hoffmann, Romeo, Werther...; y no pasando de ahí, al menos no creía que debiera hacerlo. Es curioso, y esto no contradice lo dicho, que mucha gente que pensaba que cuando la voz estaba más madura no debía afrontar los personajes más aéreos o ligeros, estaba equivocada, ya que era al revés, justamente. En esos tiempos, vamos a llamar de madurez, me empezaba a encontrar otra vez mejor en el repertorio más ligero; me volvía a sentir más leve, lo que demuestra que mi verdadera voz era más compleja de lo que incluso yo me creía. Hubo momentos de la juventud en los que, con la voz todavía fresca, uno podía aventurar, con una buena técnica, un repertorio más pesado. Pero precisamente cuando, por así decirlo, las fuerzas me empezaron a faltar y empezaba a ser mayor, necesité cuidar el sonido más que nunca, porque me daba cuenta. Conozco mi técnica perfectamente y cuando estudio y cuando canto en el escenario sé que al menor desvío de ese compendio de reglas asumidas, se nota más el fallo que antes. De joven, cometía un fallo y no lo notaba nadie; y casi ni yo. Porque, claro, había unas condiciones, unas facultades físicas que respondían y suplían ese posible fallo. Hoy, con las facultades más mermadas, el peligro es mayor si no estás perfectamente avizor. Noto que cada vez tengo que tener más cuidado en apurar la técnica hasta el mínimo resquicio. Y eso, sorprendentemente, hace que me encuentre más a gusto, más seguro, más técnicamente *a posto*, que dicen los italianos, cuando canto en mi verdadero repertorio que es el lírico-ligero.

»La verdad es que me he apartado poquísimo de él, pero yo me encuentro a gusto cuando estoy por las alturas, y lo demostré cuando, con 65 cumplidos, grabé un disco para Philips con algunas de las arias más difíciles y de tesitura más temible de mi repertorio. Y te dices: a ver qué pasa, no sé si esto va a responder. Y resulta que precisamente los pasajes agudos han sido los más cómodos y fáciles para mí. Hacía tiempo que estaba dándome cuenta de cómo era la situación, el momento de mi voz, y sabía que no podía ni descuidar un sonido porque si descuido un sonido se nota; antes no se notaba o se notaba mucho menos. La técnica de mis últimos años, por tanto, era, si se me apura, más perfecta que antes, porque no me quedaba más remedio, porque tenía que afinarla mucho más.

»Aunque, claro, tenía mis lógicas limitaciones, que se localizaban en el centro, porque es lo que era menos natural en mi voz. Así como en otros tenores su fallo o posible problema son los agudos, lo mío era la parte central grave, porque la parte central del pasaje, tampoco, porque esa la tuve siempre sin problemas. Y precisamente en los últimos años. Recuerdo un *Elisir* de esa época en Viena, donde hacía un tiempo un poquito más frío que aquí. De repente cayó una nevada y bajamos de 10 grados sobre 0 a 10 bajo 0 de golpe y mi físico lo notó, me acatarré, empecé a sentir problemas en el fondo de la nariz, en la garganta, entre garganta y nariz. Para la primera función estaba francamente mal, pero puse más cuidado que nunca, canté con muchísima atención, en el filo de la navaja todo el tiempo y no pasó nada, nadie se enteró y yo sí me enteré de que mi voz no respondía como otras veces, pero eso quedó para mí. Fue un éxito, la romanza salió perfecta, aunque la canté con cien ojos, mucho más cuidado y atención de los normales. En condiciones como esas, la técnica es la única que te puede encarrilar otra vez y, si se te escapa, hay que tenerla bien agarrada."

Ese fue uno de los grandes méritos de Kraus: poder cantar en precario estado de salud, con un catarro o una faringitis, sin que nadie se enterara. Lo que le permitió no suspender prácticamente ni una sola función en su vida. Muchas veces salió tocado a escena. Para solventar tales problemas son básicos, aparte de la técnica solidísima, el tipo de impostación, tan perfectamente orientada a la máscara y el apoyo de los senos frontales, que suponen que se da una direccionalidad del sonido hacia estratos superiores.

"Cuando las facultades no están como tienen que estar, por un ligero catarro o por lo que sea, entonces yo tampoco abuso, no voy al extremo de mis posibilidades, ya que puede ser peligroso, en ese momento y después, porque cuando el físico no está bien, hay un problema de catarro y cosas de esas, puedes verte obligado a forzar y como consecuencia a hacerte daño en las cuerdas vocales, lo que es mucho más grave. Cuando no estoy en condiciones perfectas, canto todavía con más cuidado y no llevo la voz al extremo; no fuerzo para nada. Si uno usa bien la técnica, la voz se sigue manteniendo en su sitio; el peligro es salirse de esta técnica, sobre todo en unos años de madurez y casi vejez. La voz, como hemos dicho, va evolucionando a través del tiempo, hay un periodo en el que está igual, después hay un pequeño cambio, y entonces uno tiene que darse cuenta de que se ha producido ese cambio, por ligero que sea. Fuera no se nota pero dentro sí, porque hay una descompensación, un desequilibrio, algo que se sale de su sitio normal y tienes que volver a encontrarlo y eso te ocurre en diferentes fases de tu carrera y el problema está en volver, porque hay muchos cantantes de los que se oye decir: "Éste ha perdido el camino, no sabe ya por dónde tiene que meter la voz". Es el peligro, no hay que perder nunca ese camino; si se empieza a perder hay que volverlo a encontrar.

»Afortunadamente, no he llegado nunca a tener la idea de que estaba perdiendo el camino, pero sí se han llegado a producir cambios que podrían conducir a esa pérdida. Por la edad, el desarrollo vocal, la ampliación del repertorio, una serie de cosas, se van dando cambios que un oído externo quizás no los perciba, pero que yo, dentro de mí, sí noto. Siento cualquier pequeña variación de la voz; es como si estuviera lleno de compartimentos, sé cómo usarlos y en cuanto hay un compartimento que no está en su sitio, se vacía o llena demasiado, se cambia de posición, lo noto y entonces sé que hay algo que tengo que corregir. Me pongo a estudiar, empiezo y cuando llego al sitio donde está el problema que percibo internamente, allí donde experimento una sensación distinta, procuro ver qué es lo que tengo que hacer para arreglarlo. Es difícil, pero es un problema que tiene solución, sobre todo si te conoces y sabes cómo es ese mecanismo dentro de ti. Lo malo es que muchísimos cantantes no conocen su mecanismo interno, cantan porque abren la boca y les sale la voz, y cuando tienen el problema no saben por qué parte tienen que empezar, lo que tienen que arreglar, qué poner en su sitio.

»La verdad es que, en contra de lo que muchos creen, en mis últimos años he seguido cantando prácticamente lo mismo de siempre. Lo he hecho con *Elisir*, con *Rigoletto*. La de Donizetti es una ópera que nunca canté mucho, no encontraba el meollo del personaje, no me gustaba, y no lo encontraba porque cuando tienes un cliché y dices, no me va, por las razones que sea, y quieres hacer una cosa distinta, es difícil y piensas que te vas a encontrar con que la gente dice: "Esto no es, lo que hemos visto y oído siempre es aquello, esto no es". Hay ese peligro, pero tienes que tirar para adelante y procurar hacer un personaje que te convenza a ti mismo, y eso a mí me ha pasado varias veces, entre ellas con el Don Ottavio: no encontraba la manera de interpretarlo. Con Nemorino sucedía lo mismo. Y por fin encontré una manera mía, un poco respetando características del simple aldeano, pero alejándome de esa habitual visión que es la del tontorrón, del imbécil, del idiota, que suelen hacer la mayoría de los tenores.״

CAPÍTULO 6
Los gestos. El valor del agudo. El aplauso. El maestro

En el canto, más cuando se desarrolla en escena, hay una serie de elementos que benefician, perjudican o alteran, para bien o para mal, el desempeño de la función artística básica. Alfredo Kraus no fue nunca muy dado a las alharacas, iba por derecho, pero, dentro de su seriedad, de su rigor musical, era partidario de llevar a la práctica un breve compendio de gestos, de facetas más musicales que mímicas, que ayudaban a su manera de entender la música, de proyectar el texto cantado y de dar relevancia y expresión a la línea vocal. Uno de estos elementos primordiales a su estilo, siempre –a no ser en casos muy raros– dentro de un servicio a lo escrito muy escrupuloso; sin traicionar la finalidad expresiva del pentagrama, sino, en todo caso, reforzándola. En el capítulo cuarto hablábamos de la costumbre del tenor de adornarse a conciencia con notas agudas no prescritas en un principio, pero que, de acuerdo con una antigua costumbre, contribuían a enriquecer, a subrayar, a embellecer el canto, a otorgarle una dimensión a veces estratosférica siempre bien recibida por el público al que Kraus, sin salirse prácticamente de la partitura, sabía adular y estimular. Claro que en todo momento valorando las cuestiones armónicas, melódicas y rítmicas; y siguiendo una acrisolada y tradicional herencia que venía de los tiempos del belcantismo más puro.

El valor del agudo

Comentábamos la discusión que el cantante había mantenido con Riccardo Muti a propósito de ese soberano do 4 que algunos como él emitían al final de la *cabaletta* del segundo acto de *Traviata*; y que, como se decía, era perfectamente consecuente con la expresión de la música y con la armonía en la que se desarrollaba. La tesis del tenor siempre fue muy clara en relación con este tema de los adornos y las escaladas a la zona superior; algo que fue también discutido más de una vez por críticos y comentaristas, que se fijaban, por ejemplo, en las notas altas con las que completaba un personaje como Hoffmann, que aparecía así ornado por sonoridades elevadas, que llegaban hasta el do sobreagudo y le concedían una nueva dimensión.

A este respecto, Kraus era lapidario cuando manifestaba que

" un agudo bien puesto le da indiscutiblemente más brillantez a lo que se ejecuta. Todo lo que pueda beneficiar a un personaje, a una partitura escrita para el canto está justificadísimo. No se trata tampoco de inventarse agudos en Beethoven, ni en Mozart, que me parecen intocables, no. En determinadas óperas, y hay que saber cuáles, vale la pena proporcionar un poco más de emoción sin perjudicar su sentido musical y buscando el punto de vista de lucimiento vocal, que es importante. El aria de Hoffmann nadie la ha cantado con ese do final, pero es que entusiasma al público y termina de verdad, es un cierre realmente concluyente. Esta discusión la tuve, como comenté, con Muti, cuando la orquesta tiene un final determinado y el cantante otro, que verdaderamente no concuerda, es una cosa que está fuera de toda lógica que se llegue a respetar lo estrictamente consignado en el pentagrama. Si hay un final, tanto más en esa romanza de Hoffmann, en la que se repite por tercera vez la misma frase, vamos a darle un brillo, un realce que realmente la música está pidiendo a gritos. Es absurdo, seguramente porque en el estreno al tenor de turno no se le ocurrió acabar con un do, porque, si lo hace, el autor se levanta entusiasmado y aplaude, porque él lo que quiere es lucirse, y se luce si su obra lo hace (aunque no sería el caso de Offenbach, que no pudo ver estrenada *Los cuentos de Hoffmann*). Es lo que ocurría con Puccini, con Donizetti, con Verdi. Cuando escribían las romanzas, las arias, las cabaletas dejaban muchas veces el final al albedrío del cantante, que durante los ensayos hacía la *appuntatura*, como en *La donna è mobile*, que no está escrita: *Eeeeeeeeee di pensieeeeeeeer!* El tenor que estrenó la ópera pudo perfectamente decir: "Maestro, ¿y por qué no hacemos este agudo que queda bonito y brillante y al público le va a gustar?" Pues así pudo ser. Con el beneplácito de Verdi, porque no tenía un pelo de tonto. Además, esa costumbre responde a una tradición, a un gusto, a ese final de la orquesta que pide a gritos ese final de voz también.

»El éxito está asegurado si se canta bien, naturalmente. Porque, ojo, no hay que anteponer nunca el agudo a todo lo demás. No. Antes hay que cantar y cantar bien; luego, si después de haber cantado estupendamente todo un dúo o romanza, encima se puede colocar un agudo bueno al final, eso acaba de entusiasmar a la gente, es una cosa de cajón. O sea que no me vengan los puristas con historias, aquí no se admiten historias, sobre todo en el teatro lírico, donde siempre se ha ido de una manera un poco a remolque de las exigencias vocales. Y todo ello conlleva el aplauso, cuya búsqueda es algo totalmente lícito y que puede coronar un magnífico éxito; incluso un sonado triunfo. Lo curioso, aunque no sé si tanto, es que a veces la crítica, los especialistas, los entendidos van de acuerdo con el público; también puede haber diversidad de opiniones, dependiendo a lo mejor del país, en los que unas óperas gustan más que otras en otros. Es un mundo muy complejo. Pero de todas maneras yo me acuerdo de los grandes éxitos, de *Traviata* en Lisboa o en Florencia, de *La favorita* en Buenos Aires, con 10 minutos de aplausos después de la romanza, de grandes éxitos con *Puritanos* en muchísimos teatros, en Florencia, Catania, Palermo, en tantos sitios; con *Werther* en muchísimos lugares, en París, en Nueva York. Creo que de mis óperas, en las que soy especialista y soy protagonista o casi a nivel de protagonista, *Lucia* por ejemplo, he tenido éxitos muy grandes en todas partes. Y en muchas de esas ocasiones ayudado por el buen juego de la zona superior de la tesitura."

El aplauso

A Kraus, como a todo cantante, a todo hijo de vecino que cante, naturalmente, le ilusiona levantar tempestades de aplausos, ovaciones sin cuento, inacabables. Como la obtenida con *La favorita* en El Colón después de *Spirto gentil*, a la que más arriba se hace referencia.

"Fue la más larga ovación; el teatro se venía abajo. Y, más modernamente, en Viena con *Lucia*. El doctor Pravi, que es un hombre de teatro, antiguo secretario del tenor polaco Jan Kiepura, nada menos, y que lleva en la Ópera de Viena desde después de la guerra, me recordaba que, a raíz de esa actuación, tras muchos años de no ir por Viena, al salir yo a escena hubo una larguísima ovación. Eso no había ocurrido en la Ópera de Viena después de la guerra nada más que con Mario del Monaco; y conmigo. Ningún otro tenor había sido aplaudido a escena abierta, al salir a actuar. Tuvimos que parar porque no nos dejaban continuar el dúo *Lucia, perdona*. Hacía mucho que no iba por la Ópera de Viena, pero desde entonces he regresado prácticamente todos los años, y hasta dos y tres veces. Y después de la romanza del último acto, *Tombe degli avi miei*, tuve al menos 6 minutos y pico de ovación. Caso insólito, me decía Pravi, en la posguerra. Y él, además, se ponía con el reloj a contar los minutos. Yo en escena no me doy cuenta de cuánto tiempo ha transcurrido. Claro que no he sido el único al que han aplaudido. A Plácido Domingo lo tuvieron, después de una *Tosca*, más de media hora, aunque yo no estaba. De todas formas, hay que tener en cuenta que esos largos minutos eran al final. Un final en el que se aplaude todo y en el que, además, lo sé porque me ha pasado a mí también, el público aplaude mucho, se va yendo poco a poco y se van quedando primero 100 personas, después 70 y después 49 y después 15, y claro, mientras se queden estos 15 que aplauden, pues el telón sube y baja. Se prolonga todo lo que se quiere. Pero después de una romanza, no.

»He contado hasta 30 minutos en algunas de mis actuaciones, pero no me aplaudían a mí solo, aplaudían todo, el final de la representación. Eso ya es más comprensible; ahora, después de una romanza, por lo menos en el Colón de Buenos Aires, la cosa es bastante más difícil. Recuerdo que en aquella ovación tras *Spirto gentil* los espectadores pedían bis, y yo no lo daba porque estaba prohibido en el teatro. Y entonces me dijeron que la ovación más importante que recordaban antes de la mía era la dedicada a Gigli..., que fue más corta porque él sí concedió el bis entonces... Creo que fue después del *racconto* de *La bohème*. Y le pusieron, es curioso, la consabida multa, porque, como he dicho, el bis estaba prohibido en el Colón. Lo contaban como una anécdota, que no deja de tener su gracia: cantó su bis y le pusieron la multa. En orden a ovaciones extensas en mi carrera me acuerdo de otra, algo más corta, de unos siete minutos, en el Carnegie Hall de Nueva York. A algunos críticos les molestó muchísimo, no sé por qué. Pero siempre hay gente que prefiere que no haya rupturas en el curso de la acción. La ópera, en todo caso, tiene estas cosas, que son un poco la sal. Y he decir que a mí también puede llegar a molestarme una ovación tan monumental. Estás allí plantificado en el escenario; un poco, efectivamente, se rompe la acción, el curso narrativo de la obra, pero, por otra parte... Y lo sorprendente es que no me desconcentro. Creo que todos los cantantes tenemos la facilidad de que, en cuanto continúas, cuando retomas el canto, te vuelves a meter. Eso no, pero, sí es un poco desagradable, estás ahí en el escenario, quieto, solo, inclinándote y a los tres minutos ya no sabes qué hacer. Y cómo vas a repetir una acción, ahora hago un gesto con la mano..., pues no lo puedo hacer igual, no tengo por qué repetirlo, el gesto va unido a una circunstancia, a un momento de tu vida, de tu manera de pensar, de hablar, de ser; además, en la ópera hay un discurso, yo digo una cosa y luego no la voy a repetir como si fuera un disco, se ha pasado el momento escénico incluso."

Una de las cuestiones que más preocupan a un cantante es la calidad –a veces la cantidad– de los públicos, cuyas características hay que saber valorar y apreciar; tener una idea de sus reacciones a la hora de salir a escena. Y no todos los públicos actúan de la misma manera. Para Kraus, sin embargo, se parecían bastante los unos a los otros, aunque siempre le quedaba la duda de aclarar el porqué en unos sitios gusta más un autor, gusta más un tipo de música que en otros. Pero para él el comportamiento, una vez dentro, en la sala, era muy parecido en todas las latitudes. Había algo sintomático: cuando una ópera no se conoce bien, se nota que la gente no sabe dónde aplaudir. Un fragmento aclamado en unas latitudes puede pasar en silencio en otras por esa falta de conocimiento.

"En Madrid —nos decía Kraus— se aplaude relativamente poco. En Barcelona se aplaude muchísimo más, y eso la gente de Madrid no lo nota, porque yo cuando digo que el público es frío, que no aplaude bastante, me dicen que no, que aplauden mucho. Pero, claro, es que no tienen un punto de comparación. Recuerdo que esto me pasó también en Estados Unidos, en Chicago, cuyo público es, en general, muy conocedor y va muchísimo al teatro, pero es frío o poco aplaudidor. Tenía unos amigos que cuando les decía esto, me contestaban que no, que allí la gente aplaudía muchísimo. Y yo les decía que ese público era estupendo, pero que no aplaudía casi nada. En Nueva York, por lo común, aplauden más. Lo pudieron comprobar esos amigos cuando años después vinieron a la ciudad a escucharme. Al final me tuvieron que dar la razón. Y volviendo a Madrid, es difícil que al terminar una representación haya más de diez minutos de aplausos. Y después de una romanza también es raro que el aplauso dure tanto como en Barcelona. Puede haber, eso sí, una explosión si ha gustado mucho, directa, inmediata, pero después, silencio. En el Teatro de la Zarzuela recuerdo que se me han dicho cosas, algún piropo después de un recital; aunque a veces he tenido que preguntar luego qué dijeron. Me acuerdo de una señora que al concluir el *Romeo y Julieta* de Gounod, al decirme otro espectador: "¡Eres el mejor!", gritó: "¡De eso nada!" No estuve muy de acuerdo con ella, no porque tuviera o no razón, sino porque no tiene que llevarle la contraria a una persona que se ha manifestado. Cuando cante el que para ella fuera el mejor, pues que lo diga entonces, porque tiene derecho a eso. Pero no entiendo que tenga que dar la nota negativa frente a los que se manifiestan a favor."

Las reacciones del respetable, a veces nada sacrosantas, como Kraus consideraba la de esa espectadora madrileña, son en todo caso muy habituales y, de hecho, constituyen un capítulo relevante de la historia de la ópera que, en parte, se ha venido haciendo a base de escándalos. Algunos organizados incluso por los propios cantantes. Recuérdese una conocida y jugosa anécdota, con taco incorporado, protagonizada por el tenor José Carreras durante una representación de *Tosca* en las Canarias precisamente. Pero lo que preocupaba a Alfredo Kraus eran las manifestaciones negativas, las broncas, las protestas del público. Y tenía también recuerdos y opiniones al respecto; siempre orientados a la defensa a ultranza de la labor del artista y a la obligación del espectador de respetarlo, de aplaudir o, si no está de acuerdo con la interpretación, de callarse. Lo cual no deja de ser discutible, ya que el que calla otorga. Nosotros, al contrario, somos de la opinión de que las manifestaciones en contra son tan válidas como las de a favor. Pero volvamos al discurso de Kraus:

"Creo que en el teatro tendría que haber un sentido democrático mucho más grande que el que hay a veces, porque es terrible cuando una parte del público quiere aplaudir y el otro no le deja y hace schsss. "Pues, ¿con qué derecho me manda usted callar a mí? He pagado mi entrada, me ha gustado y aplaudo, y si no me gusta, pues no aplaudo. Tampoco me puede usted obligar a que aplauda". Pero es terrible: si alguien quiere aplaudir, que lo dejen, porque precisamente una de las cosas bonitas que tiene el teatro es eso, el entusiasmo inmediato que puede suscitar la interpretación de algo. No se puede dejar el entusiasmo para el final de la obra. "Se me ha pasado el momento y no tengo ya ganas de aplaudir, aunque me esté acordando de ese instante maravilloso". Pues déjeme usted que cuando a mí me gusta pueda prorrumpir en aplausos o gritos de admiración. En un par de ocasiones, una en Madrid y otra creo que en Las Palmas, le dije a un espectador: "Oiga, por favor, dejen aplaudir a quien quiera aplaudir". A un crítico le pareció mal que dijera eso. O sea, que el pobre cantante tenía que aguantar todo..., cuando en realidad es él quien tiene que, de alguna manera, ejercer sobre el público una especie de enseñanza.

Vamos, a mí me gustaría estar un día sentado y que el señor de al lado me diga cállese usted. Mi contestación iba a ser fina.

»También veo mal, pero es que eso ya es distinto, que haya alguien que grite "fuera" si no le ha gustado. Pero lo correcto y lo educado es que si el juicio del público en el teatro se dirime entre aplaudir o no aplaudir, el silencio es lo adecuado para quien desea evidenciar su descontento; no creo que se tenga derecho a más, a no ser que la cosa sea tan escandalosa que el público proteste contra el espectáculo más que contra los cantantes, o contra quien ha organizado ese espectáculo. Porque el cantante, en realidad, tiene una cierta culpa, una cierta nada más, al cantante lo contratan y hace lo que puede, porque estoy convencidísimo de que ningún cantante sale a hacerlo mal porque le da la gana. El cantante hace lo que sabe, a no ser que se dé la circunstancia de que esté enfermo. Cuando uno sale ahí, a un estrado público, puede pasar cualquier cosa. En cierto modo te estás examinando. Pero es como un examen entre personas civilizadas. Lo civil, lo correcto y educado es aplaudir si te gusta y no aplaudir si no te gusta. El consenso o no consenso se demuestra de esta manera. Qué cosa puede haber peor para un cantante que no recibir en toda la noche ni un aplauso, sino silencio absoluto. Las protestas airadas no son correctas en una democracia. Yo, si sale elegido un gobierno que no me gusta, pues me tengo que aguantar. Si hay más gente que ha votado más a un partido que a otro, he de respetarlo, no puedo coaccionar a nadie.

»Sin duda en todos los teatros del mundo puede haber protestas cuando algo no gusta, aunque no esté bien. Y desde luego las broncas se pueden producir en cualquier parte. Es cierto, pero creo que eso tendrá su lógica cuando hay un espectáculo bochornoso, hecho de manera equivocada y en el que no funciona nada, ni el escenario ni el director de orquesta, ni los cantantes, ni nada. Es decir, hay una protesta contra el espectáculo. Pero protestar contra un cantante a mí me parece que no es correcto... No sé. Todo esto es muy sutil. A un cantante de una gran fama y que cobra mucho, mucho dinero, el público le exige más que a otros; le exige una contraprestación adecuada. Pero, realmente, tampoco es verdad; debiera exigirlo, pero no lo hace, porque basta que ese cantante tenga un gran nombre para que pueda pasar cualquier cosa. Lo que sí está claro es que, desgraciadamente, en el público no hay ni una gran educación musical ni, a veces, simplemente, educación; ni objetividad, y se deja influir lo mismo por un aspecto negativo como positivo del cantante, sin llegar a considerar realmente cuáles son los verdaderos y auténticos valores. Es una realidad que todo el mundo conoce. Aparte de todo esto, que supone hilar muy fino, creo que, como principio, al cantante se le juzga positiva o negativamente con o sin aplauso. Y todo lo demás es salirse de ese contexto y a veces hay cosas que están más o menos justificadas; otras no. Es lo que yo creo.„

El maestro

A la hora de escoger director, a veces Kraus prefería batutas no muy brillantes, pero sólidas y cumplidoras, que pudieran dar cauce al canto, antes que grandes personalidades. Para nuestro artista, la calidad de la batuta no era primordial en la ópera. Lo primero era el escenario, con las voces, y después la orquesta, que nunca debía estar por encima; un tema ya tratado más arriba. Era preferible que la preponderancia la tuvieran el escenario, los cantantes y la música cantada y que el maestro fuera discreto y estuviera al servicio de la música. Al final podía convenir para la suerte del espectáculo que el director fuera, efectivamente, un poquito más modesto y más humilde, menos famoso. Aunque ello planteara el peligro de que la versión musical pudiera ser plana y sin sustancia. A Kraus le gustaban los directores de orquesta del pasado:

“Hasta el más corrientito de entonces sería hoy bienvenido por los cantantes en el escenario, desde Serafin, pasando por Santini, por Victor de Sabata, entre los que he conocido; porque incluso hay anteriores, más famosos todavía, a los que no conocí. El mismo De Fabritiis hoy sería un personaje, y era, sin embargo, un hombre humilde que servía a la música y al escenario, al cantante. De

De Sabata hay algunas grabaciones realmente modélicas: la *Tosca*, la *Misa de Réquiem* de Verdi. Los directores actuales, cuando quieren dirigir o grabar una *Tosca*, se basan en esos inmarcesibles registros. El mismo Abbado –que me parece aborda un repertorio algo limitado–, Muti, son maestros que tienen que aprender de aquellos sólidos músicos, que preparaban, sentados al piano, a los cantantes.

»Esto, que no se hace hoy prácticamente, revela un mal moderno en el que concurren muchas circunstancias. En primer lugar el teatro lírico, la ópera en sí misma; no haber estado en el escenario como maestro sustituto empapándose de las tradiciones y de lo que es una voz, no haber tenido que estudiar bajo la batuta de los grandes especialistas. Los directores actuales, que se centran sobre todo en lo sinfónico, que es un mundo tan distinto al de la ópera, no conocen las tradiciones ni saben lo que es bueno o malo; por instinto quizá alguna cosa. Pero lo peor es que no se conciertan las óperas, el maestro *concertatore* ya no existe o ha dejado de existir prácticamente. Entonces, los ensayos son exclusivamente con la orquesta, cuando antes se hacía una semana de ensayos con el piano, el cantante iba aprendiendo la ópera, el maestro se la iba enseñando punto por punto, cómo se hace un recitativo, cómo obtener un cierto efecto, cómo terminar una frase, el legato famoso, tantas cosas que son secretos; y te los iban desvelando estos señores que sabían de todo esto. Hoy el cantante tiene casi que adivinar lo que debe hacer porque no hay nadie que te ayude, que te enseñe. Así, tienes la sensación de quedarte un poco solo en este mundo de la ópera, porque no encuentras esta colaboración con el maestro y la orquesta tampoco la tiene. Tendría que ir con la misma intención con la que va el cantante. A los colegas los ves también en otra galaxia… La verdad es que hay momentos en que te preguntas: "¿Qué estoy haciendo yo aquí?". Falta el amor a la carrera, al arte, a la voz. Se considera que la profesión es una manera más de vivir, de hacer dinero, de figurar, de ser popular a toda costa, de utilizar todos los medios que hagan falta menos el de cantar bien. En esto es en lo que no participo, no estoy de acuerdo.»

Duras y desconsoladas palabras que tenían su punto de razón, pues el tenor español, un gran profesional, había vivido mucho y conocido el mundo de la ópera por dentro y por fuera a lo largo de distintas épocas y podía exhibir con justicia esa profunda y casi desolada nostalgia de otros tiempos. Aunque hay que decir, también, que quizá el cantante tenía una visión en exceso pesimista y que generalizaba demasiado. Porque somos testigos de que, al menos en épocas recientes, no son nada raros los maestros de foso que estudian, que miman y que ilustran a los cantantes a los que han de dirigir días o semanas más tarde. Unas veces se acompañan ellos al piano, otras lo hace un pianista especializado en ese cometido, mientras el maestro da consejos y va forjando las primeras lecturas que más tarde han de fructificar ante la orquesta. Creemos que hoy hay buenos profesionales, más o menos inspirados, que intentan profundizar en los entresijos instrumentales, vocales y dramáticos de una partitura. Desde luego, lo que sí cabe predicar es que la labor de ensayos ha tomado una importancia extraordinaria, a medida que el espectáculo se ha ido haciendo más global y moderno, gracias también a la preponderancia que ha venido adquiriendo el director de escena. Pero esa es otra historia.

Volvamos a las ideas del tenor acerca de la importancia de las batutas. Ya hemos visto algunos de los nombres que merecían sus respetos. A ellos habría que sumar el de Herbert von Karajan, con quien mantuvo una buena relación en los veranos de 1968 y 1969, durante las representaciones salzburguesas de *Don Giovanni*. Nos parece muy interesante traer aquí lo que nuestro protagonista pensaba del maestro austriaco, a quien evidentemente admiraba. Son recuerdos muy vivos que nos acercan a su figura, que es observada, a la luz de la partitura mozartiana, con notable claridad.

"Recuerdo siempre a Karajan, en todas las representaciones de aquel *Don Giovanni* salzburgués, cómo se transportaba durante las dos arias de don Ottavio; casi cerraba los ojos y me miraba, movía los brazos y yo iba detrás de él o, a veces, él detrás de mí. Una cosa muy curiosa que me chocó, y que todavía no me he explicado, es la de que, de toda la compañía, yo era el único que recibía, tras mis dos intervenciones a solo, un aplauso de su parte: se apoyaba en el respaldo del podio y batía su batuta contra el atril, durante un buen rato; solamente a Alfredo Kraus. Siempre estaba tentado de preguntarle la razón, pero era un hombre tan poco comunicativo y tan frío y reservado que opté por no decir nada. En el teatro había un clima muy dictatorial creado por él y sus satélites, casi de búnker, del Tercer Reich, y esto hacía que lo temiera todo el mundo y que no gozara de simpatías, aunque de vez en cuando contara sus chistes; claro que cuando la gente se reía mandaba callar inmediatamente. "¡A trabajar!", decía. Era, pues, un tipo extraño.

»Cuando terminó el segundo año de aquella producción, tal y como era costumbre, si se pensaba, como era el caso, que iba a continuar en el verano siguiente, lo normal era que te encontraras en el camerino el contrato preparado para la firma. Consigné mi rúbrica al final del primer verano, aunque no dejaba de estar sorprendido por el procedimiento. Lo hice un poco a la trágala porque no me gusta pasarme esos meses de descanso trabajando y menos en un sitio como Salzburgo donde suele hacer frío y llueve bastante. De ahí que en esa segunda oportunidad me dije: "Ah, no, esta vez no caigo". Y devolví el contrato sin firmar. El gerente ya conocía mi decisión, pero no le dijo nada a Karajan, que nunca subía al escenario en la última función más que al final de la ópera. En los intervalos ni aparecía. Ese día llegó corriendo, me cogió la mano y me dijo: "Estoy aterrado". "¿Por qué, maestro?", le pregunté. "Porque he sabido ahora mismo que usted no va a venir a cantar el año que viene". "No, maestro". "¿Se puede saber la razón?". "Pues verá..., es que estoy ocupado". La verdad es que no sabía cómo decirle que estaba de vacaciones; pero al final se lo dije: "En esas fechas estoy en Canarias, de vacaciones". Pero no se amilanó: "Le mando un avión y va y viene". "No, maestro, no voy a interrumpir mis vacaciones. Si tengo que estar cogiendo aviones y tengo la preocupación de cantar, de vocalizar todos los días, no podré tomar el sol". Entonces me dijo: "Pues mire, Kraus, lo siento mucho. Tengo una gran admiración por usted". No sé si era sincero o no, pero eso fue lo que me dijo. Y ese mismo día, en un aparte, cuando habíamos terminado y había ya caído el telón, me espetó: "¿No le gustaría cantar Pelléas?". Me quedé petrificado. Le contesté: "Maestro, no creo tener voz para cantar Pelléas". "¿Por qué?". "Porque me parece que la suya ha de ser una voz más grave. No en vano en Francia son los barítonos *martin* los que cantan esta parte. A mí no se me iba a oír". Y me dijo: "Por eso no se preocupe, yo tocaría todo lo piano que fuera preciso para que se le pudiera escuchar". "No, maestro, sería cantar en una tesitura muy sacrificada para mí. No puedo". Le sentó fatal y puso una cara...

»Todo ello demuestra que no entendía de voces; no dudo de que me hubiera acompañado bien y de que se me hubiera oído, pero ¿por qué tengo yo que cantar en una tesitura que no me va? Y esta falta de conocimiento no es exclusiva de Karajan; Muti, que es italiano, tampoco sabe de voces. Cree que puede acompañar a cualquier voz. Y no digo que no, pero es que las voces tienen que corresponder al personaje de que se trate; y hay muchos tipos. Si es dramático necesita un color y si es lírico, otro. Muti me ha dicho muchas veces que le encantaría hacer una *Norma* con Alfredo Kraus y le he contestado que mi voz no es para eso. Claro que enseguida me replicó diciendo que a Bellini hay que cantarlo de otra manera, con la voz que yo tenía. Le expresé sinceramente que no estaba yo para experimentos que podían volverse en mi contra y que me encontraba muy a gusto cantando mi repertorio, sin necesidad de cambiarlo o ampliarlo. Pero, volviendo a Karajan, he de decir, y ya lo he consignado más de una vez, que como batuta para un cantante era fenomenal: clara, manejada con un gesto meridiano, con precisa acentuación de las respiraciones. Te dejaba cantar, te seguía, respetaba mis tiempos. Me decía: "Usted cante, no se preocupe, si no esto parecerá escolástico". Y tenía razón. "Cante libre, y no se preocupe; la orquesta ya veré por dónde tiene que ir" Esto es algo característico y privativo de los grandes maestros, los demás van con la batuta, 1-2-3-4, y si te vas un poco te arman la de Dios es Cristo. Batuta escolástica dentro de la cuadratura; solfeo, que es matemática, pero también elasticidad.

»Son curiosas las diferencias entre la dictadura de Karajan y la de Muti. Karajan tiraniza a la hora de trabajar, el clima que se crea en el teatro es casi de tipo nazi, pero a la hora de cantar y hacer arte, te deja libre, aunque te pueda dar un consejo, naturalmente. En cambio Muti sigue tiranizando en el momento que coge la batuta y todo el mundo tiene que estar a lo que diga él. Eso es en lo que no estoy de acuerdo. Cada uno tiene su personalidad. Karajan, que es una persona inteligente, se daba cuenta de ello e intentaba sacarla a flote. La personalidad no puedes sofocarla, y eso es lo que intentan hacer Muti y algunos otros directores de orquesta, que imponen su criterio y forma de ver las cosas por encima de los demás. No estoy de acuerdo y evito esto, igual que evito a tantos directores de escena."

No hay duda de la agudeza de Alfredo Kraus; y de su alto nivel de exigencia, lo que le ponía a veces en el disparadero frente a determinados maestros, con los que, como hemos visto, discutía sin pelos en la lengua; aunque nos pueda parecer en alguna ocasión que el criterio del tenor era un tanto peculiar. Nos sorprende, pese a todo, la mala opinión que tenía de otro famoso director, asimismo en conexión con una obra de Mozart: el también austriaco Karl Böhm.

"En cualquier caso, Karajan era claro y firme. Nada confuso. En cambio, Böhm tenía un gesto difícil de entender. No sé hasta qué punto, pero para mí no era un buen especialista en Mozart. Dicen que Strauss le iba muy bien, Beethoven, no lo sé. No le he visto nunca dirigir Strauss, pero, en fin, eso es como todas las cosas: cobra fama y échate a dormir. Sobre todo cuando se hace una carrera larga, uno acaba siendo considerado un mito y cualquier cosa que hagas siempre termina pareciendo bien. Es verdad que con él grabamos una versión muy buena de *Così fan tutte*, pero todo el mérito hay que achacárselo a Walter Legge, el productor, marido de Elisabeth Schwarzkopf, que fue el que montó la parte musical. Íbamos a su casa y ahí se nos daban las pautas de lo que se tenía que grabar. Böhm vino exclusivamente al estudio, no hizo ningún ensayo con nosotros; llegó, y a grabar todo el mundo. Por tanto, lo que está en el disco es producto y resultado, vocal al menos, de lo que preparó Legge. El maestro se tuvo que ajustar a lo que habíamos ensayado; la cosa es tan cierta como que un día se enfadó mucho conmigo por una cosa que yo no hice. Le dije: "Maestro, lo siento mucho, pero tengo todas las anotaciones del maestro Legge en la partitura, y aquí no dice nada de eso". Entonces Legge, desde el micrófono, apuntaló: "Sí, Alfredo Kraus tiene razón"; y Böhm no dijo nada. Ahí se acabó la discusión.

»Es una grabación bastante completa de *Così*, aunque creo que faltaban recitativos y algún aria, una precisamente de tenor. Yo me limité a estudiarme lo que me pedían y a grabar lo que me dijeron que tenía que grabar, sin conocer previamente la obra, que veía por primera vez en esa ocasión. Me habían llamado de repente porque había fallado el tenor y me la preparé en pocos días. Claro, por las noches no dormía, no veía nada más que notas. Me puse a trabajar a todas horas con un maestro. Fue terrible, pero tengo que decir que, a pesar de la poca preparación, el resultado artístico fue bastante bueno. No he vuelto a cantar la obra; ni un aria... Miento, porque, tras la grabación, se dio un concierto en el Festival Hall, en Londres. Lo hicimos los mismos.**"**

Es verdad que esta grabación de *Così fan tutte* no recoge la ópera en su integridad; aparte de algún que otro recitativo y ciertos fragmentos de menor consideración, falta el aria de tenor *Ah, lo veggio: quell'anima bella*, nº 27 de la partitura, una página habitualmente suprimida y bastante difícil. Aunque su calidad es relativa, contiene muy bellas frases y exige un canto *di slancio*.

CAPÍTULO 7
Estudio y aprendizaje. Repertorio. En busca del personaje. El toque Mozart

Alfredo Kraus siempre fue tenido, y con razón, como prototipo de cantante serio, honrado, estudioso, de planteamientos muy rigurosos a la hora de aprender; de formación musical intachable, un gran solfista. Capaz de penetrar, desde la observación y el análisis, en los rasgos fundamentales de cada personaje y componerlo a partir del examen estricto de lo escrito. Sobre la base de lo que el compositor ha querido; completando las posibles lagunas con buen criterio. Es de interés conocer de la propia voz del artista los caminos que empleaba y los métodos que aplicaba para llegar a la más pura expresión. Por ejemplo, una cuestión aparentemente nimia como es la vocalización.

"No vocalizo todos los días; depende un poco de las necesidades de la voz, de lo que estés haciendo. Eso sí, antes de salir a escena caliento y hago algún ejercicio. Muchas veces la gente no se da cuenta. Y hay óperas muy peligrosas, que te pueden coger en frío y plantearte serios problemas. Pensemos, por ejemplo, en *La favorita*: nada más salir tienes una romanza de enorme dificultad; aunque vocalices no llegas a calentar totalmente los motores. Por eso has de tener un dominio enorme. Lo de romper el hielo con una romanza tan difícil como *Una vergine* es realmente peligroso. Y lo mismo sucede en óperas como *Puritanos* –*A te, o cara*– o *Aida* –*Celeste Aida*–. Para los cantantes es criminal. Los autores no se dieron cuenta de la que armaban al escribir lo que escribieron y dónde lo escribieron. Y no se tiene siempre a mano un maestro repetidor en ese momento. Yo lo usaba sobre todo, y me acuerdo de uno de Milán, para estudiar nuevo repertorio y repasar el que ya tenía. Luego empecé a moverme mucho y el buen maestro se murió. La verdad es que hoy escasean los buenos repasadores, también hay crisis en este apartado. Generalmente, desde hace bastante tiempo, cuando tengo que estudiar algo casi siempre lo hago solo. Cuando estaba en España solía trabajar con mi amigo Pepe Tordesillas, que me acompañó muchas veces y en el que tenía total confianza. Más tarde con Edelmiro Arnaltes, que me conoce muy bien."

Es conveniente saber cuáles eran los métodos de aprendizaje del tenor, considerando lo milimétricas que eran sus lecturas y lo musicales que resultaban sus interpretaciones. ¿Cómo se planteaba el cantante el acercamiento a las partituras?

"Primero leo la obra, el texto sobre todo y luego con el piano me la voy aprendiendo, al principio yo solo; a veces con cintas o discos, oyendo lo que se ha hecho por ahí, y cuando tengo ya una idea bastante aproximada de lo que es, entonces, y ya con un pianista, la voy montando, me independizo vocalmente. Prefiero esto que estar pendiente de mis manos sobre el teclado. Así me concentro en lo cantado y le puedo otorgar mayor intensidad. Voy viendo y fijándome y suelo añadir cosas, incluso de mi propia cosecha, que a mí me parece que vienen bien por la situación teatral o por el sentido de la frase o de la palabra misma. Tengo que dar una expresión determinada y a veces no existen indicaciones precisas en el pentagrama; vienen sólo unas cuantas; pero hay que perseguir la mayor matización. Hay que dar a la palabra cantada la inflexión que en ese momento requiere, y se la doy, pero claro, son tantas notas, tantas palabras y frases que necesitas tiempo para madurarlas e ir descubriendo y extrayendo cosas nuevas a la partitura.

»La verdad es que no suelo trabajar siempre de la misma manera, porque depende de tu tiempo, de tus estados de ánimo, de si te gusta esa ópera más o menos, de si te cae bien el personaje, de qué tipo de dificultades se pueden presentar. Lo normal, como digo, es leerme el texto, la ópera, ver de qué se trata, qué posibilidades se le pueden sacar a la parte, vocalmente sobre todo. Hago un estudio y veo los puntos culminantes, dónde está la romanza, los dúos, dónde está más en punta la voz; siempre dentro del espíritu del autor, de lo que quiere decir, de la época que representó, de una serie de cosas. No es nada fácil, porque la música es siempre la misma, las notas son siempre las mismas, pero las interpretaciones son distintas. Entonces hay que buscar el tipo de interpretación que más congenie con mi carácter, mis cualidades y condiciones. Y eso requiere un estudio y sobre todo una preparación meticulosa y larga; no se puede preparar una ópera en un mes. Cuando era más joven las preparaba con mucha rapidez, pero me he dado cuenta de que una ópera hay que estudiarla durante un año al menos, lentamente, leyendo un poco, dejándola reposar, digerir lo que se ha visto, asimilarlo bien, después volver otra vez y, a medida que vuelves, vas encontrando cosas nuevas. No soy partidario del estudio continuo, de hoy, mañana, pasado y al otro, porque se produce una especie de embotamiento, ya no ves más allá. En cambio, estudiando por partes y periodos creo que luego, incluso subconscientemente, de una manera natural y sin pensar en ello, se produce esa especie de digestión que hace falta.

»A partir de ahí viene la labor de ensayos. Y todo lo que uno descubre en un momento, curiosamente, a lo mejor se ve enriquecido al cabo de veinte años. Cuando retomas un personaje lo afrontas, lógicamente, con una mayor madurez, una mayor depuración. El artista se hace. Se pueden tener cualidades y condiciones, unas personas más que otras, pero el paso del tiempo y la práctica es lo que te va formando. Llega entonces el instante en el que, conocedor ya de tantas cosas, has de fijar la época, la personalidad del autor, el tipo de escritura, tiendes entonces a diferenciar estilos, aunque esto en muchas ocasiones casi se produce de una manera automática. Creo que el canto es siempre igual, es belcanto de cualquier época, lo que pasa es que, claro, cambian los personajes, cambia la estructura de la orquesta, cambia el estilo, y a ello te vas adaptando. Y así, cuando canto Mozart, canto Mozart. Un agudo o un *forte* en Mozart no debe ser igual a un agudo o un *forte* en Gounod. No puedes cantar *Dalla sua pace* con la misma intensidad de voz que el aria de *Romeo y Julieta*. Aparte de que la tesitura es distinta. Y según lo que estás diciendo te metes en cada época y tienes que cantar de una manera específica. Mozart escribía en una tesitura más o menos central. Los franceses, en cambio, escriben de tal manera que la voz se desahoga en las zonas agudas. Por ello no creo que el cantante tenga que ir buscando estilos distintos, sino que el estilo está ya en la composición. Servir a la partitura, con eso basta. No caer en latiguillos; buscar siempre un *legato* y luego el gusto para cantar, expresar lo que estás diciendo; creo que eso es todo. Y, por supuesto, creértelo. Si no es así, los demás no lo van a creer tampoco. Y mira que a veces es difícil hacer creer lo que dicen las óperas. Pero, en cualquier caso, has de intentar meterte en el pellejo del personaje. Desde luego, si es un personaje que no te gusta, si no piensas como él, no lo vas a poder cantar bien. Muchas veces te cuesta llegar a roles que en tu cabeza no tienen vida, pero como has de hacerlo tienes que ponerte a ese nivel, no pretender comprenderlos, sino interpretarlos; y nada más. En todas las óperas antiguas, la misma *Favorita*, tienes que dejar tu personalidad y adaptarte; no queda más remedio.

»No cabe duda de que cuando cantas es difícil a veces sentir lo que estás diciendo. Es un proceso que a lo mejor necesita tiempo, pero llega un momento en que, a fuerza de hacerlo, lo conviertes en auténtico; el fenómeno se produce de manera mecánica. Te das cuenta de que si no es así el resultado no va a ser bueno. Lo veo de esa forma. Si no, sería muy duro y muy difícil cantar algo que ni te gusta ni te interesa absolutamente nada. En cualquier caso, al salir a escena siempre lo hago algo nervioso. A eso no se acostumbra nadie. Cuando eres joven también eres más inconsciente, más te crees poseer todas las facultades al cien por cien. Luego, empiezas a aprender que hay que cantar bien y que cantar es más difícil, que hay que poner los cinco sentidos y que una distracción puede ser un fallo. Después te conviertes en un personaje conocido, más o menos célebre y famoso, y la responsabilidad crece, aumenta, es mucho mayor. Más tiene que perder un cantante célebre que un debutante. Has de ser por ello muy responsable; en caso contrario serías un inconsciente o un loco. Todo ello te pone un poco nervioso. Es normal. Debe ser así además.

»Por otro lado, esa tensión puede favorecer una mayor intensidad en la expresión, más concentración en el trabajo que estás haciendo, más dedicación y más ganas de hacerlo bien, porque si no tienes ganas, no te interesa ni tienes nervios, te crees que aquello es un paseo; no hay convicción, faltan una serie de cosas que se traducen luego en errores y equivocaciones, como el no apoyar bien la voz. Voy normalmente sobre seguro; en lo posible me preparo el personaje con arreglo a la época histórica de que se trate, si es que es histórica, leo la obra literaria base si es que la hay. En ocasiones la conozco desde hace tiempo; es el caso de *Werther*, que leí mucho antes de interpretarlo en el teatro. Aunque para mí novela y libreto son cosas distintas. Éste tiene en común con la narración original la idea, pero nada más, es una adaptación al teatro con una partitura incorporada, en cuatro actos, ajustado a unos rigores musicales. Se sale bastante del texto original. Recuerdo que una vez tuve un director de escena que venía de hacer prosa, por lo tanto no sabía mucho de ópera y a este señor lo eligieron para dirigir la escena de *Werther*. Cuando llegué me dijo: "Me alegro de que haya venido, siéntese aquí, que le voy a explicar mi *Werther*". A mí esto me molestó mucho, francamente, y le dije: "Mire, yo creo que *Werther* no es suyo ni mío, no es ni siquiera de Goethe, sino de Massenet, y si a usted no le parece mal, vamos a intentar explicarle al público precisamente ese *Werther* de Massenet, con este libreto y con esta música". El hombre se quedó pegado a la pared y no supo qué contestarme. Pero es que yo creo que sí, que es eso justamente lo que se pretende. Tener conocimientos anteriores no cabe duda de que es importante y ayuda aunque parezca que no. Las matemáticas, el dibujo que tuve que estudiar, no tienen nada que ver de manera directa con lo que yo hago ahora, pero en el fondo sí hay una relación; todos los conocimientos que se tengan sirven, no sé explicar exactamente por qué pero sirven.

> O sea que el haber leído *Las tribulaciones del joven Werther* no cabe duda de que sirve, lo que yo no puedo es condensar en una acción tan rápida como la que se desarrolla en los cuatro actos de una ópera todo lo que Goethe dijo o quiso decir; eso es imposible. Es mejor dedicarse a ese libreto, profundizar en ese libreto y, como decía antes, hacerlo lo más simple posible delante del público; en cuanto yo le complique las ideas al espectador, éste no sabrá de qué va la cosa.

En escena Kraus solía ser bastante comedido. Aparentemente, controlaba todos sus movimientos. Esa contención, esa compostura dio pie a que se le adjudicara la etiqueta de frío. El cantante era terminante al respecto:

> Eso es confundir la velocidad con el tocino. Moverse mucho no quiere decir nada. Volvamos a Werther: es un personaje interiorizado, introvertido, un personaje difícil. Es complicado comunicarle al público sus cuitas teniendo en cuenta ese hermetismo que en cierto modo lo define. Ha de hacerse, precisamente, a base de inmovilidad; lo que no se puede es perder la concentración. Lo que es terrible en un teatro es un cantante preocupado por un agudo y, por ello, distraído, mirando de acá para allá. Se ha salido completamente, se ha ido de la acción y de repente se encuentra por casualidad en el escenario. Lo difícil es esa concentración desde que empieza la obra hasta que termina. Es la manera de construir el personaje. Eso es lo que es complicado y eso es lo que hay que conseguir. Y se hace con seguridad y con conocimiento. Y sobre todo dándole a la voz la emotividad que corresponde precisamente a las situaciones emotivas: pero sin aspavientos, sin desgañitarse, sin arrancarse los pelos o rasgarse las vestiduras. No hay necesidad de nada de eso, porque ya en la manera de expresarse, en la incisividad de la palabra, se tiene medio camino adelantado, si no todo.

Uno de los rasgos que caracterizaron al Kraus maduro fue el de la longevidad, con muchos años de carrera en la cima, en perenne buena forma. Pasados largamente los sesenta seguía cantando en plenitud un personaje tan exigente como el Duque de Mantua. ¿Qué es lo que influía fundamentalmente para que eso fuera así? Cuando un cantante lleva treinta o cuarenta años en el tajo y aparentemente está bien o bastante fresco, siempre nos preguntamos cuál es su secreto. ¿Cuál era el de nuestro tenor?

> Siempre he defendido la postura de que la voz no se pierde nunca; se pierden las condiciones físicas, el fiato, el apoyo de esa membrana elástica que es el diafragma, la fuerza física, claro. Al faltar la fuerza no tenemos empuje para mantener esa tensión, una cuestión debatida ya aquí. Entonces la voz oscila y se corre el peligro de que se pierda el agudo, que se rompa. Pero el instrumento en sí mismo no tiene por qué envejecer, las cuerdas vocales si están sanas, están sanas hasta que uno se muere, y el fiato lo tienes si tienes fuerza física. Las transformaciones de la voz vienen dadas, pues y sobre todo, por esa atonía muscular. De ahí que personas muy mayores, que no tienen habitualmente resuello para frasear, para sostener el aliento, que no tienen apoyo suficiente, no puedan cantar de manera firme un pasaje extenso y no puedan ligar con comodidad. Pero, una vez superadas esas exigencias, una vez que el sonido se lanza arriba, a los resonadores superiores, todo se aclara y es posible emitir limpiamente, incluso con vibración, una nota aguda. Recordemos el caso de Lauri Volpi, que a los 80 proyectaba con una energía y una seguridad pasmosas un si natural en el final de *Nessun dorma* o en el cierre de la fermata de *La donna è mobile*.

Repertorio. En busca del personaje

En relación con los caminos que iba a tomar la carrera de nuestro artista, hay una anécdota relacionada con el tipo de ópera más conveniente para él. Hubo profesores o consejeros que, como es sabido, determinaron que el joven tenor poseía una voz de lírico, capaz de enfrentarse a partes puccinianas como las de Cavaradossi o Rodolfo. El canario siempre tuvo muy claro lo que le convenía y desarrolló en todo momento un ejercicio de autodidactismo muy productivo.

"Sí, en mi debut en El Cairo, el empresario sabía muy bien qué tipo de voz era la mía, ya que me había visto cantar en una audición la romanza de *Rigoletto*, *Parmi, veder le lagrime* y le entusiasmó, dijo que no había oído nunca interpretarla de esa manera, con esa perfección técnica; y por eso me contrató. A condición, claro, de que cantara también *Tosca*; a lo que me negué diciéndole que no la tenía en repertorio. Me contestó que era un empresario, que no podía pagar a dos tenores y que necesitaba alguien que le cubriera las dos óperas. Entonces cambié de opinión y le dije que muy bien, porque a mí lo que me interesaba era debutar como fuese. Prometí hacer Cavaradossi sin crear precedente y acepté; y eso fue lo que hice, canté *Rigoletto* y *Tosca*, pero ésta sólo la canté una vez más. Naturalmente, sí alguna vez *Recondita armonia* o incluso el *Adiós a la vida*. Aquélla sobre todo es realmente para un tenor muy lírico. Yo sentía que mi voz, en efecto, no era muy contundente, de ahí que me encontrara mejor cuando cantaba en plan lírico o ligero que cuando intentaba cantar en plan dramático; notaba que emitía con más facilidad, que no me cansaba tanto. Había una cosa evidente: si ciertas arias u óperas me molestaban, me fatigaban, me cansaban, por algo sería; es decir, porque mi voz no era para cantar óperas como *Tosca*. Fue por ello lógico que centrara mi estudio en obras de menor fuste dramático. Vi dos cosas claras: por un lado el repertorio que tenía que seguir y por otro que tenía que intentar por todos los medios ser un especialista de ese repertorio. Y eso fue lo que creo que conseguí. Yo no he cantado demasiadas óperas, tampoco he cantado pocas, porque he abarcado el lírico-ligero y el lírico y he intentado dejar en cada una de ellas una huella, y creo que lo he conseguido, porque no creo que haya habido en estos últimos 40 años nadie que haya logrado tal perfección en ese tipo de ópera, en títulos como *Sonámbula*, *Barbero de Sevilla*, *Rigoletto*, *Puritanos*, *Traviata*, *Favorita*, *Lucia*, *Elisir* o *Pescadores de perlas*. Quizás no esté bien que yo lo diga, que parezca poco modesto, pero no se trata de parecer o ser modesto o no serlo, se trata de hablar de una realidad, una evidencia, unos hechos. Y los hechos han sido éstos. Luego, a medida que fui cantando cosas, de una manera natural se fue seleccionando mi repertorio. De una manera natural quiere decir en consonancia con mis condiciones vocales y el gusto del público; porque éste se dio cuenta de que Alfredo Kraus tenía una extensión muy grande, que podía llegar a un re, a un do fácilmente en teatro, y entonces fue pidiéndole poco a poco este tipo de óperas, *Pescadores de perlas*, *Manon*, lo que, de forma insensible, me condujo al repertorio francés, que fue paulatinamente ampliándose; fui dejando algunas óperas y montando otras. Pero sin perder de vista el repertorio que más conjugaba con el tipo de voz que tenía y tengo y con el que fuera más lucido también para mí, para quedar bien delante de un público. Y el público, que no es tonto, se fue dando cuenta y es lo que me pedía. Gracias a ello abordé ese repertorio romántico francés, en el que creo he marcado una huella.

Kraus debió enfrentarse en cierto momento al personaje de Rodolfo de *La bohème*, para el que su voz no estaba hecha, como siempre reconoció. Lo recordaba vivamente.

La verdad es que se produjo de una manera muy circunstancial y más que nada por hacerle un favor a un amigo, que era el director del Teatro San Carlos de Lisboa. A raíz de mi debut con Maria Callas en ese coliseo tuve un éxito tan grande que este hombre, entusiasmado, me rogó, mientras él viviera, que fuera a Lisboa cada año. Y así fue: mientras él vivió fui cada año al San Carlos. Un día me dijo: "Mira, Alfredo, sé que me vas a contestar que no, pero te voy a pedir que no lo hagas, porque la única ópera que te puedo ofrecer el año que viene es *Bohème* y tienes que seguir visitando Lisboa sin interrupción; y tienes que cantar Rodolfo". Y le contesté: "Bueno, la cantaré". Una ópera que nunca había hecho. El aria sí, pero la ópera entera no. Esta decisión iba contra mis principios, porque yo he pensado siempre con mucho egoísmo y lo que no quise jamás es quedar mal, y para ello tenía que estar seguro de lo que hacía, y como estaba seguro era cantando mi repertorio. En eso, efectivamente, no me he equivocado. Lo que determinó que tuviera que rechazar más de un contrato. Claro que me daba cuenta de lo difícil que era decir que no. Te ofrecían cosas que te podían entusiasmar, un gran teatro, una gran presentación, una gran publicidad, mucho dinero, yo qué sé. Y te decían: "Tu voz es perfecta para cantar esto, tendrás un éxito descomunal". El cantante, y yo no era una excepción, se inclina a creer todo lo que le dicen de bueno y a rechazar todo lo que le pueden decir de malo, por lo tanto rechazar una *Bohème* puede dar a entender que no eres capaz, que tu voz no sirve para cantar este tipo de cosas y eso el cantante casi nunca lo quiere admitir; el cantante se cree un poco capaz de hacerlo y cantarlo todo; y yo creo que no, que el cantante unas cosas las canta muy bien y otras menos bien; aunque lo lógico, y lo preferible, sería cantarlo todo bien.

»Antiguamente, es cierto, se llevaba el tenor que lo cantaba todo. Pero había otras condiciones, como que los teatros eran más pequeños, la orquestas casi inexistentes, el escenario casi en mitad de la sala. Se cantaba encima de la orquesta. Ya lo hemos comentado. Ahora han creado unos fosos que parecen los de las fieras de los romanos. O sea, que hay que vencer muchas dificultades. Los directores de orquesta no tienen en cuenta la capacidad humana de la voz, lo que quieren es que la orquesta suene mucho y lucirse ellos y sus formaciones. Todo ha cambiado mucho. Gayarre cantaba *Aida* y *Pescadores de perlas* y yo puedo cantar *Pescadores de perlas*, pero *Aida*, en las condiciones actuales, no. En la Scala, por increíble que parezca, a Corelli y a la Nilsson no los pude oír bien en *Turandot*. Dos voces tan enormes como eran, no me llegaban. No puedo decir el nombre del director de orquesta porque todavía existe, pero es así.«

En la vida de todo cantante, con independencia de la cuestión tímbrica o caracterológica, existen personajes con los cuales uno se siente más identificado, a los que se siente más unido, más ligado, o bien por una especial afinidad con la música y con el tratamiento que el compositor ha hecho del personaje o bien porque tiene una significación sentimental. Kraus no era una excepción.

> La suma de una serie de factores hace que prefieras un tipo de personajes, un tipo de ópera a otros. Naturalmente, cuando empecé a cantar hacía, como he dicho, un repertorio casi de ligero, de *tenore di grazia*, como dicen en Italia, y claro, ahí no había ningún tipo de dramatismo. No se puede pretender crearlo de donde no hay. Por eso he de insistir en lo absurdo que se me achacara frialdad en, por ejemplo, Almaviva de *El barbero de Sevilla* o don Ottavio de *Don Giovanni*. No, ahí no se puede ir mucho más lejos; son personajes ligeros. Por eso, poco a poco, me he ido metiendo en personajes más complejos, más difíciles de construir, ya con ciertos matices dramáticos aunque sea dentro del romanticismo, alejados en todo caso de lo heroico, porque no canto óperas de este cariz. Pero estos personajes, digamos que líricos más o menos plenos, requerían una aproximación no totalmente vocal sino también artística y exigían una composición de tal forma que pudieran llegar al público para que participara de lo que yo llamo dramaticidad, aunque fueran románticos. Eso ha ido viniendo a través de los personajes, nunca de mi sensibilidad, porque también la sensibilidad se va desarrollando. Desde luego, no se puede cantar con la misma sensibilidad *Werther* que *Los pescadores de perlas*. Te identificas con esos personajes porque son más completos, te sientes más cerca de su tipo de música, por ejemplo, de la de Werther, pero al mismo tiempo me siento muy cerca de Hoffmann. Y son dos personajes totalmente distintos. También me encuentro muy cerca de Romeo, que tampoco tiene nada que ver con ninguno de los dos; son distintas facetas de la personalidad de un personaje, valga la redundancia.

»Hay personajes que suponen para uno una suerte de reto. Por ejemplo, el Duque de Mantua, que fue mi primera criatura operística. Sí, tiene algo que para mí es una especie de desafío, aunque he de decir que como entidad humana no me atrae en absoluto; es un individuo algo licencioso, al que el autor no le ha dado posibilidades de desarrollo, porque entra, canta una romanza y se marcha, vuelve a entrar, canta el dúo y se marcha, otra romanza, vuelve a salir canta el último acto y se acabó. Sí, bueno, ese tono de libertino se le puede dar, pero no es un personaje profundo, es muy superficial, pero en cambio tiene la importancia de la parte vocal, que es difícil porque está en una tesitura extraña, muy particular para un cierto tipo de voz de tenor y la prueba es que la mayoría de los tenores han cantado *Rigoletto* al inicio de su carrera y no lo han vuelto a cantar nunca más, no han podido con él. El suyo es un tipo de canto que necesita una facilidad extrema en el pasaje, algo que para mí, como ya he dicho, no existe realmente en esa zona de nadie y la franja aguda. Si no se tiene esa facilidad o se ha perdido, y se suele perder a los pocos años de la carrera, es imposible de cantar. Para mí es un orgullo haber debutado en el año 56 con *Rigoletto* y haber seguido haciendo el *Duca* durante tanto tiempo. Lo he cantado mucho, aunque, repito, no sea el que más me gusta. También a la hora de elegir un repertorio hay que tener en cuenta el gusto del público, que es el que manda, el que nos viene a oír al teatro, el que paga su entrada.

»Desde luego tiene mucho que cantar *Il Duca*. Es difícil y comprometido, hay que tener una técnica, un fraseo muy firmes. Decía mi maestra que la romanza más difícil que existía para un tenor era *Parmi veder le lagrime* y, efectivamente, me lo hacía cantar en cada lección y yo estaba harto: "¡Señora, ya está bien!". "No –decía– tú tienes que dominar esto dormido, tienes que cantarlo dormido, y cuando lo hayas cantado bien, lo cantarás todo bien". Y la razón se la vino a dar muy rápidamente el curso de los acontecimientos, porque cuando hice audición para debutar en El Cairo lo que le impresionó al empresario, como dije, fue precisamente esta romanza, que, según sus palabras, nunca había oído cantar a nadie con tal perfección. O sea, que la señora Llopart tenía razón, no sólo en otras cosas, sino también en esto. Porque ahí, en esta aria, está todo: *legato,* recitativo, aria, romanza, agudo, centro, medias voces, gusto, estilo, personalidad; está todo, todo. Claro. Ella me decía, los tenores le temen a esta romanza y es verdad, porque es tremendamente difícil."

Bastante más arriba hablábamos con Kraus del carácter que un lírico-ligero como él podía conceder a una figura generalmente sin interés como la de Nemorino, de *L'elisir d'amore*. A la hora de vestir personajes, no debemos olvidar una criatura como Elvino, de *La sonámbula*, que a veces sufre un mal parecido, el de ser asignado a voces en exceso livianas. El tenor canario fue, también aquí, no poco revolucionario a la hora de abordar el personaje, habitualmente en la voz –no siempre despreciable, por supuesto– de tenores *di grazia* típicos que utilizaban el falsete o la voz mixta pero que no se arrojaban valientemente al si o do naturales con la bravura de la que hacía gala nuestro artista, cuyo criterio quedaba claramente expresado:

"Extrañó, pero de una manera agradable, el que un tenor con una voz digamos "normal" cantase este tipo de repertorio que solían cantar tenores extremadamente ligeros, con voces blancas, con mucho falsete y volúmenes excesivamente pequeños. Hay que tener en cuenta, cosa que he dicho muchas veces, que no existe de verdad una obra para tenor ligero, completamente ligero; hay momentos muy ligeros y momentos completamente dramáticos, en los que hay que sacar voz, incluso momentos en el concertante mismo de la *Sonámbula* en que un poco más de voz hubiera sido todavía mejor. Y luego nada de escatimar agudos, dando la importancia que tienen todos estos does que están ahí en el aire, atacados muchas veces sin apoyo ni sostén. Y la verdad es que la mayoría de esas notas agudas están escritas, aunque yo después hiciera alguna *appuntatura* por mi cuenta y riesgo; pero los agudos del dúo del primer acto los escribió Bellini. Naturalmente que extrañó que una voz completa en un cierto sentido, aunque fuera bastante ligera, porque la mía no era pesada, cantara con el mismo color y con la misma intensidad toda la gama que el tenor tiene que recorrer en esta obra; entonces se empezó a poner un poco de moda esta manera de afrontar tal repertorio, con la que yo encaraba también otras óperas como *Barbero*. Y volviendo a *La sonámbula*, efectivamente, hay momentos en los que se requiere un cierto dramatismo, no ya en el mencionado concertante del segundo acto, sino, por ejemplo, en el *Ah! perchè non posso odiarti*. Una voz muy ligera efectivamente ahí desluce. Está fuera de lugar. Y es que, hemos de insistir, no hay obras completamente ligeras, el mismo *Don Pasquale*, el mismo tan citado *Elisir* necesita no un tenor dramático, ni siquiera *spinto*, por supuesto, pero sí un lírico que tiene que saber cantar a media voz y en ciertos momentos adelgazar el sonido para darle el colorido adecuado.

Hemos de recordar que esta literatura era abordada en sus tiempos por tenores típicamente románticos, aún en buena medida belcantistas, como Rubini, creador justamente de Elvino, que empleaban distintas formas de falsetes o de voces mixtas, tipos de emisión a las que Kraus, como se sabe, era reacio.

También podríamos decir, en sentido contrario, que no hay ninguna obra escrita para un tenor totalmente dramático. Lo que pasa es que el tenor que es dramático y canta óperas de verdad dramáticas, en el momento en que necesita recoger la voz, tiene muchísimas más dificultades. En *Aida*, por ejemplo, el tenor tiene que salir con la garganta todavía fría y cantarse esa romanza, a la que temen todos porque no es precisamente una romanza dramática; hay que colorear, que apianar, porque son intenciones líricas que no se mantienen en el resto de la obra. Lo fácil es gritar y chillar, sacar vozarrón y lo difícil es todo lo contrario. Y hay otra dificultad nada despreciable, si nos atenemos a la partitura, aunque tradicionalmente no se suele hacer, ese si bemol agudo que hay que apianar en un espectacular *morendo*. No se suele respetar esta indicación y además reconozco, yo que soy un defensor de darle colorido a la voz, que en ese momento el apianar es muy bonito, muy difícil, pero le quita efecto a la romanza; por eso mantengo que según la tradición ese agudo se debe dar, si acaso atacarlo en *piano* y terminarlo en *forte*. Si no le quita poderío al personaje. *Un trono vicino al sol...* O sea, la fuerza que hay que tener para pensar que ese trono va a estar cercano al sol.

Frente a la observación de que, después de todo, al concluir el tenor el agudo, la orquesta se va recogiendo y acaba en un delicado *pianissimo*, Kraus mantenía:

"Son maneras de interpretar. Si yo esta frase la digo como si fuera un sueño, o sea el de llegar a tener un trono vecino al sol, lo puedo hacer *piano*, pero no cabe la menor duda de que es antiteatral cien por cien; y hay experiencias. Recuerdo que a Carlo Bergonzi, que ha sido un gran cantante y además uno de los pocos que sabían colorear y hacer medias voces, cantando *Aida* en Parma, en donde son auténticas autoridades en Verdi –que nació muy cerca–, no se le ocurrió otra cosa, para lucirse, para quedar bien, que hacer la frase como la escribió el compositor; y la concluyó en *pianissimo*; y le pegaron una pitada impresionante. O sea, que una cosa es lo que los autores han querido y otra lo que ha sido a través de los intérpretes y del público. Considero también que hay una tradición sobre la que los mismos cantantes han ido modificando, quitando o añadiendo, a las partituras originales. Creo que en este caso el añadido está justificado. Soy defensor de estos añadidos siempre que no desvirtúen ni el sentido dramático ni el musical, ni lo que los autores quisieron. Estoy convencido de que si a Verdi se le plantea el tema y se le dice, mira, este agudo, cerrado de esta manera, es más heroico, más real, tiene más garra y más atractivo para el público, él, que era un hombre de teatro, no iba a decir que no, estoy segurísimo. Tenía muy claro el sentido de lo dramático y de los contrastes entre unos momentos y otros, lo que siempre plantea problemas. Se necesitan por eso, para determinadas partes, por ejemplo la tan endiablada de Otello, tenores muy completos que puedan pasar en pocos minutos del heroísmo del *Esultate!* al lirismo del dúo de amor. Harían falta esos tenores que existieron en el pasado, tipo Pertile. Caruso no sé si podría haber hecho esto, porque era un tipo de voz que requería cantar casi siempre en *forte*, por su manera de apoyo, por la técnica que utilizaba, pero estoy seguro de que el español Antonio Cortis habría cantado perfectamente bien ese *Esultate!* y luego le habría dado colorido al dúo. Pero hace falta un tipo de voz, de cantante muy particular, que posea el don dramático y el don romántico al mismo tiempo y que cuente con una técnica suficiente para poder manejar el instrumento a gusto; por eso digo que la técnica es importante, por supuesto, está en función del manejo de ese instrumento para poder colorear, sacar efectos, hacer una serie de cosas. Así, no cabe duda de que incluso un tenor dramático, con la dificultad que pueden encerrar para él ciertos pasajes más líricos, y dentro de su repertorio, puede llegar a colorear, dar paletadas de color a sus partituras. La verdad es que a veces me da pena no haber tenido voz para cantar *Otello* o *Andrea Chénier* o *Aida*. Me hubiera gustado, porque además creo que me hubiera divertido mucho, porque naturalmente habría estudiado la técnica que tengo ahora y quizás habría ido más lejos para manejar un instrumento que es más grande y que posiblemente exige más estudio, pero, en fin, esto no lo puedo asegurar porque no he tenido esta experiencia."

Estas manifestaciones de Kraus, que no dejan de tener su lógica y que concuerdan con otras más o menos similares aparecidas ya a lo largo del texto, son evidentemente discutibles, creemos que por falta de rigor y objetividad. Él hablaba según le iba; a su criterio musical y a su conveniencia vocal. Por un lado siempre defendía el servicio y el respeto a lo escrito; pero por otro se apuntaba a la creación del intérprete conforme a lo que en un momento determinado se le ocurriera, con mayor o menor fundamento. Desde luego siempre es polémico el hecho de que un cantante le enmiende la plana al compositor, con independencia de que éste en muchos casos pudiera aceptarlo o incluso considerar adecuada la corrección. El que en el cierre de *Celeste Aida* quede mejor un agudo a plena voz porque resalta en mayor medida el carácter heroico del personaje es una opinión que apoya una idea nada descabellada. Pero, a sensu contrario, parece también muy aceptable, en un aria que además es más lírica que dramática, que el cierre se produzca a través de una nota *dolce*, de un agudo atacado *forte* y luego apianado, en un *morendo* deseado por Verdi. Aquí la cosa no parece tan clara a favor de la corrección como parecía en el remate de la *cabaletta* de *La traviata*, que motivara la discusión entre Kraus y Muti. En todo caso se nos antoja raro que un público tan avisado, y lo destacaba nuestro protagonista, como el de Parma, pudiera silbar la solución prescrita llevada a cabo por Bergonzi.

El toque Mozart

Siempre nos sorprendió lo que Kraus opinaba acerca de los personajes incluidos en el repertorio mozartiano. Todos los expertos han estado de acuerdo en que podía haber sido, si lo hubiera querido, un tenor para Mozart prácticamente único en estos tiempos; uno de los pocos que, junto a Anders o Wunderlich, germanos de pura cepa, o a Dermota –que no era muy de la devoción del canario–, podía haber dado a las criaturas más emblemáticas del compositor la elegancia, la densidad dramática que sin duda poseen; lo que queda demostrado por las escasas experiencias en tal repertorio. Apenas un Ferrando en grabación de 1962 y unos cuantos Ottavios en Madrid (debut en el papel), Chicago, Salzburgo y en la RAI, estos dos recogidos asimismo para el disco. Normalmente, el artista mantuvo que Mozart no anduvo muy afinado a la hora de escribir para la voz de tenor. Y lo razonaba a su manera.

" A pesar de la belleza de un aria como la de *La flauta mágica* u otras de las óperas dapontianas, he de decir que un aria es un aria. Lo que hay que ver es el trato que se ha dado al instrumento tenoril a lo largo de ésta y de las demás óperas; que en una lo haya tratado mejor no quiere decir que en las otras también, que lo haya hecho convencido de verdad. En *Così fan tutte*, por ejemplo, el tenor es un poco más protagonista, pero tampoco pasa gran cosa. Aunque haya que reconocer que *Un aura amorosa*, que es de gran dificultad y que posee una melodía bellísima, y la *cabaletta Tradito, schernito!*, igualmente muy difícil, te pueden dar satisfacciones, por supuesto. Y estoy convencido de que, si hubiera querido, probablemente podía haber sido un gran tenor mozartiano, puesto que no hay gente que cante bien Mozart. Pero entonces tendría que haberme dedicado a eso casi en exclusiva. No se puede alternar. Tampoco puedo afirmar que Mozart sea tan opuesto en algunas cosas a Donizetti, por ejemplo. Y es verdad que, como me han dicho muchas veces, yo pude ser un avanzado o revolucionario al otorgar a la interpretación mozartiana una virilidad y un sabor más terreno del que habitualmente se le daba; y los personajes de Mozart, los importantes, no tienen evidentemente ese carácter tan blandengue. Y Ferrando quizá sea la mejor prueba. No es que los haya borrado completamente del mapa, ni muchísimo menos, pero nuestra actividad es tan corta y nuestras oportunidades tan pocas, a pesar de todo, que, a la hora de elegir, eliges lo que te parece más interesante para tu carrera y el público. No estaban ahí esos personajes como destacados para ofrecer como novedad con impacto. He tenido que irme forzosamente a lo que ha tenido peso y atractivo para el público y, de rebote, ha supuesto satisfacción para mí. Mi nombre no habría crecido de la misma manera si hubiera elegido a Mozart, porque de los cantantes que se dedican a Mozart, los entendidos conocen a dos o a tres, y gracias. Y los que no lo son no saben ni que existen, de tan desapercibidos que pasan. Las suyas no son carreras importantes de cara a un gran público, a una gran masa, a una carrera internacional. Ese es el problema. Cantar Mozart sería lo de menos, yo encantado de poder abordarlo.

Una forma evidentemente material de ver la cuestión, a pesar de reconocer que cantar estos personajes tiene sus dificultades. Es una postura prosaica, si se quiere, pero, por otro lado, perfectamente lógica. Y Kraus aún abundaba en estas ideas al admitir que, aunque Mozart no respondiera a su manera de entender la ópera y sus criaturas no encajaran en su forma de cantar por su trazado, no negaba la belleza de la música que las envolvía. Y apuntaba un argumento muy interesante:

En Mozart hay que tener muchas veces el valor de ser más revolucionario todavía. Por ejemplo ese personaje de don Ottavio. Si lo tuviera que volver a hacer, impondría mi manera. O no lo cantaría. Se han empeñado en hacerlo figurar como un galán y es un señor anciano, lo que, según mi manera de ver, justifica una serie de cosas que le pasan, como el estar en casa del comendador a altas horas de la noche; cuando doña Ana acusa la presencia de don Juan el comendador sale y es herido de muerte por aquél; y entonces Ottavio sale de la casa de doña Ana, estaba allí dentro; es decir, que hay que imaginar que era un señor de la edad de su padre, amigo de él y, de acuerdo con los usos de la época y el lugar, tenía concedida la mano de la joven dama. El padre y amigo así lo había querido, de ahí el permanente comedimiento del aspirante: vamos a pensar, a decidir lo que tenemos que hacer, no llevemos a cabo ninguna acción que pueda tener malas consecuencias... Y así deja escapar a don Juan un montón de veces, incluso al final está de acuerdo en que pase un año todavía para que doña Ana decida si se quiere casar con él o no. Un galán habría sido más fogoso, más entusiasta.

»Por eso no es un personaje con mucha chicha dramática. Siempre que lo interpreté me encontraba fuera de él, no encajaba conmigo. Había algo que no funcionaba, y un día por casualidad me di cuenta, cuando debuté en Nueva York, me parece que en el 66, el último año del viejo Metropolitan, con *Rigoletto*. Entonces fui a ver una representación de *Don Giovanni*, en una función en la que cantaba el veterano tenor Jan Peerce. Por cierto, creo que doña Elvira era Pilar Lorengar. Peerce era un hombre ya mayor, que además no veía bien, por lo que, solícitamente, las dos damas, Ana y Elvira, lo llevaban siempre del brazo. El tenor tenía unas piernas delgaditas y andaba un poco encorvado, caminaba dificultosamente; quizá sin darse cuenta estaba haciendo el personaje como Dios manda. Entonces vi por fin cómo era realmente don Ottavio. Y eso que la voz de Peerce no era lo que se dice mozartiana; pero cantó bien, que yo recuerde, las dos arias. Era el tenor preferido de Toscanini precisamente, imagino que por la musicalidad, no por la belleza de la voz, pero algo tenía.

»Mozart, o se hace muy bien y estás realmente metido, implicado en él, o es mejor no meneallo. Y eso que he cantado algunas arias de concierto, una de ellas, masónica, muy extensa, *Misero!, o sogno*. Difícil, con un si bemol hacia el final. La he cantado con piano, originalmente creo que es con orquesta y voz y luego se ha trasladado al piano; muy bonita. Estás casi un cuarto de hora cantando, terminas y el público no se ha enterado tampoco. Y es que hay que insistir que el canto mozartiano no es un canto de efecto como puede ser el de Donizetti, Puccini, Verdi, Bellini… Y el público conoce mal a Mozart, aunque puede que se haga más. Yo he dejado también de hacerlo, porque, como digo, o se hace muy bien, muy bien o es mejor dejarlo. Porque, por ejemplo, en un *Don Giovanni*, ópera dificilísima, el coro tiene que ser estupendo, la orquesta maravillosa, el director de orquesta un gran conocedor, un especialista, los cantantes todos mozartianos, que sepan cantar los recitativos, que es lo más difícil. Llegan a veces extranjeros, hasta suecos, noruegos, norteamericanos, con un italiano de pena, y en los recitativos, francamente, te hacen reír. No se puede representar Mozart de esta manera. Por eso me molestaba mucho tener que hacerlo así. Recuerdo un *Don Juan* que hicimos en Chicago con un famoso director mozartiano, increíble. No puedo decir su nombre, porque ya está muerto y no se puede defender. Pasaba por ser especialista en Mozart y mi asombro fue que durante los ensayos nunca se ensayaron los recitativos. Jamás. Ni una sola vez. Y el día del general él se puso al clavicémbalo, que tenía al lado y desde donde estaba dirigiendo; hacía simplemente los acordes; y cada uno cantó el recitativo como le pareció. Fue de espanto y él tan tranquilo; o sea que no le daba importancia al recitativo, sino a la música cantada, a las arias y todo lo demás."

Debemos aclarar que el director al que se refiere Kraus, y cuyo nombre no quería revelar, era el vienés Josef Krips. No deja de resultar sorprendente la opinión del cantante respecto de un maestro de reconocida talla y sapiencia mozartiana, adquirida desde muy joven y heredada de su profesor en Viena Mandyczewski. Krips siempre fue tenido por un músico sólido y sensible, virtudes que pueden apreciarse en algunas de sus grabaciones de óperas del genio de Salzburgo; entre otras, *Don Giovanni*. Es chocante, por tanto, lo que nos cuenta Kraus, pero es muy posible que no se llegara a entender con el director. Desconocemos realmente lo que sucedió durante aquellos ensayos y representaciones. En todo caso, es extraño, efectivamente, que Krips, según lo dicho, no prestara en aquella oportunidad más atención a algo tan básico en el desarrollo dramático mozartiano como es el recitativo. Como contraste, Kraus evocaba de nuevo la figura de Karajan.

"En cambio, el *Don Juan* que canté en Salzburgo con Karajan, de quien ya hemos hablado capítulos atrás, fue todo lo contrario; en los ensayos no le dio importancia más que a los recitativos; hasta tal punto de que un día le dije: "Maestro: ¿cuándo ensayamos la música?". "No se preocupe, usted cante que ya lo acompañaré yo". Sabía que sus cantantes, que él había contratado, iban a cantar bien, pero quería estar seguro de que el recitativo se iba a decir de la manera que hay que decirlo, porque es la trama de la ópera, ahí está de verdad la ópera, lo otro es un pretexto para cantar. Claro, es lo más importante y a lo que menos importancia se le da. No puede admitirse un recitativo cantado en italiano y con acento extranjero; no puede ser; corren como si fueran ametralladoras, hay que oír ese recitativo y saber lo que dice.

»En la grabación de aquel *Don Giovanni* salzburgués, del 68 y 69, había voces famosas. Como Gundula Janowitz, que nunca fue santo de mi devoción porque cantaba con la escuela alemana, con la que también se puede cantar bien, pero es que en ella los agudos parecían los silbidos de las locomotoras; aparte de que no afinaba muy bien; luego tampoco se le entendía nada de lo que decía, y esto les pasa a muchos cantantes actuales. Fue una sorpresa agradable Teresa Zylis-Gara, que sustituyó a Montserrat Caballé a última hora, no sé qué problema hubo. La soprano polaca después cantó mucho en todas partes, yo he hecho incluso una *Manon* de Massenet con ella; y un *Fausto* de Gounod. Panerai era Leporello y Ghiaurov Don Giovanni. Y no es que crea que, por definición, los alemanes no puedan cantar bien una ópera italiana de Mozart. No, es posible que la escuela mozartiana esté en Austria, pero los cantantes que he oído de esa escuela hacen un Mozart muy alemán o muy centroeuropeo; y Mozart tenía más de italiano que de otra cosa, sobre todo en las óperas de Da Ponte. Otra cosa son las óperas germanas, que cantaban bien tenores como Dermota o, sobre todo, Wunderlich, que tenía una dicción y una emisón muy claras, más a la italiana. Dermota era demasiado centroeuropeo, incluso en el lied; aparte de que su técnica no me gustaba. En fin, la gente canta con la técnica que tiene, por supuesto, pero no me llegaba. Me gustaba mucho más Wunderlich, sin duda."

CAPÍTULO 8
Galería de personajes. Los hitos italianos

No era Alfredo Kraus un tenor de amplísimo repertorio, sino que fue eligiendo, poco a poco, aquellas obras que le iban mejor a su voz y a su momento, en una evolución lenta y segura, la propia de su tipo vocal de lírico-ligero hasta amasar un total de 36 títulos (dos sólo en grabación), que quedaron reducidos a una quincena en sus últimos años. La ópera que más cantó en su carrera fue *Rigoletto*, bastante más de 200 veces. Y no la cantó más por la falta de barítonos auténticos; e incluso, reconocía, de Gildas de altura. En esas diez o doce óperas de madurez se encontraba como pez en el agua; en ellas podía lucirse, quedar bien y atender las demandas de unos espectadores cada vez más exigentes. Cuanto más hacía esas óperas, más las conocía y mejor las interpretaba. Por eso no se salía de lo que podía considerarse «sota, caballo y rey». Se trataba de dar al público, justamente, lo que quería. Y nunca cayendo en la rutina, en el adocenamiento, encontrando y sirviendo siempre nuevos matices. La música para él, era «eterna», los personajes siempre tenían su vida, su latido y daban cada vez ocasión a profundizar, a buscar recovecos, nuevos detalles que iban surgiendo y que iban completando naturalmente el canto y reforzando el carácter de aquellas figuras de ficción.

Estas palabras del tenor nos muestran hasta qué punto es verdad lo dicho:

> Estaba ensayando con José Tordesillas, montando un programa para un futuro concierto y hacía tiempo que no cantaba, desde que la había grabado en un disco dedicado al barroco y clasicismo italiano, la romanza de Euridice del *Orfeo* de Gluck, *Che farò senza Euridice*. La interpreté de una manera que a mi juicio y al del pianista era muy superior a la antigua del compacto. Me decía Pepe: "Esto está así más bonito; y es que es así". Naturalmente, las cosas que estudias, que haces, cantas y grabas se quedan ahí dormidas pero, en realidad, no lo están. Parecen dormidas pero no duermen, como se dice en la romanza de *Doña Francisquita*, *Por el humo se sabe donde está el fuego*. Vas trabajando internamente, vas madurando, y un día pues sale, de otra manera, y mejor. Yo cantaba la versión de tenor escrita para París, la que cantaba también Tito Schipa, en principio, al menos en la tesitura que yo elijo, cuatro tonos más alta que la de contralto, o de *castrato*, que se había estrenado en Viena en 1762.

El artista, por tanto, prefería profundizar en sus personajes hasta hacerse no sólo con sus propiedades musicales, sino con su carácter dramático, quedarse con sus vericuetos poéticos. Y en todo momento dependiendo de su evolución vocal, de tal manera que aquellos que entrañaban una mayor densidad, unos tintes que tendían más a lo lírico que a lo ligero, fueron estudiados y recreados cuando el cantante tenía ya una evidente madurez, un poso artístico y vocal de amplios registros. Poco a poco las partes más exigentes en la coloratura o en el dominio de una franja sobreaguda fueron desapareciendo de su horizonte. Porque lo primero era la salud, la higiene, la adecuación del instrumento. He ahí, hay que repetirlo, uno de los mayores méritos de Kraus. De su mano vamos a ir introduciéndonos en aquellas criaturas en las que fue campeón en los tiempos modernos, las que determinaron la grandeza del tenor. Empezaremos por las que consideramos, y él también consideraba, fundamentales en su carrera, auténticos hitos inmarcesibles y en los que difícilmente tuvo rival entre los tenores de la posguerra. De algunos de estos personajes ya hemos escuchado hablar al artista, más o menos de pasada. Sirvan las líneas siguientes como complemento y afirmación de ideas ya esbozadas que van a desarrollarse en torno a un número no muy alto de papeles operísticos, unos quince más o menos en sus años maduros.

Al tenor no le interesaba abarcarlo todo. Se acercó primero en mayor medida al repertorio italiano de lírico-ligero y luego empezó a cultivar poco a poco los héroes salidos de las plumas de Gounod y Massenet, quitando aquello que la lógica evolución de la voz aconsejaba. Él afirmaba que, en todo caso, no se puede cambiar de estilo, de ópera, de música, de todo, un día sí y otro no

> porque no estamos lo suficientemente capacitados para abarcar todo al mismo tiempo. Si quieres obtener un rendimiento, siempre de gran nivel, tienes que limitar el repertorio para poderte especializar en él, a no ser que Dios se ponga a cantar, porque él sí que lo puede todo, los demás desgraciadamente no. A propósito, creo que si Dios cantara no tendría timbre de bajo, como a veces se ha dicho, sino de sopranista, que es una voz más celestial todavía; cualquiera sabe.

Kraus asentó su carrera en un primer término sobre partes de clásico tenor lírico-ligero italiano, con frecuentes visitas al repertorio de tenor de gracia, que puede ser defendido tanto por un lírico, un lírico-ligero o un ligero a secas, porque no es el timbre vocal —en todo caso de color más bien claro— el que certifica ese tipo de tenor, sino el arte de canto, el modo en el que se dice y se frasea, la capacidad para aplicar reguladores, la facilidad para el toque elegíaco. Más tarde fue adentrándose, como sabemos, en las más vehementes aguas del romanticismo, más o menos tardío, francés. Es una suerte poder conocer de primera mano cómo veía nuestro artista algunos de los personajes de filiación belcantista o neobelcantista.

Estudiaremos primero con el tenor dos personajes verdianos capitales en su carrera, el Duque de Mantua y Alfredo. Luego nos adentraremos en los más belcantistas, de Rossini, Bellini y Donizetti y cerraremos con el «excéntrico» pucciniano, Rodolfo.

IL DUCA

Parece bastante lógico empezar este examen pormenorizado, en el que confirmaremos aseveraciones y refexiones ya esbozadas, por esta figura verdiana. *Rigoletto* es una obra de la que se ha hablado bastante a lo largo de este texto. Es un título que Kraus cantó mucho y que supuso su debut oficial, recordémoslo, en El Cairo el 17 de enero de 1956. Aunque en los últimos años lo abordó cada vez menos. Interesa abundar en su idiosincrasia y en su carácter vocal a la luz del punto de vista de nuestro tenor. Un personaje que, como él mismo dijo muchas veces, no era santo de su devoción. Le aburría y no le gustaba y lo fue dejando ante la falta de compañeros de altura:

"Prefiero no cantarlo –comentaba– si voy a tener una Gilda ñoña y que no haga más que *kikirikí* y si el resto no sabe lo que se tiene entre manos. Gilda no es tan ñoña como suelen hacerla por ahí, y su intervención no se reduce solamente al *Caro nome*. El romanticismo que contiene su dúo con el tenor y el dramatismo de su dúo con Rigoletto; o, ya en el segundo acto, el famoso dúo de la *vendetta*, para el que hace falta una voz lírica prácticamente, que exprese, que tenga calor y tenga alma, no se encuentran así como así. La del Duque es una parte muy difícil; aunque lo es más la del protagonista, la del jorobado. Yo he cantado con algunos de los mejores Rigolettos de los últimos decenios, excepto Gino Bechi, que estaba ya en declive cuando inicié mi carrera. Pero sí con Giuseppe Taddei, Ugo Savarese, Cornell MacNeil, Aldo Protti, Ettore Bastianini. Con todos. Más tarde con Piero Cappuccilli, con Renato Bruson y con aquel inglés pelirrojo, Peter Glossop, que tuvo una época en que frecuentó muchísimo ese papel. Se le llamaba de todas partes. Tampoco me interesaba, la verdad, y ya lo afirmé antes, el Duque por la superficialidad del personaje en sí mismo y por la superficialidad del personaje dentro de la obra musical. Esto es, en el propio libreto. Pero, hay que decirlo, es un personaje cuya psicología está perfectamente de acuerdo con la música. El tenor aparece de una manera muy vaga en toda la obra. Naturalmente, sé qué espíritu hay que darle, de libertino, pero no da realmente tiempo a desarrollarlo. Llegas, cantas *Questa o quella*; pues muy bien, puedes desarrollar esta romanza dándole ese carácter frívolo, de libertino; un libertino grave porque es el libertino dictador, que es doblemente libertino.

»Es una pena que no le dieran un desarrollo más complejo porque creo que había materia para ello, pero por lo que sea la obra está basada en el barítono, que tiene un desarrollo psicológico más completo. Bien, pues *Il Duca* dice *Questa o quella*, desaparece, se va y no se vuelve a saber de él hasta el dúo con Gilda. Que, naturalmente, ofrece otra cara del personaje, que finge ser un estudiante; no finge estar enamorado de ella, porque yo creo que lo está. Me parece que Gilda es en la historia, por un momento, la parte débil del Duque. Se deja llevar de una pasión auténtica, probablemente debido a los encantos de la muchacha, que debía de ser una mujer excepcional, aparte de que él estuviera acostumbrado al trato con las cortesanas que lo rodeaban; aunque pertenecieran a la alcurnia y a la nobleza, estaban deseando acostarse con él, que se supone era un tío bien presentado, un tío guapo. Después hay un momento, cuando ya Gilda ha sido raptada, pero él no lo sabe. Y se preocupa; es cuando salen a relucir sus auténticos sentimientos, aquellos surgidos en aquel momento de debilidad que tuvo enamorándose de la chica. He de decir que probablemente es el momento más auténticamente importante, musicalmente incluso, aparte de ser el momento donde salen a relucir los sentimientos ocultos del *Duca*; su parte más humana.

»Estamos ante un personaje que no es precisamente un héroe, un personaje romántico, que ha de desgranar un aria tan difícil y poética como *Parmi veder le lagrime*; pero luego cae de nuevo en su habitual banalidad, frivolidad, egoísmo; y vuelve a ser el cínico de siempre. Las dificultades vocales son evidentes, porque Verdi lo configuró muy bien, y plasmó magistralmente esa frivolidad y ligereza. Están patentes todo el tiempo, no sólo en la manera de la interpretación sino en la manera en que está construida la vocalidad del personaje, de tesitura tan aguda durante todo el tiempo. Siempre he sostenido que hace falta una voz especial, particular, para cantar *Rigoletto*, que todos los tenores líricos han interpretado al inicio de la carrera, pero en cuanto han perdido la facilidad de agudo, esa necesaria voz clara, deben dejar el empeño. Si no se tiene esa condición, es mejor no meterse. Teniendo estas particularidades vocales, es lógico que el personaje no se cante durante muchos años; y la prueba es que la mayor parte no lo hace durante mucho tiempo. Al inicio de la carrera y luego, cinco, ocho o diez años a lo sumo. Y luego se acabó.

»Y no nos encontramos aquí, ojo, con un tenor ligero. No, hace falta un tipo de voz muy especial, que está entre el tenor ligero y el tenor lírico. Lírico-ligero, justamente. Que es lo que yo soy, a la postre, como tantas veces hemos dicho. Es una ópera que he hecho mucho a pesar de no ser la que más me gusta. Es una obra de repertorio, no cabe duda, que aunque a mí no me plazca, tiene esa vocalidad importante, que llega muy directamente al público, no sólo por *La donna è mobile*, cuyo éxito está garantizado, sino por la existencia de esa romanza, *Parmi veder le lagrime*. He podido constatar que prácticamente el cien por cien de las veces que la he interpretado ha despertado auténticos entusiasmos. Es, sin duda, una de las asignaturas del tenor. Cuando esa romanza está bien cantada, el público lo nota. De una manera automática la sensibilidad del oyente capta la interpretación y la dificultad que tiene; es uno de los misterios de la ópera. Aunque muchas veces no se trate de un público preparado. Me acuerdo y esto es casi anecdótico, cuando yo canté tanto en Madrid como Barcelona un *Rigoletto* en el Palacio de los Deportes dije: "Ahora voy a salir a cantar *Parmi veder*, y aquí no se van a enterar; esto está lleno de gente popular, muy popular". Era, en efecto, una función benéfica y las entradas costaban baratísimas. Los locales estaban abarrotados. Me acuerdo de que canté también *Pes-*

cadores de perlas una segunda noche. Las dos fueron un éxito brutal, pero, insisto, mi asombro fue increíble cuando comprobé que tanto en Barcelona como en Madrid, se aplaudió más el *Parmi veder le lagrime* que *La donna è móbile*.

»En aquella época no se hacía la *cabaletta Possente amor*, que luego he cantado muchas veces en teatro, sin que al final pasara nada. A pesar del re natural, que no fue escrito. Por eso no me gusta hacer esa *cabaletta*, que tampoco vale gran cosa: el aplauso grande viene antes, con *Parmi veder*. Está muy reciente el recuerdo de la romanza y el público difícilmente hace dos grandes aplausos seguidos. Además, hay un coro en medio. Tiene que existir después un número muy especial para que el público olvide algo tan extraordinario como la romanza; sobre todo si se canta en condiciones. Con la *cabaletta* de *La traviata* no sucede lo mismo, porque el aria previa no es tan buena; a mí me gusta menos, como comentamos ya en otro capítulo.

»La verdad es que en aquel primer Duque de Mantua de El Cairo, en mi debut, me encontré ya a gusto en el papel desde un punto de vista vocal. Al inicio de mi carrera me encontraba más a gusto en esta parte que en ninguna otra. En otro tipo de óperas ya tenía que hacer más belcanto y medias voces, *diminuendi*, y aquí prácticamente no hay ese juego de claroscuros, excepto en *Parmi veder le lagrime*. Lo restante es más lineal y desenvuelto y ha de ser cantado con mucha ligereza, porque le va al personaje y le va a su vocalidad.»

Tras tantas funciones como *Duca*, hubo, naturalmente, algunas que, por una determinada razón, llegaron a dejar más huella en nuestro tenor.

«Fueron muchas; y no sabes por qué unas más que otras. Me acuerdo de la primera que canté, en la que me preocupaba más que nada de ir con el maestro, porque hasta que adquieres una práctica, esto de moverte por el escenario, tener que mirar al foso y no adelantarte, entrar bien, hacer la escena, acordarte de la letra, una serie de cosas, es muy complicado. Durante los ensayos yo decía: "Bueno, ¿cómo me voy a acordar yo de todas estas cosas al mismo tiempo?". La rutina es un entrenamiento y luego todo se hace de una manera totalmente automática. Aparte de estas representaciones iniciales de El Cairo, me acuerdo que una de las que hice inmediatamente fue en Génova con Anna Moffo y Zeffirelli como regista. El barítono era Cornell MacNeil, un hombre que me entusiasmaba porque creo que es de las voces más completas que han existido en la cuerda baritonal. Me maravillaba cuando cantaba en los graves y hacía el dúo con el bajo: parecían dos bajos cantando y, de repente, cuando daba las notas agudas, muchas de ellas no escritas, como la de *La maledizione!* del final, se iba al la natural, pero con una facilidad pasmosa. Es como si fuera un tenor dramático de bellísimo timbre. Era una voz muy completa, un gran barítono y siempre me impresionaba cuando cantábamos juntos. El director de orquesta de Génova se llamaba Alceo Galliera, con quien, y esto es anecdótico, hice mi único *Réquiem* de Verdi, que, curiosamente, en Italia se hace muy poco. No me lo volvieron a pedir. Y fue una pena, porque Galliera, que no era un director de ópera, sino sinfónico, aunque hacía esporádicamente algunas funciones, le dio un carácter de oratorio. Éramos cuatro voces, más bien ligeras. El *Réquiem* admite, según creo, dos versiones, dos interpretaciones, una más sinfónica, tipo oratorio, y otra de sentido más operístico."

Kraus, que hizo esa aislada *Messa da Requiem* de Verdi, efectivamente, en Génova, el 23 de enero de 1960 a las órdenes de Galliera, parece confundir fechas, lugares y nombres; lo cual tampoco debe extrañar, dado lo extenso y profuso de la carrera del cantante. De acuerdo con la cronología de Eduardo Lucas (ver bibliografía), la cita en Génova con *Rigoletto* y MacNeil se produjo más tarde, en mayo de 1962, pero el director era Molinari-Pradelli. Galliera sí había estado en el foso del Carlo Felice de Génova, pero cinco años antes, en 1957, y el barítono en esta ocasión era Aldo Protti.

Como es lógico, en conexión con una obra tan interpretada, y a lo largo de tanto tiempo, como *Rigoletto*, surgen multitud de recuerdos, de anécdotas:

"Una muy graciosa ocurrió cuando estaba cantando la ópera con Gianna D'Angelo, que era una de las grandes intérpretes de Gilda, porque tenía para mí el tipo de voz ideal. Ya sabemos que este personaje puede ser interpretado de varias maneras, por ejemplo, en plan sopranito ligero o en plan soprano lírico, donde ya entran otros elementos como es el dramatismo. A mí no me parece que Verdi lo haya querido desarrollar de una manera dramática. Gilda es una niña ñoña, timorata, no sé... En ella no creo que se puedan despertar las grandes pasiones. Sí, es verdad que al final se sacrifica. Pero creo que dramáticamente el personaje no está desarrollado. Aunque haya un drama. Donde no hay un drama en absoluto es únicamente en lo que corresponde al personaje del *Duca*, pero por supuesto lo hay en Rigoletto; y lo hay después de todo en Gilda. Volviendo a lo que decía, y con todo, el tipo vocal que más me ha gustado para ella ha sido precisamente el que tenía la D'Angelo, que era pequeña, ligera y muy aguda; porque, claro, además hay que unir todo esto a la belleza del personaje y esta mujer era guapísima. Jugaba con la vocalidad, manejaba el personaje vocalmente de una manera espléndida, y me acuerdo de que en el *Caro nome*, hacía un do que no está escrito, lo empezaba pianísimo, lo engrosaba y lo iba ensanchando con un fiato enorme, que duraba una barbaridad y, cuando lo tenía ancho, lo disminuía otra vez hasta cero. Una perfecta *messa di voce*. Daba también el mi bemol sobreagudo, algo que ya nadie hace, al final del aria de *La traviata*. No está escrito pero se daba. Antes las sopranos tenían el valor de dar estas notas. Ahora todo el mundo tiene miedo. Claro, todo el mundo se ampara en que como no está escrito no hace falta, cuando yo creo que las tradiciones sirven para mucho. Por eso creo que ese tipo de vocalidad que imprimía la D'Angelo a Gilda es el ideal para ese personaje. Porque de lo que no cabe duda es de que una voz dramática, una voz ancha, cuando llegan las agilidades no está en lo suyo, no se encuentra a sus anchas y el *Caro nome* es la pieza central de su vocalidad. Y como, desgraciadamente, no hay después la posibilidad de desarrollar el personaje de una manera escénicamente dramática, resulta que lo importante sigue siendo, a mi juicio, la estricta vocalidad. Conectando con lo que quería decir: cantando con D'Angelo, que era una diva en su repertorio y que tanto en Lisboa como en cualquier sitio de Italia o en Bilbao, por ejemplo, tenia un éxito impresionante –la gente se volvía loca por ella–, allí, en la capital portuguesa, en el Teatro San Carlos, cuando estábamos haciendo la casa de Gilda, en el dúo, se nos cayó un muro, el muro que dividía la casa de Gilda de la calle. Se nos cayó en plena escena. Bueno, pues seguimos cantando como si tal cosa, con el muro caído a nuestro lado. La gente se rió un poco hasta que pasó ese momento de hilaridad y después seguimos tan tranquilos hasta el final. Son cosas que ocurren y ante las que no queda más remedio que aguantarse; aguantar el tipo.

Es evidente que la idea que tenía Alfredo Kraus de *Rigoletto*, y en concreto, del personaje de Gilda, podría ser considerada hoy, a la luz de nuevos y más modernos criterios, más que discutible. El tenor entendía a la joven y núbil hija del jorobado como una niña timorata, aunque reconociera que en ella había, al menos, cierto dramatismo. Pero, pese al sacrificio, que indudablemente la hace mujer, no estimaba que su figura prosperara gran cosa en ese sentido. Lo que venía abonado por creer que la voz ideal para defenderla era justamente la de una ligera; como D'Angelo, cantante sin duda exquisita, pero que, a nuestro juicio, no podía dar, más allá de unos maravillosos efectos vocales, toda la dimensión caracterológica al personaje, que crece y crece innegablemente a medida que avanza la acción. Y que ha encontrado en sopranos como Renata Scotto o incluso Maria Callas –que no la llevaba en su repertorio– servidoras más auténticas y profundas, menos decorativas. Hoy una Ciofi o una Mosuc, pese a sus limitaciones y, en particular por su brillantez de registros, una Damrau dan una imagen también bastante definida del personaje.

Características actitudes de Alfredo Kraus en sus años mozos.

Foto de la colección de ALAAK

ALFREDO KRAUS

Foto de la colección de ALAAK

Foto perteneciente a la colección de herederos de Alfredo Kraus.

Foto de la colección de ALAAK

Fotos familiares. Con sus hermanos Carmen y Francisco.

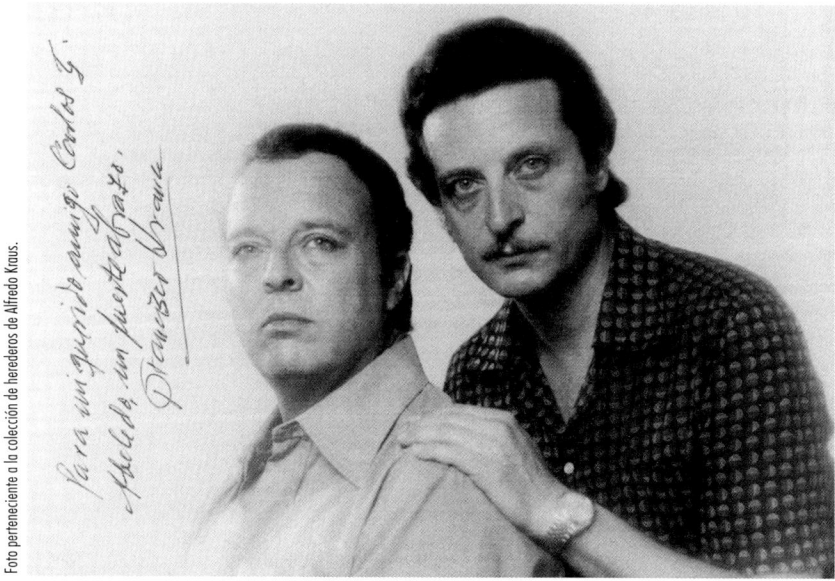

Con Lina Huarte. Concierto en Las Palmas de Gran Canaria. Teatro Pérez Galdós.

Concierto en el Teatro Pérez Galdós con su primera maestra, la Sra. Suárez-Fiol.

Concierto de Alfredo Kraus en el Auditórium de Zaragoza. Con Miguel Fleta, su hermana y un amigo zaragozano.

Junto a Suso Mariategui.

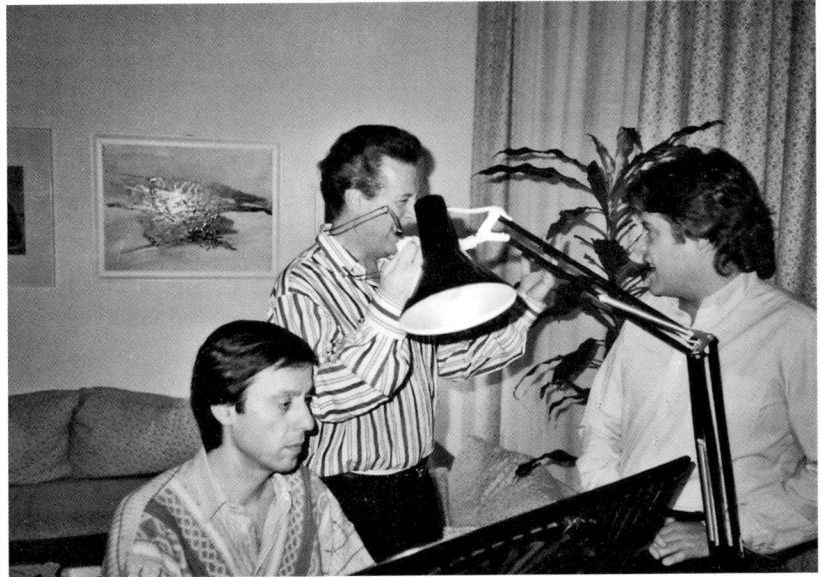

Vocalizando. Con Mariategui y Arnaltes.

Alfredo Kraus y su discípulo Quique Paz en La Coruña.

Con Antonio Campó y Germán Cruz. La Coruña.

Kraus y Campó. La Coruña.

Sonrisas junto a su esposa, Rosa de Ley.

En el estudio de su casa madrileña de Montepríncipe.

En el jardín de Montepríncipe.

Un juvenil Elvino.

Seductor Duca.

Como Nadir.

Gesto característico en *La hora española* de Ravel.

Un único Rodolfo.

Spirto gentil…

Las cuitas de Jorge. Marina de Arrieta.

Sexteto de *Lucia de Lammermoor* con Cecilia Núñez-Albanese. Teatro Pérez Galdós, 1977.

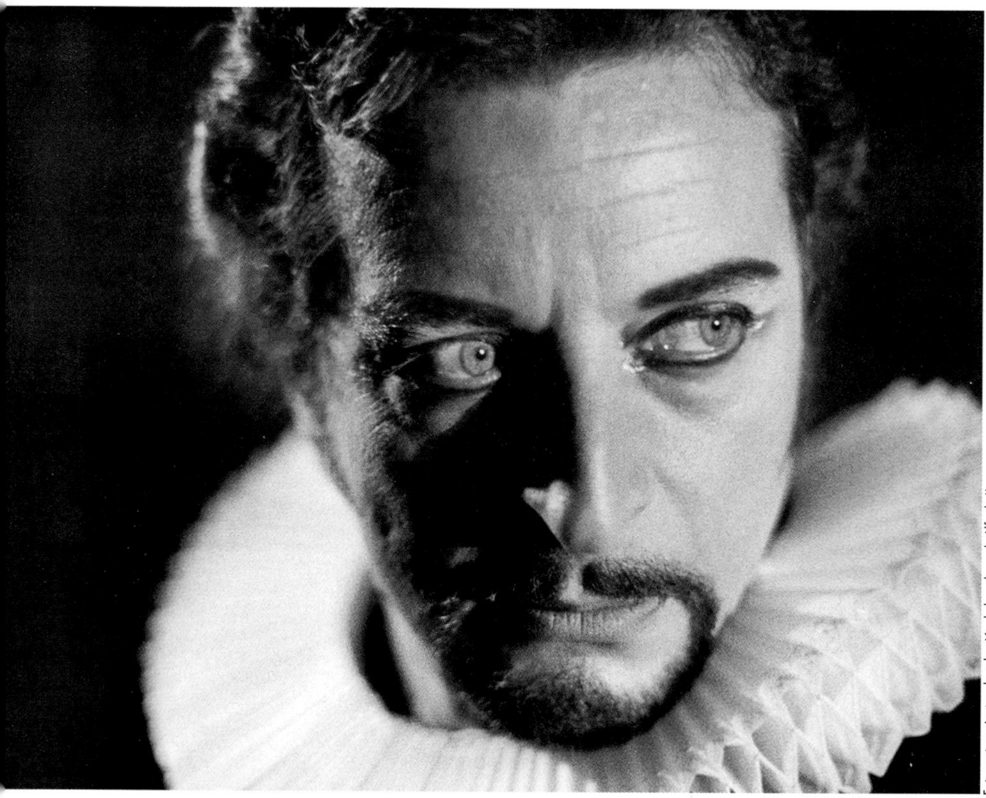

Foto perteneciente a la colección de herederos de Alfredo Kraus.

Penetrante mirada.

Foto perteneciente a la colección de herederos de Alfredo Kraus.

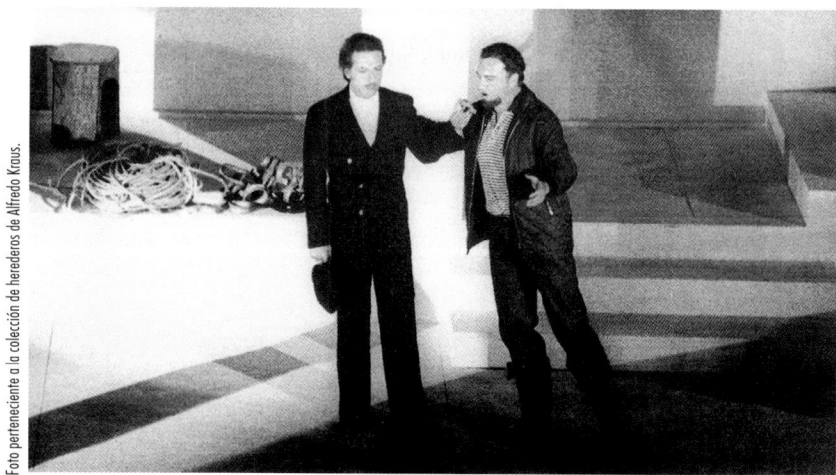

Con su hermano en *Marina*. Estadio Insular en Las Palmas de Gran Canaria, 1976.

Recogiendo aplausos en *Romeo y Julieta*. Chicago, 1981.

"A beber, a beber y apurar…". *Marina*. Estadio Insular en Las Palmas de Gran Canaria, 1976.

"En las alas del deseo…". *Marina*. Estadio Insular en Las Palmas de Gran Canaria, 1976.

"Costas la de Levante…"

Charlotte (Tatiana Troyanos) asiste a Werther compungida.

"A mes amis…"

Un expresivo momento del segundo acto de *Werther*.

"Elisir mirabile".

Pensando en Violetta.

Concentrado dolor ante la muerte de la amada.

Con Joan Sutherland en el momento más dramático de *Lucia di Lammermoor*.

Un viejo Fausto.

Con Mirella Freni en *Manon*.

Un elegante Edgardo.

Gilbert Duprez

Tito Schipa

Arturo Toscanini

Giacomo Lauri Volpi

Miguel Fleta

Maria Callas

Mercedes Llopart

Beniamino Gigli

Aureliano Pertile

Georges Thill

ALFREDO

Un personaje difícil por su vocalidad fronteriza, por su destilado canto en medias tintas y claroscuros, una figura secundaria incluso frente a la potencia del personaje de Violetta, que lo fagocita, y que, en parte, se apropia también del ámbito de papá Germont. El arte de Kraus para, desde su instrumento de lírico-ligero, mantener el latido dramático y servir a lo lírico con una donosura sin igual, lo convirtió en un Alfredo de excepción. No dejó de cantarlo nunca. Y lo debutó muy al principio, y en España, en el Lope de Vega de Sevilla, junto a Lorengar y Ausensi. Fue el 12 de abril de ese inaugural 1956.

" Me acompaña prácticamente desde que debuté en El Cairo. A los pocos meses ya lo incorporaba en escena. Es más complejo que *Il Duca* y hay que elaborarlo mucho para poder sacarlo a flote, está como sumergido y hay que pasar a descubrir sus intríngulis; tiene la desgracia de que está al lado de la personalidad en verdad aplastante, *schiacciante*, como dirían los italianos, de la soprano. Entonces, hay que amar la de este joven provinciano, cosa que para mí no ha sido difícil; al contrario que al Duque, a quien siempre me resultó difícil *volerlo bene*. Alfredo es un muchacho que viene de una burguesía provinciana, gente que estaba bien en su posición social y llega a París muy joven y, naturalmente, se deslumbra. París deslumbra a todo el mundo; y conoce a esa mujer, Violetta Valery, y, como es lógico, se enamora de sus encantos, aun sabiendo que es una cortesana, pero, claro, él es probablemente más joven que ella, y si no lo es en edad, lo es en mentalidad; un hombre apocado, tímido. Todo el movimiento que hay alrededor de esa mujer es demasiado para él, que es muy simple en sus manifestaciones y su amor, que es de una sencillez y una candidez grandes. Eso es lo que le llega a ella, cuando él le declara su amor: no concibe que un hombre pueda enamorarse de verdad de una cortesana, por muy cortesana de altos vuelos que sea. Hay una relación extraña de sentimientos por parte de ambos, un poco de madre a hijo, me da esa impresión. Él es como un niño mimado y ella como una madre, no por la edad, pero sí por la experiencia. Es una mujer que sería capaz de manejarle a su antojo por el gran control que tiene sobre los hombres. En cambio, para él, ella es su primer amor, su primera experiencia amorosa y probablemente su primera experiencia sexual. Un hombre con una vida sexual más plena no se hubiera enamorado de esta mujer. En la romanza del principio del segundo acto, una vez que se van a vivir juntos y él está en pleno apogeo de su felicidad, lo mismo que ella, canta estos amores y se maravilla de que una mujer que aparentemente lo tiene todo, honores, vida brillante, sociedad, dinero, fama, que era famosa en París en su profesión, haya tenido que fijarse en él. Viven juntos, son felices y todo esto… Está tan ausente, introducido en este mundo de felicidad que no se da cuenta de que la vida sigue y que para vivir de esa manera hace falta dinero, y él no lo tiene.

»Por cierto, el recitativo de introducción al aria es una maravilla, ahí ya el personaje se empieza a definir con claridad y hay que matizarlo muchísimo, igual que en la parte correspondiente de *Parmi veder le lagrime* de *Rigoletto*. Sin duda, esa romanza y la *cabaletta* posterior, *Oh mio rimorso!*, sirven para definir al personaje y para resaltar ese contraste que ha de venir más tarde, cuando se opera la reacción del hombre maduro, que parecía que nunca iba producirse. Por eso es importante, hay que insistir, esa *cabaletta*, que sirve de complemento necesario a la romanza, en el sentido de que, de repente, el personaje se desdobla, cosa que no ocurre en la *cabaletta* de *Rigoletto*, *Possente amor*, pues el Duque continúa siendo el mismo, con idénticos sentimientos. Aquí no, los sentimientos son distintos. De expresar bucólicamente su amor, pasa a un momento de rabia, cuando se produce la reacción al saber que Violetta está desprendiéndose de su fortuna, incluso de sus propiedades, para poder seguir viviendo con él y mantener ese ritmo desaforado de vida. Por eso la *cabaletta* se justifica, porque en ella él expresa su deseo de acabar con esa situación y ponerle remedio de una manera decidida, viril. Por fin pasa de ser el niño protegido, el niño mimado, que vive todavía en un mundo irreal, lleno de fantasías, a la realidad más cruda; y eso es lo bonito que tiene ese acto. Pero luego la cosa va todavía a más, porque el personaje pasa de ese momento de autenticidad, en el que despierta a una realidad, para caer en la desesperación al comprobar que Violetta lo abandona, que se va otra vez con su amante, lo que le conduce a un comportamiento poco digno. Muy viril si se quiere, pero poco digno, porque la insulta delante de todo el mundo.

»Es un cuadro lleno de dramatismo, en el que hace falta un tenor casi de tipo heroico; las frases son tremendas, importantes, fuertes. Ese acto tiene esa fuerza; también la humillación y el desprecio. Y, entonces, a poco de llegar el padre, que –y no deja de tener gracia la cosa en personaje tan cavernícola– le recrimina, surge una de las frases más bellas de la obra, que da rienda suelta al arrepentimiento de Alfredo. Giorgio Germont aparece en el momento culminante, cuando hace poco que el insulto a Violetta acaba de proferirse, y , delante de todo el mundo, le echa en cara su comportamiento: "Ya no conozco a mi hijo". Es ahí, en efecto, cuando se da cuenta del daño que ha hecho, se avergüenza de ello y lo manifiesta. Frases muy buenas, llenas de reguladores. El personaje es realmente complejo. Lo curioso es que, en el fondo, el culpable de la desairada situación es el padre, que ha convencido a Violetta, con unos argumentos falaces, para que se vaya, que deje a Alfredo, que es un joven ardoroso y se siente herido en su amor propio, tiene ese momento de arrebato y la insulta. Está claro que en todas las óperas hay un personaje de un egoísmo brutal, y en este caso es el padre de Alfredo. Es el egoísta, porque todo lo hace por salvar una apariencia, por temor a la sociedad, por no quedar mal ante la gente, por no tener un hijo viviendo con una cortesana, lo que, no nos engañemos, responde a una realidad histórica; así era en aquella época. Pero el padre no le cuenta al hijo el acuerdo al que ha llegado con Violetta, que supone el principio del fin. Todo termina ahí, él se marcha, ella sigue viviendo con su amante en sus fastos cortesanos, no se cuida ya, no le interesa la vida sin Alfredo y enferma; y viene el momento final cuando el padre se entera, hay un duelo y el barón Douphol queda herido. Alfredo se va al extranjero. Hechos que Violetta lee en la famosa carta. Por último, él regresa, sabedor por su padre de los males de ella, acude a visitarla y ahí surge el hermoso dúo *Parigi, o cara*, un dúo rememorativo de los buenos tiempos; un dúo amoroso sin esperanza.

»No hay duda de que Verdi consiguió uno de los momentos más *incalzanti*, más apremiantes en la escena previa a los insultos de Alfredo, en la partida de cartas, con ese inflexible ritmo de 6/8, realmente obsesivo, que tiene que estar muy marcado, porque en su urgencia ha de acrecentar la tensión. Verdi era muy hábil para crear suspense con este tipo de ritmos; hasta que la tensión acaba por explotar. Y en medio de todo surge Alfredo. Un personaje, como he dicho, verdaderamente caleidoscópico. Al final termina por ser un hombre realmente maduro, aunque haya pasado poco tiempo; porque ha vivido urgentemente una serie de pormenores, todos importantes y con graves consecuencias. La tragedia sobreviene al cierre cuando ya no hay remedio. En ese punto, curiosamente, es ya un hombre con ideas claras, que sabe lo que debe hacer y lo que quiere, pero, desgraciadamente, es tarde. Y he de referirme de nuevo al dúo *Parigi, o cara*: probablemente, están fingiendo los dos; saben que ella va a morir, pero se agarran a un clavo ardiendo, a esa esperanza de futuro. "Volveremos a París, estaremos siempre unidos…". Y con esa esperanza muere ella; es como un sueño o, más bien, ambos quieren fingir que eso –el retorno parisino– va a ocurrir.

»*Traviata* es evidentemente una obra maestra; más que *Rigoletto*, y la prueba es que de todas las óperas de repertorio, no solo italiano, sino de todos los repertorios, es la que más éxito tiene; y la prueba es que también en las casas de discos es la obra que más se vende y una de las que más se graba. Es sorprendente que, cuando se estrenó, no tuviera éxito; incluso obligaron a Verdi a cambiarla de época. Cosas extrañas que ocurren.**"**

ALMAVIVA

Nos trasladamos de este personaje más bien lírico a un personaje propio de un lírico-ligero o –de acuerdo con la tradición moderna– ligero, que es el de *El Barbero de Sevilla* de Rossini, el Conde de Almaviva, con el cual Kraus actuó en muchos escenarios; el primero fue la Arena Flegrea de Nápoles, donde debutó la parte el 26 de julio de 1958. Él tenía un especial recuerdo de una representación posterior en el Maggio Musicale Fiorentino la noche del 28 de junio de 1968.

"Dirigía el maestro Sanzogno, un gran director de orquesta, un hombre de teatro impresionante. Como ya he dicho, hubo una época en la que alternaba todavía el repertorio de tenor lírico con el de tenor ligero y esto es una muestra precisamente de cómo yo podía cantar entonces *Barbero*, una obra que es para mí muy difícil; y para todo el mundo. Además, no tiene un gran lucimiento, ya que te pasas la noche trabajando para muy poco, salvo para los entendidos de verdad, que son muy raros. Muchas veces el mismo crítico no se entera de cuál es el personaje o de qué rol es verdaderamente difícil, aunque no se note. A veces la dificultad no está tan presente y el éxito no aparece tan evidenciado. Pero el que sabe, conoce profundamente cuál es la dificultad de ese papel, qué dificultades técnicas encierra; y la verdad es que el Conde de Almaviva es un personaje muy, muy complicado, vocalmente y escénicamente; trabaja mucho, se mueve mucho y al final el éxito se lo lleva el barítono con la cavatina o la soprano con la romanza. O el bajo con *La calumnia*. Decidí al poco tiempo que era un personaje que no valía la pena, desde el punto de vista aparente, de la carrera, ya que el público quiere personajes que tengan más impacto, más agudos, más romanzas y que se les pueda aplaudir. Aquí casi no tienen posibilidad de hacerlo.

»Aunque haya que reconocer que *Ecco ridente* tiene dificultades de agilidad. Tiene en realidad de todo: medias voces, espinosa coloratura, agudos (es cierto que casi siempre añadidos por la tradición). De todas las maneras, estoy muy contento de haber hecho el *Barbero*, porque creo que junto con *Sonámbula* fue una ópera que me enseñó a cantar. Además, debuté el personaje en la Arena Flegrea de Nápoles al lado de Renata Scotto, que hacía una Rossina impagable y que fue compañera mía en multitud de ocasiones. Me acuerdo precisamente que la crítica dijo: finalmente un tenor de *Barbero* que nos hace recordar a los grandes del pasado. Es lo que decíamos antes: de repente se puso de moda que los tenores ligeros debían tener poquísima voz. Voces blancas, falsetistas, que tenían que recortar los agudos, cuando en realidad no es así, no debía ser así. Se producía entonces una agradable sorpresa para el que oía porque parecía que descubría un personaje nuevo, una ópera nueva. Y esto me dio ánimos, después de haberlo cantado en Nápoles, para hacerlo en muchísimas ciudades italianas, incluso en el Festival rossiniano de Pesaro. Tengo que decir que me costó mucho trabajo, porque antes de debutar el papel estudié tres meses seguidos, sólo desde un punto de vista musical, todos, todos los días. Es la única manera de ir venciendo todas las dificultades, como la de cantar una romanza a media voz en pleno movimiento. Aunque estaba técnicamente bien preparado, no dominaba este tema, porque no lo había puesto en práctica. Una cosa es vocalizar y estudiar con el maestro y hacer un *piano* y un *diminuendo* en la sala de estudio y otra cosa es en la ópera, moviéndote, en el contexto de la romanza, de unas romanzas. O sea que a mí me costó mucho trabajo, fue uno de los empeños que requirieron más concentración por mi parte de todo el repertorio operístico.

»Ese *Barbero* de Florencia de 1968, en el que cantaba Marilyn Horne, me trae recuerdos singulares. La vocalidad de la mezzo americana era impresionante. No cabe duda de que era un instrumento importante. Me pareció, sin embargo, que esa manera americana de cantar, de añadir una serie de notas y florituras, dificultaban el canto puro; por supuesto, demostraban una técnica infalible y un extraordinario grado de preparación, pero alteraban la melodía inicial, la que el autor había pretendido. De todas formas me acuerdo de que hubo un poco de lucha también entre el maestro Sanzogno, que pretendía que el canto de Rossina se desarrollara a la manera tradicional y el deseo de la nueva Rossina de querer lucir su instrumento y sus cualidades; y sobre todo su técnica."

Muy probablemente, en esas representaciones del Comunale de Florencia, la Horne decidió retomar un tipo de coloratura durante muchos años disfrazada por las ligeras, que habían sustituido a las primitivas contraltos rossinianas, como la Giorgi-Righetti. Conociendo el estilo de la mezzo norteamericana, es fácil suponer por dónde debieron de ir sus tiros, quizá algo más allá en el ornamento de lo que habían ido sus antecesoras en la cuerda.

Quizá convenga en este punto realizar unas precisiones de signo histórico. El personaje de Almaviva fue escrito para el tenor español Manuel García, que era, como se sabe, un tenor oscuro, un *baritenore*, como lo eran otros cantantes de la época llamados Andrea Nozzari o Giacomo David, dotados, pese a ese tinte baritonal, para la coloratura más compleja y endiablada, que Rossini se preocupó de emplear con largueza, sabedor de esas cualidades. Si en vez de ser García el primer Almaviva hubiera sido, por ejemplo, un tenor tipo Domenico Donzelli, también oscuro pero poco hábil para las agilidades, la línea vocal habría estado de seguro menos adornada. Esta es la causa, hablando de Donzelli, de que el protagonista masculino de la *Norma* de Bellini tenga un canto generalmente *spianato*, con escasas florituras: era precisamente este cantante el disponible para la creación. Si Bellini hubiera contado con Rubini, es muy posible que el procónsul romano hubiera tenido una escritura más aguda y más profusa en ornamentos; como la de Elvino de *Sonámbula* o, incluso, Arturo de *Puritanos*.

Como decimos, García era ducho en sortear cualquier obstáculo de la escritura; como en vencer sin problemas las notas graves que abundan en una tesitura que no se eleva hacia el sobreagudo y que es más bien central, y no hay más que repasar la partitura original, revisada con acierto por Alberto Zedda, en la que esas excursiones hacia lo alto son escasas. Puesto que los *baritenori* desaparecieron de la faz de la tierra hace siglos, la parte fue pasando paulatinamente a las voces más ligeras, que podían desarrollar con pocas dificultades los pasajes más ornados y rápidos; lo que determinó ciertos cambios de octava cuando las notas eran demasiado bajas y algunos saltos a la franja más alta, frecuentemente en falsete, pero un falsete que venía dado por el tipo de emisión, exangüe y blanquecino, de esas voces de poco peso, ligeras y linfáticas; no por la elección de un modo de decir y de exponer, eminentemente belcantista, en el que el uso de esa emisión afalsetada está previsto como un elemento más del estilo; como un adorno expresivo perfectamente lícito. La consecuencia fue que el carácter de la escritura y por tanto del personaje se desvirtuó en gran medida. Como sucedió, por razones similares, con el personaje de Rossina. La ventaja de Kraus, que recibía la herencia de un personaje y de una escritura viciados, fue que, sin perder esa línea dotó al canto de una carne y de una densidad desconocida entre los tenores ligeros al uso. Lo que concedía a la noble figura un empaque y una solidez extraordinarios. Lástima que el tenor canario no incluyera en su parte el aria *Cessa di più resistere*, cantada por García en las primeras representaciones y excluida más tarde para regocijo de los posteriores Almavivas. Kraus, que no era el típico tenor de agilidad, hubiera dado sin duda un excelente prestación. La página fue recuperada más tarde por cantantes como Rockwell Blake, William Matteuzzi o, últimamente, Juan Diego Flórez.

ELVINO

Un personaje que Kraus cantó al principio de su carrera y al que dio una altura extraordinaria, concediendo al simple pueblerino –primo-hermano de Nemorino– una consistencia impensada y arrostrando, sin pestañear, todas sus espinosas dificultades, a las que añadía, de su cosecha, lustrosos sobreagudos. Con él debutó en La Scala, el 26 de febrero de 1960.

" Era la primera vez que me enfrentaba con esta parte. Me chocó que La Scala me lo ofreciera, pues siempre pensé que era un teatro no para iniciar una carrera, sino para cuando estás en la cúspide. Pero, por lo visto, no era así, y luego tampoco ha sido así, ya que hacen sus primeras armas muchísimos jóvenes que debutan. Hacía poco que me había presentado en El Cairo, 4 años, y además *Sonámbula* no la había cantado nunca. La probé, vi que más o menos podía con ella y acepté, pero estuve un mes yendo a ensayar a diario con un maestro repasador muy bueno que se llamaba Tonini, que me enseñaba la obra, me cuidaba un poco el estilo y me orientaba en lo que tenía que hacer. Y debuté con una gran compañía, era la producción que había hecho Visconti para la Callas, que en ese tiempo ya no cantaba esa obra. Aquel montaje lo había dirigido Bernstein, pero luego lo hicieron otros. A mí me dirigió Antonino Votto, que era uno de los grandes directores de ópera, con tradición toscaniniana. Y me encontré a gusto. Hay que reconocer que la obra es difícil y el personaje muy tonto. Un tontorrón, sí, como los de otras óperas de Bellini, en las que los argumentos no tienen la menor importancia. Pero en los que la *vocalità* es esencial. Es lo difícil y lo bonito, porque la música es preciosa; musicalmente es una maravilla y lo que canta el tenor es otra maravilla; no tiene buenas romanzas, pero tiene una tesitura muy aguda, que antes se resolvía frecuentemente a base de falsetes. Se ha dado casi siempre en la historia que los tenores ligeros suelen ser cortos. Extrañamente, tienen pocos agudos y para paliar su falta cantaban usualmante en falsete. La tradición que había era la de los falsetistas, como Rubini. En cambio, yo la cantaba con la voz que tenía y, naturalmente, jugando con colores para establecer los debidos contrastes. A partir de ese debut, el binomio Renata Scotto-Alfredo Kraus se puso de moda, y la verdad es que *La sonámbula* la cantamos en toda Italia. Que yo me acuerde, además de en La Scala, en Como, Génova, Florencia, Roma, Catania, Venecia... ¡yo qué sé! La llevamos por todas partes, muchas de ellas las dirigió el maestro Gavazzeni. Afortunadamente, hay una grabación pirata, pero no es con él, sino con Santi, que no era tan bueno. Pero es una buena edición y por lo menos ha quedado el documento, porque creo que el éxito que tuvo *Sonámbula* en todo aquel periodo no se va a volver a repetir, será difícil, porque Renata Scotto ha sido la más grande *Sonámbula* que ha habido y será difícil que vuelva a aparecer otra. De todas formas, no es una obra complicada, los personajes son sencillos, están basados todos en la pura vocalidad; eso sí, son de enorme dificultad técnica, tanto para el tenor como para la soprano.”

Quizá convenga decir, para terminar con Elvino, que, con su interpretación, Kraus puso una vez más, y aquí de forma meridianamente clara, de manifiesto que fue, efectivamente, un tenor revolucionario, ya que, partiendo del empleo de las reglas más acrisoladas del belcanto clásico, que respetó como nadie, en cuanto a reguladores, línea, ataques, agilidades, cálidas cantilenas, las ahormó a su estilo de cantante moderno del siglo XX y las potenció con una penetración y unas calidades expresivas que iban mucho más allá del toque meramente elegíaco y, en ocasiones, algo blandengue, de otros cantantes inmediatamente anteriores, también meritorios pero sin los medios del canario. Léase Borgioli, Valletti, Misciano, Monti y un largo etcétera, voces generalmente cortas o alicortas. Los impecables y demoledores, brillantísimos agudos de don Alfredo estaban sin duda muy lejos de aquellas sonoridades angelicales emitidas por Rubini, primer Elvino, a media voz, falsete o voz mixta; eran en cierto sentido menos auténticas desde un punto de vista histórico, estrictamente belcantista. Pero nos pasaban ráfagas de un aire plenamente renovado y renovador. Como en relación con otras óperas en las que Kraus fue maestro, también en este caso aconsejamos al lector que estudie el capítulo 13 de este libro y escuche el fragmento de *Sonámbula* contenido en el CD.

ARTURO

Muy distinto es este personaje de *Los puritanos*, debido a la misma mano belliniana. Evidentemente, posee más chicha, más sustancia. Tiene, además de bastantes notas estratosféricas, incluyendo un re natural y un fa 4 escrito, una apreciable encarnadura dramática. Kraus lo abordó por primera vez el 24 de marzo de 1961, casi un año después de que encarara al tontaina enamorado de Amina. Como siempre, las apreciaciones del tenor acerca de su naturaleza y de sus dificultades son del máximo interés y adoptan un inteligente tono didáctico.

"Es un personaje romántico y, desde luego, aún en mayor medida, dramático, como una especie de Edgardo de *Lucia*. Lo he cantado muchas veces durante un tiempo. Me acuerdo de una representación en Marsella, en 1974, con Christiane Eda-Pierre, natural de La Martinica, que cantaba muy bien, muy bien. Creo que hice con ella también Hoffmann, donde cantaba Antonia, me parece. Tenía una voz muy bonita, y decía con mucho gusto, con hermosa línea de canto. Para mí fue una sorpresa en esos *Puritanos*, que tuvieron un éxito impresionante. Nunca he visto en esta ópera a un público manifestarse tan calurosamente. Porque es una ópera muy difícil; y muy bella, pero, curiosamente, parece que ha alcanzado la popularidad de otras óperas en las que hay unas romanzas que todo el mundo conoce. Es una obra quizás para verdaderos entendidos, por eso me sorprendió enormemente que el público de Marsella captara sus bellezas tan claramente. El teatro parecía enloquecer, la gente aplaudía de una manera increíble, a ritmo, ese aplauso a ritmo, *ta-ta-ta*, cada vez más deprisa. Fue una noche verdaderamente muy emocionante.

»El tenor ha de acometer un canto complicado, a la vez elegíaco y dramático. Es un Bellini muy difícil, el peor de todos según mi modesto parecer. El personaje en sí no tiene especiales problemas, pero la esencia de su carácter está expresada a través de la música y el canto, de la frase y el sentido musical. Es muy romántico, muy parecido también al Fernando de *La favorita*, menos dramático pero tiene esa interioridad del personaje que se siente abandonado, que ha perdido su amor y que lo reconquista, con un momento de alegría final al haberla recuperado. Acaba bien. Pero antes la soprano tiene una de las arias de la locura más hermosas de toda la historia de la ópera."

Kraus grabó comercialmente *Puritanos* en 1979 para EMI con Montserrat Caballé y Muti en una versión que se quiso original, de acuerdo con la partitura autógrafa, que privaba a la soprano de las agilidades que habitualmente aborda, aunque la línea del tenor quedaba prácticamente igual. La parte, al menos desde el punto de vista del canto moderno, por muy fiel que se pueda ser a ciertos presupuestos técnicos y expresivos de la época dorada, exige una voz de cuerpo apreciable.

"Sin duda, un tenor de más cuerpo y al mismo tiempo más agudo. Es la diferencia que mantiene con Elvino de *Sonámbula*, en la que la parte del tenor está escrita en una tesitura muy aguda, pero más igual; en *Puritanos* hay más altibajos, zonas en las que la voz está en tesitura más central y, a la vez, otras en las que ha de irse a alturas estratosféricas. Y hay que irse arriba gallardamente, no valen subterfugios. Ha sido otra de las óperas que más he interpretado, junto, en el campo belliniano, con la citada *Sonámbula*, por ese orden. *Puritanos* es toda una experiencia, porque es una obra que acaba con los nervios de cualquiera, dada su dificultad y considerando que está bastante mal escrita para la voz… Sí, porque en aquella época se cantaba de otra manera, aparte de que el diapasón estaba bastante más bajo, los tenores que la cantaban eran falsetistas, en cambio ahora se canta en la tesitura que está escrita pero con el diapasón más alto y con voz natural; es muchísimo más difícil. La canté mucho, al menos durante unos 20 años, lo que es una barbaridad, un récord. Cantar *Puritanos* tanto tiempo en la época moderna no es ninguna tontería. Lo habitual es dedicarle dos o tres años. Pero yo tenía una voz que se prestaba bastante bien a ese repertorio. Cierto es que no era la que pedían muchos, acostumbrados a tenores de timbre más oscuro, de instrumento más ancho, tipo Filippeschi. Sucede que él no cantaba todo a tono, y así es más fácil, claro. El tenor de *Puritanos* ha de ser un tenor claro. Los que cantaban la obra con voz gorda estaban totalmente fuera del estilo.

»Hemos visto y oído también a otros tenores menos opulentos que no están tampoco cómodos, como Gianni Raimondi, en una representación de la RAI, que no tiene la adecuada línea de canto para eso. Ese es el problema de *Puritanos*, que si tienes la voz dramática, con el dramatismo que pide Bellini, no tienes línea de canto, y si tienes línea de canto no tienes voz dramática; en todo caso, precisamente no hace falta una voz dramática para cantar Arturo. Incluso algunos, consideran que tampoco la necesita Pollione de *Norma*, lo que ya es demasiado. Muti es de éstos: me pidió que cantase ese papel. Él por tanto tenía un concepto de tenor belliniano que no tiene por qué ser dramático. Pero realmente el tenor de *Norma* es muy central, no tiene agilidades; por eso siempre le discutí a Muti esa idea. Está claro que él busca en Bellini la línea, la clase, el estilo y no precisamente la voz. Pero no cabe duda de que la gente estaba acostumbrada a oírlo por voces tipo Filippeschi y no tenían en cuenta en ese momento que para cantar Bellini hace falta otro estilo de canto, aunque Pollione sea otra historia, por mucho que se empeñara Muti. En todo caso, en la era moderna, el tipo de voz que yo tengo y mi manera de cantar son ideales precisamente para *Puritanos*, y la prueba es que aguanté cantándolo 20 años.

No cabe duda de que Kraus tenía la voz adecuada para esa música, y lo curioso es que, aun manteniendo muchas constantes belcantistas, no aplicaba otras muy tradicionales, como el falsete. En él, ya lo sabemos, la proyección de la voz se realizaba de acuerdo con los cánones establecidos a partir de los años treinta del siglo XIX. Tampoco en esta ópera recurría a ese efecto, que, evidentemente, puede llegar a ser muy bello bien empleado. Como de seguro practicaba Rubini. Nuestro tenor tenía muy claro este aspecto.

Todo lo que en aquella época gustaba mucho, en la presente no tiene por qué causar la misma sensación. Por bonitos que fueran los sonidos no creo que eso llegara a gustar. No es real. No es la manera real de interpretar una partitura y no creo que hoy se pueda cantar de esa manera. Hoy se pide que los agudos y sobreagudos se den a plena voz, con todas las consecuencias. Nunca tuve problemas, aunque, como es lógico, unos días estaba mejor que otros; a veces el re era más largo, otras, un poco más corto; por precaución muchas veces.

EDGARDO

Otro personaje romántico donde los haya, de una delicadeza poética que Kraus captaba soberbiamente y sobre el que tenía ideas muy lógicas y consecuentes. Lo abordó muy al principio de su carrera. Según las cuentas de Eduardo Lucas y Antonio Fuentes, el tenor debutó *Lucia de Lammermoor* de Donizetti en el Teatro del Liceo el 16 de diciembre de 1958.

"A Edgardo, aunque parezca inverosímil, lo veo cercano a Werther. Relación que tiende más al romanticismo, porque, por ejemplo, Arturo no es un romántico del todo definido; es un personaje que vive en una obra que no tiene un argumento sólido y que no está bien desarrollado psicológicamente. Arturo es un poco tontorrón, se lo podría haber delineado con un poco más de fuerza. En realidad, huye por salvar a la reina Enrichetta, se va al exilio y vuelve. Se podría haber hecho de otra manera, hay argumento para eso, porque deja a su amor, a su novia, con la que estaba comprometido; ella enloquece y volvemos a la famosa locura de la soprano, se va al exilio, lo persiguen, se esconde en el bosque. A todo esto escucha la voz de ella... Se podría haber creado algo verdaderamente romántico, y el libretista no lo supo hacer. En *Lucia*, con Edgardo, sí tenemos, en cambio, un verdadero personaje, un personaje que es un precursor del romanticismo tipo Werther, con suicidio. Ahí ya Donizetti desarrolla más románticamente un personaje, que no deja tampoco de entrañar su dramatismo; y sin perder el norte de la vocalidad. Como no lo perdió tampoco Massenet con Werther en donde también existe una especie de belcantismo, no cabe la menor duda.

»En Edgardo me he encontrado siempre extrañamente cómodo. Cuando monté la obra, el repasador me dijo que el último acto se hacía medio tono bajo. Le contesté: "Vamos a probarlo a tono". Y me alegro muchísimo de haber tomado esta decisión, porque la obra, en el tono en que se suele cantar, pierde ese carácter romántico que le otorga esa voz más alta, que adquiere esa calidad por el simple hecho de ser más clara, y se convierte en un dramático casi heroico, en vez de mantenerse en la dimensión de un dramático-romántico, como debe ser. Una vez, en San Sebastián, después de haber cantado *Lucia* en el Mayo Florentino y en otras ciudades en el tono original, naturalmente, me sucedió una cosa muy curiosa. Volvía del extranjero y me fui a la función, no hacía falta ensayar porque la habíamos hecho anteriormente, con la misma escena y los mismos cantantes; pero habían cambiado al maestro. Llega el último acto y empiezo a cantar y me pregunto: "¿Qué me pasa?". Me encontraba fatal, ahogado, me costaba trabajo y no podía con el fiato y, con la lentitud con que suelo llevar la escena, aquello me cansaba cada vez más. Y entonces caí en la cuenta de que no me lo habían subido de tono, que estaba medio tono grave porque, desgraciadamente, en las partituras viene de este modo de acuerdo con la tradición. El maestro la tocaba como siempre y como él la dirigía habitualmente. Me dijo que nunca la había hecho en el tono original. Lo pasé fatal.

Probablemente, Kraus se refería a la *Lucia* que cantó en el Victoria Eugenia de San Sebastián en agosto de 1970. Pero no es seguro. Una cuestión interesante es la razón del tempo tan lento con el que Kraus cantaba esta parte final de *Lucia*.

Creo que es la manera belcantista y romántica de cantar, no puedes ponerte a correr. Decía el maestro Gavazzeni que los jóvenes directores han perdido el sentido del lento en la ópera; ya no hay tiempos lentos, todo el mundo corre, y en las óperas belcantistas hay momentos en los que la voz necesita ese tiempo para poder desarrollar las ideas, hacer un calderón, un *crescendo*, un *diminuendo*, es necesario tiempo material para hacerlo. No se puede correr y después utilizar el tiempo que no se ha utilizado para hacer ese *diminuendo*. Porque entonces hay una desproporción, no hay un equilibrio de ritmos, un equilibrio de tiempos y si yo quiero colorear necesito tiempo, en este caso cronológico, para poderlo hacer. Por eso en todas las óperas belcantistas, sobre todo en sus romanzas, hay que dar tiempo al tiempo.

FERNANDO

La favorita es una de las óperas que Kraus cantó más en su época de madurez. Una obra que consagró al tenor en teatros como el Colón de Buenos Aires. El artista tenía muchas cosas que explicar sobre este personaje, que debutó en el San Carlos de Lisboa el 23 de marzo de 1962 y en la que fue un especialista, sin duda un digno heredero de Gayarre, para el que también tenía este título un significado particular. Una ópera conectada con otros tenores españoles y que, como se recordará, abrió el Teatro Real de Madrid en 1850.

"Llegué a pensar hace tiempo que no cantaría más esta ópera, que requiere un reparto muy particular, difícil de encontrar. En estos últimos años ha dado la triste casualidad de que no abunda el tipo de intérprete que sirva la vocalidad y sobre todo el estilo de canto que hace falta para una obra basada sobre todo en los cantantes. Yo le tengo mucho cariño a *La favorita* porque ha sido, probablemente, del repertorio italiano, la ópera que más satisfacciones me ha proporcionado, y Fernando es el tipo de personaje dentro de esa parcela que más me ha gustado, porque ya se acerca mucho al personaje dramático romántico que es mi preferido y sobre el que me he basado para acercarme al repertorio francés. He estado unos años sin cantarlo, a la espera de que los teatros que me la proponían pudieran reunir el equipo vocal idóneo, con todos los papeles en regla. Es ese tipo de ópera que si no cuenta con las voces adecuadas, es mejor no hacer. No puedes decir después de una representación que lo único que estuvo bien fue el tenor. No, en *La favorita* tiene que estar todo el mundo bien. Se me presentó una oportunidad en Viena con Agnes Baltsa, que no había cantado nunca la ópera. Surgió esta ocasión y yo encantado, porque la Baltsa es una cantante que me interesa, que creo que puede cantar perfectamente bien este tipo de obra, como se ha demostrado. Afortunadamente se ha podido hacer contemporáneamente la grabación. Se organizó el concierto precisamente para poder grabar más fácilmente. Me he encontrado con la sorpresa, mía personal, y de muchísima gente que me ha oído *Favorita* desde hace mucho años, que les gusta más la interpretación que hago ahora del personaje, y la manera de cantarlo. También creo que varios años sin cantar Fernando han hecho que yo haya madurado más, cosa lógica después de todo. Maduras en cuanto pasa el tiempo, pero no deja de ser sorprendente que esa maduración se haya producido justamente cuando he estado una larga temporada sin acercarme al novicio. En fin, espero que dentro de poco se pueda oír el disco y se esté de acuerdo con mi parecer y, ya digo, con el de otras personas que estaban durante los conciertos y que además me han oído antes este personaje en el Carnegie Hall y en Buenos Aires."

Esta grabación, al parecer, nunca se comercializó por EMI, ignoramos las causas. A Kraus le gustaba y no lo entendía. Recogía, en efecto, unos conciertos de febrero de 1989 en el Konzerthaus de Viena. Además de Baltsa estaban Paolo Gavanelli, László Polgár y Sona Ghazarian. Dirigía a los conjuntos de la Radio Austriaca Giuseppe Patané. De todas formas, el tenor siempre había conservado unos imborrables recuerdos de la mencionada y antigua representación de Buenos Aires de 1967.

"Fue la primera vez que canté en la ciudad, una gran ciudad, con un público maravilloso, que podía disfrutar del que quizás sea el teatro más bello del mundo, que alberga una afición a la ópera insólita. La gente es increíblemente apasionada. Se hicieron colas nocturnas interminables en uno de los inviernos más crudos que se recordaban en Buenos Aires; la gente dormía en la calle para poder sacar las entradas. Impresionante. Además en un teatro que tiene más de cuatro mil localidades; o sea que no era ninguna tontería. Tengo ese recuerdo maravilloso. Y creo que lo que se ofreció entonces al público de Buenos Aires era lo máximo que se podía ofrecer entonces en esta ópera. Cossotto, Vinco y Bruscantini completaban el reparto. No creo que ese recuerdo de *Favorita* se haya olvidado en la ciudad. Lo cierto es que en la última función, no sé cuál es la que está grabada, supongo que no es la última, se registraron diez minutos de aplausos después del *Spirto gentil*, lo cual es una barbaridad, muchísimo."

Como se comentó más arriba, el tenor no hizo el bis, ya que tal cosa estaba prohibida en el Colón. Aclaremos que la representación, de 25 de junio de 1967, fue llevada al disco por distintos sellos piratas, el primero G.O.P., Great Opera Performances.

"El personaje de Fernando tiene, dentro de sus características románticas, su sustancia dramática. Antiguamente este tipo de ópera, que contaba por lo general con un libreto muy pueril, daba pretexto para cantar, y el público se conformaba con que la mezzosoprano se pusiera en medio, cantara su romanza, luego saliera el tenor y cantara la suya y no buscara posibles matices, que los hay, y que posee cada personaje. Pero yo le sacaba siempre algo a este personaje romántico, enamorado, que de repente descubre que su novia es la favorita del rey Alfonso XI de Castilla. Tiene el valor de echárselo en cara al monarca y tirarle a la cara la espada, la orden y el premio que había recibido por haberlo defendido en sus batallas contra los moros, lo que animó al rey a nombrarlo Conde de Zamora y Marqués de Monreal. En la corte, delante de todo el mundo, en un concertante dramático, bastante dramático, Fernando denuncia este estado de cosas y rompe con su protector y con todo el mundo; y se marcha. Entonces es cuando decide retomar los hábitos y regresar con su padre, que no es otro que el Superior del Monasterio de Santiago de Compostela; otro de los misterios e incógnitas de esta ópera, que su padre sea precisamente el jefe de los monjes, por decirlo así; pero era su padre y a la vez padre de la hermana de Fernando, fallecida tiempo atrás y esposa del rey. En fin, todo un folletín bien inventado o mal inventado para hacer música. La acción se desarrolla en Sevilla y en una isla, la Isla de León, aunque el rey, curiosamente, sea Alfonso de Castilla. Pero él nos cuenta que viene a Sevilla precisamente a celebrar el triunfo que había obtenido sobre los moros con la ayuda de Fernando. Y canta en su primera intervención a los jardines del Alcázar, a donde ha ido para encontrarse con ese muchacho que le ha defendido de los moros."

Al hablar del argumento, Kraus se refiere evidentemente al de la versión italiana, que altera no poco el original francés.

La Isla de León es conocida hoy, desde 1813, como Isla de San Fernando y pertenece a Cádiz. Pasamos ahora al interesante análisis vocal y dramático que Kraus hace de este personaje donizettiano.

"Es para una voz que sepa hacer bel canto y, sobre todo, que posea esa tesitura, que es realmente criminal. Con muchos y variados agudos, entre ellos un par de do sostenidos. Aunque más que ellos, es la escritura que solicita esa manera de cantar, en una zona muy incómoda, en eso que se suele llamar el pasaje, del mi para arriba, mi-fa-sol. Todo ello exige fiato y una técnica muy trabajada; ahí es donde hay que tener esa técnica, para poder manejar la voz como si fuera un acordeón, apianar, disminuir, darle apoyo, ensancharla, volverla a disminuir. *Spirto gentil* es un juego de sombras de arriba abajo. Para eso, claro, hace falta canto *legato*, para, por ejemplo, enunciar seguidas, fundidas, sin tomar aire, las conocidas frases del comienzo y la repetición: *Spirto gentil, ne' sogni miei brillasti un dì...* Hay que hacerlas de un solo fiato. Y desde luego Fernando es vocalmente un personaje para un tenor lírico, con cierta anchura para el momento dramático, el de la invectiva. Incluso si se es un poco dramático y se sabe delinear con propiedad, mejor. Claro que en este caso las puedes pasar canutas en la cavatina de salida, *Una vergine*, y, por supuesto, en *Spirto gentil*. Y luego el do de despedida; un do que en una ocasión yo convertí, mediante una *appuntatura*, en un do sostenido. Fue en otra famosa interpretación, en este caso concertante, de grato recuerdo, en el Carnegie Hall, con Shirley Verrett, quien, siguiendo una costumbre americana, enriqueció sus frases con una florida coloratura, con agilidades y agudos inexistentes, no escritos. Al final me cansé un poco de esto, y por eso cuando llegó el final, el do de *Speeenta*, añadí el do sostenido. Está grabado. Fue una cosa que se me ocurrió en aquel momento, una libertad más; pero en una tarde donde había habido tantas, una más no importaba y contribuía al brillo de la función."

Una función celebrada, en efecto, el 26 de febrero de 1975 en el Carnegie Hall de Nueva York.

"Fernando es un personaje que ya empieza a tener un cierto peso y que vocalmente es, ya lo he dicho, uno de los más difíciles. Cuando me surgió la posibilidad de hacer esta obra estaba yo en la duda de si me iba a ir o no, si podría congeniar con el personaje o no. Como en otros casos, decidí hacerlo, porque lo vi bastante claro tras comprobar su vocalidad. Realmente, la única manera de saberlo es medirse de una manera natural, en pleno espectáculo, y acepté cantarlo en Lisboa en 1962. Preferí cantarlo en un teatro fuera de Italia, un teatro pequeño, una orquesta pequeña... Tenía ahí la posibilidad de medirme, de ver si el personaje me iba bien; y, efectivamente, quedé contento. A partir de ahí ha sido una de las óperas que más he cantado y que he llevado por todo el mundo. Con ella se produjeron esos extraños casos de binomios o trinomios perfectos. Durante varios años constituimos un trío: Cossotto, Bruscantini y yo. Paseamos la obra de acá para allá. El personaje es consistente, un precursor romántico, en la línea esbozada ya por Edgardo, del propio Donizetti. En *Favorita* hay un poco de todo. La primera romanza, *Una vergine*, es de una dificultad extraordinaria: nada más salir, con la voz completamente fría, tienes que cantar esa "romancita" –"romancita" porque es corta– y has de hacer bellas medias voces, *diminuendi*, un do sostenido, que se mantiene muy poco tiempo en la partitura. En *Spirto gentil* el do está, pero no el si natural; y tienes cadencias, distintas cadencias ahormadas por la tradición. Yo siempre he usado la que al parecer hacía Gayarre. Y luego hay dos dúos importantes, el primero después de esta cavatina y el segundo al final de todo, con el cierre de la muerte de Leonora. Dos dúos importantes, dramáticos. Por otro lado, el tercer acto es muy fuerte, con la invectiva contra el rey a la que antes me refería. Fernando es, pues, ya un personaje que se rebela, que tiene mucho carácter y entereza, con una parte casi heroica. Esto es lo que lo define. No es muy complejo, pero psicológicamente empieza a tener un cierto peso."

RODOLFO

Páginas atrás en el capítulo 7, hablábamos de la manera que Kraus tenía de acercarse a sus distintos personajes y contábamos –contaba– cuál fue la razón que lo llevó a enfrentarse con uno que él sabía no era estrictamente para su voz, el del poeta protagonista de *La bohème*. Ahora nos explica las características vocales y dramáticas de la parte y comenta las circunstancias de la grabación posterior, realizada en Londres en 1980.

"Después de cantarlo en Lisboa, no es que estuviera interesado en hacer un disco comercial; pero me lo propusieron años después y me pareció interesante sobre todo para poderlo llevar a mi estilo, de la manera que yo creo que se debe cantar esta partitura para el tenor, aparte de que tenía el aliciente de contar otra vez con Renata Scotto como *partner*, con todo lo que ella podía aportar. El resultado final la verdad es que no es muy de mi agrado; no me gusta el balance auditivo, no creo que se lograra bien, hay momentos en que la orquesta está demasiado presente, es excesiva, y la voz muy atrás. El director, James Levine, dio mucha anchura y cuerpo al foso, pero luego hay fallos técnicos y al final, en cambio, las voces se oyen demasiado. Tendría que haberse hecho con una sonoridad o con otra, no mezclándolo todo. Se ve que hay un cierto momento en que se dieron cuenta de que las voces estaban muy atrás y, de repente, las pusieron demasiado presentes; y me parece que al final están demasiado delante, fuertes. Pero aparte de esto me interesó mucho la forma en que se desarrolló la parte cantada, que creo salió distinta a como se canta esta ópera normalmente en todos los teatros. Y esto lo avala en cierto modo alguna crítica que salió en EE.UU. equiparando la grabación a la legendaria de Karajan. Se comentaba que, por fin, había una interpretación discográfica al mismo nivel.

»El secreto era el empleo de un discreto belcantismo. Se trataba de quitarle a la parte ese verismo innecesario que se suele aplicar indiscriminadamente en el transcurso de toda la ópera. Al final, cuando el tenor, desesperado por la muerte de ella, clama y dice ¡*Mimì!* y todo lo demás, se justifica, pero en todas las frases románticas que hay en el primer acto, pues no. En el mismo acto tercero, hay mucho dramatismo, pero también hay belcantismo. La cuestión era: ¿por qué no usar el belcantismo en toda la obra? Una obra que está cuajada de melos; las melodías de *La bohème* son continuas y maravillosas. Y eso pide muchas veces utilizar la voz para hacer claroscuros, para dar colorido y hacer rubatos y una serie de efectos de lo más interesantes. Todo eso es verdad, pero, exceptuando aquella ocasión de Lisboa, nunca me animé a hacerla en teatro. No, porque ya hay una dificultad física material, que es la magnitud de la orquesta, sea en cantidad de instrumentos, sea en volumen. Otra cosa habría sido encontrar un maestro dispuesto a sacrificar esa consistencia sinfónica en beneficio del cantante, que de este modo podría oírse con claridad y para evitar que estuviera chillando toda la noche. Entonces sí habría valido la pena; pero eso no me lo ha podido garantizar nadie."

Sí, decimos nosotros, fue una lástima que eso no se llegara a dar. Habría sido una manera de que, por una vez en las tres últimas décadas, el tenor de Rodolfo pudiera cantar a tono, con el do 4 en todo lo alto, el *racconto* del primer acto. Y decir con sutileza las frases envolventes del tercero.

CAPÍTULO 9
Galería de personajes. Los hitos franceses

El acercamiento de Kraus a las criaturas de Massenet data prácticamente de su primer año de carrera, 1956, en el que debutó Des Grieux. Pasarían diez años antes de que abordara el siguiente personaje, precisamente Werther, al que había echado el ojo muy poco antes. Para seguir la lógica fluidez de este texto, enlazaremos a continuación con los demás personajes románticos de este repertorio, cantados en la misma lengua. Agrupamos Werther y Romeo, fue el tenor alabado con muchos años de diferencia, porque, en cierto modo, provienen de similar veta romántica. Los otros tres se ubican de acuerdo con el orden cronológico en el que el cantante los debutó.

WERTHER

El 8 de enero de 1966 Kraus abordó por primera vez al suicida. La efeméride tuvo lugar en el Teatro Municipale de Piacenza. A su lado cantaban Anna Maria Rota (de la que el tenor guardaba, como se comprobará enseguida, un buen recuerdo), Gabriella Mazza y Franco Bordoni. Dirigía Francesco Cristofori. Es copiosa la información que el cantante nos proporcionó sobre esta figura massenetiana.

"La canté durante algunos años en italiano. Creo que mi primera Charlotte fue Anna Maria Rota, una gran cantante, una gran intérprete, una mujer con mucho talento y mucho sentimiento, una mujer muy emotiva, perfectamente de acuerdo con las normas de canto italiano y que hoy en día quizá fuera discutida de acuerdo con lo que los franceses creen que debe ser el personaje. Había actuado con ella en un *Fausto* madrileño de 1964, donde hacía la parte de Siebel. En aquella representación de Piacenza me di cuenta enseguida de que Werther era un gran personaje. Me encontré desde el principio muy cómodo en él, a gusto, a sabiendas de que había mucho por construir, pero donde hay tanto, a poco que se haga, siempre se nota, siempre se manifiesta y existe así la posibilidad de llegar hasta el público de manera muy directa; y la verdad es que eso se consiguió, nadie salió defraudado, incluso creo que es la única vez en mi vida que he tenido que bisar la romanza. Si, y además está en la grabación pirata que existe, ahí está el bis. Recuerdo todo eso porque yo había vivido los años previos pensando en el *Werther*. Ya en mi época de estudio en Barcelona, hablo del año 49, Conchita Velázquez, mezzosoprano española, oyéndome cantar, y antes de que yo tuviera la mínima idea de que existía *Werther*, me vaticinó que esa sería mi gran ópera. Cuando me lo dijo me quedé un poco intrigado, pensando en qué sería aquello del *Werther*. Y, claro, desde que empecé a cantar, supe de qué se trataba. Me acuerdo de habérselo escuchado a Tagliavini, que lo cantaba muy bien y que hacía una gran creación. No había pensado yo meterme con esta obra, me parecía muy compleja, vocal y escénicamente muy difícil. Tagliavini la hacía en italiano con su esposa, Pia Tassinari. Se la había enseñado un famosísimo actor de prosa italiano, que se llamaba... Taccone, un gran comediante. Yo empezaba mi ascenso y Tagliavini era ya un maestro, estaba en la cúspide, terminando incluso su carrera y a mí me parecía de enorme dificultad y pensé en hacerlo pero mucho más adelante. Ahí nació todo.

»Entonces penetró ya en mi subconsciente la idea de cantar el papel. También Mercedes Llopart me decía siempre que tendría que estudiarlo: "Ésta va a ser una ópera tuya". Así que cuando, por fin, se presentó la ocasión, me decidí. Sabía de la complejidad, de la dificultad del personaje, que había que estar muy maduro para hacerlo pero pensé que cuanto antes lo abordara, más tiempo tendría para madurarlo. Y surgió esta ocasión para hacerlo en italiano. En esa época todas las óperas francesas se hacían en italiano en Italia, cosa que ahora no sucede, afortunadamente. También, por esos años, canté *Fausto* y *Los pescadores de perlas* en italiano.

»Pasado el tiempo, en 1976 y en La Scala, debuté el papel en francés. Tenía como Charlotte a Obraztsova. Fue un gran momento de mi carrera porque llegar a La Scala con una obra en la que eres protagonista, y de ese calibre, y existiendo precedentes italianos como el de Tito Schipa, que para sus compatriotas era el Werther más grande de todos los tiempos, pues la verdad, la experiencia se presentaba un poco ardua, arriesgada incluso. Tuve la suerte de tener a Georges Prêtre como director de orquesta y de que a mi lado estuviera también la mezzo rusa, que entonces estaba en un gran momento. La puesta en escena era maravillosa, muy romántica, y se adhería perfectamente a las exigencias de la obra y de los personajes, a ese romanticismo que hay que mantener en el transcurso de la acción. Teniendo la ayuda de tantos buenos elementos y estando yo ya más ducho, después de haber profundizado más en el joven suicida, el gran éxito llegó. Se comentaba en el teatro que aquella era una de esas noches maravillosas de recuerdo perenne, como las famosas *serate* de la Callas, decían...

»La verdad es que yo, a los 48 o 49 años, me había hecho ya con todos los registros del personaje, los dramáticos y los musicales, por lo menos hasta el punto de poder construirlo sin que se notaran mermas y fallos, altibajos. Naturalmente, con el tiempo he ido todavía perfeccionándolo, puesto que nunca se termina de construir ninguno, siempre queda alguna cosita; no es que quede a medias, pero hace tiempo que lo tengo claro y en cada actuación hay una especie de reencuentro con él y por tanto, como dicen los italianos, se abre la posibilidad de redimensionarlo, de volverlo a medir, de volver a estudiarlo, de profundizar en sus mínimos detalles. Es un personaje que parece que se puede hacer bien desde distintos puntos de vista e incluso cantado por distintas voces, porque, si recuerdo bien, el primer intérprete fue un tenor llamado Ernst van Dyck, que era tirando a heroico, porque cantó también mucho Wagner; luego vino Schipa y lo hizo suyo, a su manera, y más tarde Georges Thill, voz más dramática. Finalmente, yo, con una voz lírico-ligera.

»En Roma, con motivo de un concierto con la RAI, aproveché para hacer un disco conmemorativo del centenario de Schipa. Y allí me preguntaban qué otros intérpretes famosos se habían acercado al personaje. Recuerdo a un polaco, Kiepura, y a un checoslovaco, que cantaba mucho por Italia en la época de Gigli y de Schipa. Y hay que citar de nuevo a Thill y, siempre, a Schipa. Y también insistían para que dijera qué diferencias veía yo entre ellos. Y respondía, lógicamente, que para mí Schipa hacía un Werther muy de ensueño, muy romántico, bucólico hasta un cierto punto. Quizá elegíaco más que bucólico. Y el personaje estaba siempre viajando a través de una nube, en un mundo maravilloso, porque no ha habido nadie como Schipa para decir y expresar ese estado de cosas, aunque a mí me parece que le faltaba un poco de esa tremenda realidad que también existe en el personaje, de ese enfrentarse con su propio destino, la parte material de enfrentarse con Carlota, de cómo sufrir en la tierra, cómo hacerla sufrir a ella, porque mi visión de Werther no se ajusta a la que habitualmente se propaga. Creo que era un tipo que no se conformaba con ser infeliz, sino que quería que lo fueran también los demás. Y a Schipa le faltaba precisamente esto para definir perfectamente el personaje. Thill era lo contrario, le faltaba ensoñación, sabor elegíaco, y en cambio tenía demasiada salud. Era una voz excesivamente sana, se podría decir, muy bonita, cantaba muy bien, y eso quizá impedía que saliera a relucir el interior de la mente de Werther, que era complicada, muy rebuscada y retorcida. Y me parece que yo, no porque lo haya buscado, sino porque mis características vocales son esas, estoy más dentro de lo que para mí es el personaje de verdad. En él se mezclan la fantasía ensoñadora y la cruda realidad de un ser humano imperfecto. Por muy poeta que fuera, se enamoró y no platónicamente como pudiera dar a entender el canto de Schipa; él pretendía llegar a hechos concretos y reales. Besa a Carlota en cuanto puede.

»Es decir, que pierde el respeto que debía a la dignidad de Carlota misma, al juramento que había hecho a su madre antes de morir y a la amistad que se debían Alberto, el marido de ella, y el propio Werther. Falló como ser humano que era, como hombre, en muchas cosas. Por otra parte, ese enfermizo sentido de la muerte que vivía dentro de él, aun en los momentos de felicidad, en los momentos más poéticos o románticos, que no se traducen en la voz soñadora de Schipa ni en la voz saludable de Thill, creo que estaban presentes en mi voz, que no es ni ha sido ni tan ensoñadora ni tan saludable, aunque con ella puede que sí se transmita algo de ese morbo interior que tenía Werther a la hora de manifestarse. En la alegría, en el dolor, en el llanto que lo consume que le hace no ser bueno para los demás, porque si no hubiera sido egoísta no habría sacrificado a Carlota; hubiera desaparecido de verdad y sufrido él solo; pero él no era capaz de sufrir solo, quiere que ella comparta su sufrimiento, haciéndola infeliz, desgraciada y casi obligándola a ser infiel."

Como se ve, Kraus criticaba en cierto modo las debilidades humanas del personaje. Sus deseos más primarios, tan comprensibles y a veces imposibles de dominar, eran vistos por él como algo especialmente negativo. No perdonaba en este sentido sus pulsiones más evidentes. Quería que Werther hubiera sido, no ya un suicida, sino, en mayor medida todavía, un reprimido; para salvaguardar el orden social.

"Al tiempo que hacía mis primeros Werther, cantaba, y también en italiano, *Fausto* de Gounod, un personaje que creo mantiene con el de Massenet alguna que otra concomitancia. Fausto es también un personaje romántico, claro, pero es histórico, un personaje de Goethe que hay que hacerlo tal y como es, no caben medias tintas, aunque tiene sus facetas. Toda la escena del jardín es muy belcantista. Pero aquí lo importante es la envergadura de la obra, que es una de las más completas a mi juicio de la lírica mundial; una obra que me entusiasma. Probablemente tendrá sus defectos, como todo, pero creo que en el contexto general es muy importante. Me sirvió más que ninguna otra obra para empezar a captar el espíritu de la música y canto franceses. Y luego todo esto quedó complementado con *Pescadores de perlas* y *Manon*. Naturalmente, tuve que perfeccionar mi francés; lo había estudiado desde niño, pero una cosa es hablar y otra es cantar el francés, que es muchísimo más difícil, sobre todo para un español o uno que canta en italiano. La verdad es que me costó, es un aprendizaje difícil. Poco a poco, haciendo hincapié, insistiendo, he llegado a cantar bastante bien en francés. Se dice que mi dicción es buena y que se me entiende todo, y eso es lo interesante, que se entienda lo que dices. *Manon* la hice también bastantes veces y me preparó el terreno para Werther, que junto con Romeo fue el personaje más romántico que he hecho.

»Me siento bien en la piel de estos personajes; tengo facilidad para este tipo de sentimientos; cuando vienen acompañados de una música tan expresiva, entras en ellos y vas muy arropado todo el tiempo. Las notas te van inspirando, te conviertes, te transformas, sientes y eso es porque dentro de ti, de una manera u otra, te identificas con el romanticismo. Y si te identificas es porque eres romántico. No tengo que hacer ningún esfuerzo para entrar en este tipo de personaje, tengo que hacer más esfuerzo, por ejemplo, para hacer *il Duca*, porque no me siento muy cercano a él. No me puedo meter en su piel, que es lo que me gusta. De hecho, en mayor o menor escala, lo haces siempre; afortunadamente, pienso yo. Creo que eso es bueno. Muchas veces hay que saber llegar a unos límites, tampoco te puedes pasar. Lo malo de encarnar a ciertos personajes es llegar de verdad a sentir ciertas cosas que pueden llegar a emocionarte; y si te emocionan ya no puedes controlarte, y por tanto no controlas el canto, y eso es contraproducente: hay que evitar llegar hasta ahí. En el canto tienes que tener la cabeza fría para seguir administrando el aire, hacer ataques adecuados, y la emoción, desgraciadamente, se puede transformar en una especie de congoja que se te agarra justamente a la garganta, y, claro, hay que evitarlo. La emoción en la interpretación del canto tiene que ser una emoción cerebral, valga el aparente contrasentido."

No era Kraus un cantante conflictivo y discutidor, aunque defendía siempre con convicción sus puntos de vista. Famosa es su polémica con Muti acerca de algunos aspectos musicales de *La traviata*, de lo que ya se ha hablado más arriba. Aunque él matizaba estas cuestiones.

"Fue más bien una conversación, pero no hubo enfado, ni mucho menos. He discutido más con algún director de escena; por ejemplo, Margarita Wallmann. Suelo tener ideas bastante claras, pero soy también muy adaptable. Lo que sucede es que cuando una persona es impertinente y se pone impertinente, sin explicar además lo que quiere, me enfada. A mí me interesa que me digan cómo quieren el personaje, que me lo expliquen y me lo digan, pero cuando una persona se pone en plan negativo sin haberte explicado cómo le gustaría que se desarrollara ese personaje, pues entonces... A tales alturas, el de Werther lo tengo superdominado y es difícil que alguien te pueda descubrir algo nuevo; y si alguien lo hace, me lo tiene que explicar bien. Admito sugerencias, porque se me pueden haber escapado detalles, pero no se puede crear un Werther completamente nuevo o venir con un Werther moderno que no tiene nada que ver con el personaje. Si esto ocurre, entonces digo, pues no, búsquese a otro tenor que lo haga, pero yo no siento que lo pueda interpretar de esta manera. Cuando los profesionales son legales, pese a la diversidad de opinión, se puede llegar a un acuerdo tras una discusión planteada en los términos adecuados. Se habla y se llega a una solución que a mí me convence y digo: "Me parece muy bien, fenómeno, porque puedo completar mejor el personaje". Y el otro dice, recogiendo mis sugerencias: "¡Ah!, pues creo que tienes razón". Todo depende."

Enseguida se dio cuenta el tenor canario cómo encajaban sus medios y sensibilidad en la piel del suicida de Goethe.

"Ya desde el primer día tuve unos resultados sorprendentes, porque pensaba que era un personaje difícil y cuando debutas en una obra todavía te queda mucho camino por recorrer, pero, así y todo, lo que hice se ve que fue bastante y que llegó al público. Luego me enteré de que en toda la región de Emilia hay una gran predilección por el repertorio francés, no sé de dónde viene la tradición. Causó furor y me la empezaron ya a proponer de allí y aquí, con directores de escena importantes, y así fui perfilando el personaje, lo fui mejorando y corrigiendo hasta ahora. Realmente, no he parado de hacer Werther. Pude aproximarme, quizá casualmente, a su psicología. Las características de mi voz parece que lo retratan fielmente: enfermizo, psicológicamente desequilibrado, enfermo de mente… Mi voz, que no es un vozarrón, la voz clásica, parece que responde bastante bien a este tipo de criaturas. Otra aportación o peculiaridad mía es la doble vertiente, algo ya dicho, de ser lírico y ligero al mismo tiempo, facultad que te permite abordar los pasajes más dramáticos aunque no seas heroico y, a la vez, los más románticos y bucólicos, cosas que hay que repetir que no tenían ni Thill ni Schipa. A éste le faltaba garra en los momentos dramáticos. Creo que mi aportación es la de haber hecho un estudio profundo del personaje. He obtenido grandes resultados por todas las experiencias acumuladas, la madurez, la cantidad de veces que lo he hecho y de las personas que me han ayudado. También el haber tenido siempre Carlotas distintas y todas buenas, que te permiten estudiar el personaje y esta relación entre uno y otro, abordándolo desde distintos ángulos según lo ve cada una de ellas. Todo ello hace que completes y enriquezcas el personaje enormemente.

»Por supuesto, me preocupé de leer la obra de Goethe como una base, un punto de apoyo. A mí lo que me interesaba era el libreto, lo que se canta es el libreto, lo que tienes que interpretar y mostrar al público es el personaje del libreto, es el que es interesante. En todos los personajes basados en novelas famosas, como Alfredo Germont de *La traviata*, no hay que estudiar el que describe Dumas en *La dama de las camelias*. Hay, sí, que leerlo, pero no interpretarlo, porque entonces crearíamos un personaje confuso que no sería nada claro para el público. Otra cosa es que el libreto desvirtúe al personaje literario original, pero eso no es culpa mía. Si estoy interpretando a ese personaje, tengo que ser fiel a las palabras del libreto; y a la música que lo ilustra."

Interpretando Werther se acabó con esa leyenda, que aún sigue existiendo, del Kraus frío y distante.

"Ya he dicho otras veces que una cosa es hacer un repertorio dramático, que nunca he hecho, o romántico, que sí que he hecho, y otra defender partes de tenor de gracia, como Almaviva de *El barbero de Sevilla*; aquí no puedo meter carne en el asador, es imposible. Hay que poner las cosas en su sitio, según el repertorio que hagas; no hay que pasarse, aunque pasarse a veces es un recurso para el cantante que no tiene todas las condiciones para ser un belcantista, un gran cantante. Entonces se habla de esa gran entrega. Eso está muy bien, pero esa entrega no tiene que ser en todo y en cada momento. No solamente se corre el peligro de quebrar la voz, sino de descontrolarse. En ese momento la voz es como un caballo desbocado. Al caballo, para que gane la carrera, hay que mantenerlo controlado todo el tiempo, no puedes dejar que se desboque. En el canto es igual, hay que dosificar y en el momento en que hay que dar un toquecito de emoción, pues se da; pero ni antes ni después. Es verdad que en *Werther*, en toda la gran escena con Carlota, me volcaba. Ahí está la dificultad de ese contradictorio personaje, de la que en parte hemos hablado. Es introvertido, pero tiene que llegar al público, no te puedes pasar pero tampoco te puedes quedar muy corto, porque si no el público no se entera. Debes exteriorizar para que llegue al público sin que parezca un personaje extrovertido. Además, hay que reconocer que la música describe bien al joven suicida y que Massenet en ese sentido era un maestro, en contra de lo que dicen todos los críticos que lo subvaloran. A mí siempre me ha parecido un gran compositor de teatro, de ópera. *Manon*, por ejemplo, es una obra maestra."

Kraus tardó muchos años en cantar *Werther* en el país del compositor. Fue en la Ópera de París el 6 de abril de 1984. Tampoco frecuentó demasiado los escenarios galos, aunque a veces por falta de encaje de calendarios. El artista explica esos desencuentros.

"En realidad con la Ópera de París fue una cosa de mala suerte, porque ellos me llamaban con frecuencia, pero, o yo no podía por tener otros compromisos, o no me gustaba la ópera que me daban para debutar allí. Yo andaba detrás de presentarme precisamente con *Werther*; y cuando llegó el momento, pues llegó. Liebermann, a la sazón intendente del teatro, me llamó varias veces y no pudo ser. Cuando terminó o estaba terminando su etapa, me dijo: "Usted tiene que venir aquí antes de que acabe mi reinado, y como no hay tiempo para una ópera, venga y dé un concierto". Y di un concierto con piano. Tuve un éxito enorme: el público me estaba esperando. Sorprende, desde luego, que habiendo hecho yo una carrera tan corta en Francia, tenga uno de los públicos que más me admiran y más me quieren. A lo mejor por eso, por no ir. Luego vino Bogianckino, con el que había hecho, cuando estaba en Florencia, una edición de *Werther* muy buena, con Samaritani como escenógrafo y director de escena, y Bogianckino quiso repetir la producción, que había tenido un éxito loco, con Georges Prêtre en el foso; y la hicimos en París, en el Palais Garnier. Fue a las dos temporadas de aquel recital. La verdad es que ya me habían ofrecido el *Werther* en la Opéra-Comique, pero insistí en que para debutar en París, quería hacerlo en el Palais Garnier; lo que sea pero ahí. Así, por primera vez en la historia de la ópera en París, se cantó *Werther* en la Gran Ópera. Hasta entonces siempre se había cantado en la Opéra-Comique. Y fue mi debut. Año 1984, 6 de abril.

»Más tarde volví a esta última sala, también cantando *Werther*. Enseguida vinieron *La hija del regimiento*, *Romeo y Julieta*, también con Prêtre, sin duda uno de los buenos maestros. Y después, *Hoff-*

mann y otra vez *La hija del regimiento*. Conciertos sí que he dado, en Les Champs Élysées, pero en París no he cantado mucho. Evidentemente, volver años más tarde a la Opéra-Comique supuso, por supuesto, un reencuentro con el público de París y una gran experiencia con una de mis óperas favoritas, que tradicionalmente, excepto en mi anterior actuación en el Garnier, siempre se ha cantado en ese teatro más pequeño y lleno de sabor. Para mí eso tuvo una gran importancia y fue un aliciente y en tal ocasión más todavía porque se celebraba justamente el centenario del estreno –en Viena– de la obra.

En efecto, ese último *Werther* de Kraus en París fue en la Ópera Cómica. Abril de 1994. Cinco representaciones históricas.

ROMEO

Retrocedemos en el tiempo para sumergirnos brevemente en esta figura operísticamente menos interesante y también menos compleja, que Kraus grabara en 1981 junto a la soprano egipcia de ascendencia griega Jeannette Pilou. Fue un papel que el tenor debutó relativamente tarde, en ese mismo año. Concretamente, el 5 de noviembre; en la Civic Opera de Dallas.

Era una ópera que empecé a interpretar, en efecto, ya en mi plena madurez, pero la verdad es que me entusiasmó desde el principio; creo que es lo más bello que he cantado, para el tenor, en algunos aspectos, superior incluso a *Werther*, porque, valga la expresión, pertenece a esa clase de romanticismo que yo llamo sano. No existe aquí ese morbo tan destacado y envolvente. Al final hay drama, pero antes se respira un claro clima de poesía, de romanticismo, de música muy pura. Me gustaría hacer hincapié en la participación que en aquella oportunidad tuvo Jeannette Pilou, sin lugar a dudas la mejor Julieta que ha existido en la época moderna. Esa sensibilidad francesa, esa manera de cantar, esa interioridad, esa dulzura que tiene el personaje, no creo que haya habido nadie que las haya captado como ella. Incomprensiblemente, luego no hizo una gran carrera. Y fue también, seguramente, la intérprete más genial de Mélisande en la ópera de Debussy; la más auténtica, la más femenina, la más delicada; tenía además una presencia muy gentil. Cantaba bien todo, porque recuerdo haber hecho con ella *Traviata*. Volviendo a Romeo, es realmente una figura muy hermosa, un personaje que es cien por cien teatral y que yo no me atrevería a hacer en cine. Tiene un enorme poder sugestivo. En contra de lo que se dice, pese a la juventud que tiene en la tragedia de Shakespeare, en la ópera no lo podría hacer nunca un cantante de 20 años, porque su canto es tan difícil que requiere una voz en plenitud física. Con madurez artística. Hay que saber, además, y eso depende también del maestro, qué versión de las cinco escritas por Gounod se escoge. En todo caso, me permito enriquecer la partitura con alguna que otra nota aguda, con lo que le doy una gran vistosidad. Después de todo son añadidos que se han hecho por tradición, como el do 4 del final del concertante, después del duelo famoso, y el do que hay en el dúo de la alcoba. De todos modos, aquí el compositor dejó la indicación *oppure*, optativo. Hay tenores que no se atreven.

En esta ópera está asimismo la cuestión a veces tan debatida del aria *Ah, leve toi, Soleil!*, que suelo cantar en el tono original de si natural, pero que a veces ha supuesto el incordio de que se hayan tenido que copiar de nuevo las partituras de los instrumentos de la orquesta. Las copias están desde hace años medio tono bajo y por ello ha sido necesario hasta hace poco realizar el transporte. Más de una vez la he tenido que cantar en si bemol porque la orquesta se ha negado a transportar a primera. No pasa nada, pero yo encuentro que la voz adquiere otra dimensión cantando medio tono más arriba, más luminoso, queda como más brillante todo. Recuerdo haber localizado una partitura con acompañamiento de piano en la Ribera del Sena que estaba en si natural. Y no dejaba de ser sorprendente, porque esta partitura estaba no en francés, sino en italiano y alemán. De esas cosas extrañas que ocurren en la música.

»Es ilustrativo lo que me pasó durante la grabación de la ópera para EMI bajo la batuta de Michel Plasson. "Aquí –dije–, quiero cantar a tono". Me queda más bonito, más brillante, es más la voz romántica que se pide, y siempre la canté así. Le pregunté al maestro: "¿Está en el tono original?". "Sí, sí", me contestó. Y al cantarla me sucede lo mismo: me encontraba pesado, mi voz parecía la voz de un tenor dramático. "¿Qué pasa aquí?". Termino de grabarla y le pregunto al maestro: "¿Está seguro?" Y me dice: "No, la acabas de cantar medio tono grave", y pregunto: "¿Por qué?". "Pues porque es el material de orquesta". "Pero, maestro", insistí, "le pregunté y me dijo que sí estaba en si natural". Y me responde: "Efectivamente, mi partitura la tengo de acuerdo con el original, pero el material de orquesta está medio tono bajo. La verdad es que no caí, no me acordaba de lo hablado". Y le dije que había que grabarla otra vez. Y ahí estuvo el pobre Plasson toda la noche copiando las distintas partes."

NADIR

Les pêcheurs de perles de Bizet fue uno de los primeros títulos de la carrera de un tenor lírico-ligero que se iba centrando poco a poco y que circulaba por las alturas con total comodidad. Lo cantó por vez primera en Sevilla, el 24 de abril de 1957. Lo más sorprendente era la manera en la que abordaba, a tono, la conocida romanza del acto I, que muy probablemente el creador de la parte, François Morini, cantaría manejando el falsete. Una vez más nos revela que lo suyo era la zona estratosférica: cuando se sentía forzado y cantaba con dificultades, ahogándose, era frecuentemente porque el pentagrama, si se trataba de uno previsto para su tipo vocal, por alguna razón –generalmente para comodidad de otros tenores menos fáciles en la franja superior– estaba en un tono más grave.

"Cuando estudiaba esta romanza con el maestro repasador, la verdad es que me salía muy mal, aunque la tenía en el oído; no me acuerdo de lo que pasaba pero me ahogaba, me quedaba sin fiato; y entonces el maestro me propuso cantarla en el tono original; inicialmente me la estaba acompañando un tono bajo, porque era la costumbre, claro, tenía la partitura delante con la advertencia "tono bajo" y la trasponía. Al enunciarla a tono, me salía sin ningún problema. Sin duda esta aria es un buen ejemplo de cómo se puede y se debe hacer un buen *legato*; a base, por supuesto, de administrar un factor importantísimo que es el fiato; porque es imposible mantener ese ligado en una tesitura que va del pasaje para arriba si no se tiene un buen fiato. Además, hay que hacer un canto muy amplio, lo más amplio que se pueda, por el carácter de la pieza. Cantando de esa manera existe el peligro de que al final llegues derrengado, justo cuando tienes que dar el do, que no está escrito, pero que es bonito; la tradición así lo ha impuesto y hay que irse para arriba, para terminar la frase final. Aunque cuando se canta bajo de tono, lo que se emite es un si natural o, incluso, y hay grabaciones, un si bemol. La ópera es flojita, una especie de fábula, no es trascendente ni mucho menos. Pero, aparte la romanza, tiene unos dúos preciosos, con el barítono en primer lugar y con la soprano después."

TONIO

Kraus entró en el noblote personaje de Tonio, de *La fille du régiment*, el 20 de octubre de 1973 en Chicago. No cabe duda de que la conocida aria de los nueve does fue en sus últimos años uno de sus caballos de batalla, incluso en meses próximos a su retirada por enfermedad. No dejó de cantarla hasta su forzosa retirada. Ópera estrenada en París, escrita en francés y que nuestro tenor bordaba con una seguridad y un temple extraordinarios.

"En el debut compartí cartel con Joan Sutherland, que estaba en una forma maravillosa, hacía un personaje delicioso además con una vis cómica sorprendente en una mujer tan grandota y seria. Era difícil identificarla con un personaje cómico; sin embargo se le daba muy bien. Y qué voy a decir de la parte vocal: era un monstruo. Dirigió la función su marido, Richard Bonynge. A mí vocalmente el papel me gustó mucho, me entusiasmó. El personaje en sí, un poco menos, algo habitual en las óperas de Donizetti, que tienen dificultad vocal y, sin embargo, poco relieve en el aspecto caracterológico. Intenté tomarlo también por el lado cómico, seguirla un poco a ella, que es la verdadera protagonista, y la cosa no salió nada mal. Todo lo contrario. Yo había estado cantando *Manon* y por esas cosas de programación me pusieron el ensayo general de *La fille* el día antes de la última de *Manon* o así; de modo que, por precaución, no pude seguir en el ensayo general mi costumbre de cantar todo como si fuera una función; tenía miedo a llegar cansado, porque había un solo día de diferencia entre el ensayo general y la función. Y *La fille* posee, como he dicho, enorme dificultad vocal. Todo ello me puso un poco nervioso, porque no estoy acostumbrado –como ya digo– a ir a una primera función, sin haber cantado antes todo en el ensayo general. Esa noche apenas pegué ojo, no dormí; y no usaba somníferos ni nada de eso. Me embargaba una terrible preocupación: "¿Cómo voy a cantar esta ópera tan difícil habiendo dormido apenas?", me decía. Al final no pasó nada grave. He consultado muchas veces con colegas y todos han coincidido en que después de una noche sin dormir, luego han cantado estupendamente. Claro, una cosa es una noche sin dormir y otra sería tres. Y después cantar. Lo cierto es que canté y no noté absolutamente nada. Hay una particularidad en relación con esta ópera que siempre me gusta resaltar, que es que en la segunda aria de Tonio en la versión francesa, *Pour me rapprocher de Marie*, hay una *appuntatura* final que no está escrita y me sugirió el propio Bonynge, que creo que es muy bonita y acaba muy bien, con un do sostenido sobreagudo en la cadencia. La edición italiana, que canté en La Fenice en 1975 con Mirella Freni, responde a una versión distinta y recuerdo que me costó un trabajo ímprobo aprenderme el texto, aparte de que había un aria que no existe en la versión francesa, *Eccomi finalmente*, mientras que la segunda aria de la versión francesa, la que he mencionado antes, no existe en la italiana. A mí me gustaba muchísimo la romanza francesa, que es maravillosa. Por eso, sugerí la posibilidad de incluirla traducida al italiano. La traducción la hice yo mismo porque no existía: *Per esser vicino a Maria*. Luego he oído una versión muy antigua de John McCormack grabada en italiano, lo que quiere decir que ya alguien tuvo la idea de traducirla para cantarla en italiano, aunque no esté incluida en la versión italiana. Por tanto, lo extraño, lo raro de esta edición italiana es que contiene tres romanzas de tenor."

Por si no fueran pocos los agudos y sobreagudos, Kraus añadía también alguno que otro al final. Un par de do sostenidos y un par de do naturales en la *cabaletta* final, donde la soprano anda un poco sola. Debe resaltarse que estas notas altas se incluían en el fragor de un gran conjunto con el coro en primer término.

HOFFMANN

Fue el 31 de octubre de 1975, en Dallas, cuando Kraus sumó a su repertorio el personaje de Offenbach, que cantó siempre con un gran señorío y elegancia, dando al poeta una apariencia muy seductora. Se criticaron en sus últimos tiempos los agudos y los saltos en escena. El tenor se defendía, como en otras ocasiones, mostrando un amor propio herido; del que sabe que lo que hace es correcto y que lo ha madurado mucho antes de llevarlo a cabo. Se consideraba injustamente tratado. Puede que, objetivamente, algunos de esos efectos, fueran innecesarios. Pero no puede negarse la fuerza de la argumentación del artista; que en ocasiones seguía instrucciones del director de escena, con el que en este caso estaba de acuerdo.

"*"Saltos ineludibles", que decía un crítico. O sea, como si yo me hubiera pasado la vida saltando en vez de cantando. Como de circo. Me han visto saltar en Madrid y en otros sitios, no sólo en *Hoffmann*, sino también en *Rigoletto*, porque los registas lo han querido; han decidido que el tenor, durante la orgía del primer acto de esta segunda ópera, termine la romanza encima de una mesa; muy bien, si lo ha querido el regista. Si yo no hubiera podido dar el salto, no lo habría hecho. Pero pudiéndolo hacer, lo he hecho. Igualmente pasó con el *Hoffmann*, que al director de escena le pareció, y creo que tenía razón, una buena idea terminar la romanza también encima de la mesa. Estaba perfectamente de acuerdo con el espíritu de esa escena, cosa que es más discutible en *Rigoletto*. Pero, en fin, para eso está el regista. Da la casualidad que en Madrid estuve dos años seguidos dando un salto, pero, que yo recuerde, en mi vida, en ninguna otra ópera, en decenas de años de carrera, he dado un solo salto; y ahora resulta que estos saltos son los "saltos ineludibles". Véase aquí cómo el crítico incompetente utiliza el sarcasmo para hacer crítica. Me parece completamente fuera de lugar y falto de ética y de verdad.

»Por otra parte, la obra tiene para el tenor, y no sólo para él, una escritura de cierta dificultad y además muy variada, porque ahí pasa de todo y hay que adoptar distintos caracteres muchas veces. En el desarrollo de la obra se va pasando de un tema a otro y por tanto de un carácter a otro prácticamente, aunque Hoffmann sigue siendo el mismo, pero los temas son distintos, hay tres cuentos que son completamente diferentes y por tanto una adaptación de la vocalidad, por así decirlo. El acto de Antonia es muy romántico y el de Giulietta muy dramático. Ahí sí que haría falta otra voz para el tenor, porque *Los cuentos de Hoffmann* es una ópera de prueba para el tenor, sobre todo para uno de mis características. Llego al máximo de lo que pueden ser las posibilidades de mi voz.

»En cuanto a los agudos, tampoco hay que echarse las manos a la cabeza. Estamos ante una ópera que no fue terminada por el autor y que ha sufrido, y sigue sufriendo, multitud de versiones distintas. Y todo el mundo se ha tragado los camelos, empezando por los críticos y el público. "Esto lo escribió, esto no; esto lo sacamos de los papeles, esto lo escribió otro, esto lo añadió el otro", y cada día se hace una versión distinta; casi cada teatro tiene la suya. La edición de la Bärenreiter añade otra cosa, le quita y le pone. Todo eso parece en general muy bien. Ahora, que yo haya añadido un agudo, que lo que pretende es mejorar, no empeorar, porque le ha dado al papel más brillantez, resulta que no vale. No para el público, porque a éste, si el cantante tiene el agudo y lo da y resulta bonito, lo agradece siempre; y como da la casualidad de que nosotros cantamos para el público, pues creo que todo lo que se haga sin que se desvirtúe el espíritu de esa música, de lo que quiso el autor, está muy bien. Por ejemplo, vamos a analizar el primer agudo de todos, en una romanza como la de Kleinzach que repite hasta tres veces la misma frase; si a la final le damos un cierre brillante, tampoco pasa nada; creo que, incluso, la romanza sale ganando y tiene más fulgor. Viene estupendamente bien el salto arriba, que así adquiere una rotundidad esplendorosa. De otra forma, la pieza repite la resolución de las dos primeras estrofas y parece que no termina cuando tiene que terminar. Lo mismo que hay un remate orquestal, debe haber un remate vocal. Es absurdo tener ese brillante final en la orquesta y que la voz se quede."

CAPÍTULO 10
De voces y cantantes

Como gran conocedor de la técnica del canto, como auténtico experto de un arte en el que se desempeñó también como docente, Alfredo Kraus estaba en disposición de apreciar, valorar y calificar cualquier tipo de voz. Y fueron algunas de las históricas las que le enseñaron al principio un camino que luego él recorrería ya de forma autodidacta, ahormando en su provecho aquellas pautas necesarias en la permanente búsqueda de la purificación de un arte que él, indiscutiblemente, y a lo largo de este texto se han dado ya innumerables pruebas de ello, llevó a una granada perfección. Es por tanto altamente interesante saber de primera mano, de su propia boca, cuáles fueron los cantantes que tuvo en su mayor consideración, así como las opiniones que sobre sus maneras de decir, emitir e interpretar le merecieron.

El tenor canario estuvo siempre pendiente de las voces españolas. Algunas de ellas claros precedentes de su modo de cantar. Y, en algún caso, también compañeros de reparto o de carrera. Tenía un singular aprecio por un bajo-barítono catalán, **Raimundo Torres**.

"Era un gran artista y además cantaba lied muy bien, ya que hablaba alemán. Le vi el Don Juan más bonito de mi vida; creaba magníficamente el personaje. Después de haberlo escuchado, siento tener que decir que todavía no he encontrado a ninguno que lo iguale. Y he hecho la obra con los mejores, Ghiaurov y Sepi, por ejemplo. Torres tenía una garra, una especie de toque diabólico que daba en la diana del personaje, que ha de ser un tipo así, algo loco; una persona normal no hace las barbaridades que intentaba hacer, que luego le salen mal para colmo. Él se presentaba con una fuerza extraordinaria, como si fuera un grande de España, llenaba el escenario y daba a sus acentos toda la intención. Un gran artista, aunque la voz, interesante, no era ninguna maravilla. Y cuando cantaba lied, como digo, se transmutaba, porque le daba mucha emoción a lo que decía. Conocí a Torres justamente en mi debut, en El Cairo, en donde se programaba también *Don Giovanni*.

»Otra voz grave que me gustaba era la de **Antonio Campó**, con quien canté en Madrid precisamente esa ópera de Mozart; en 1964. Lástima que estuviera enfermo. No sé qué le pasaba en el estómago, pero estaba enfermo de verdad. Habíamos cantado ya juntos *Rigoletto*, *Lucia*, varias *Marinas*. Era un bajo cantante, con tendencia baritonal y con una gran facilidad en los agudos; por eso a última hora decidió cantar como barítono, y lo hizo estupendamente hasta su declive. Su voz era muy característica, pues tenía un acusado vibrato que le daba al timbre un cierto encanto. Y llegó a ser, aunque aquí no estuviera en condiciones en aquel año, un Don Giovanni afamado. Hay una grabación muy buena, realizada en Aix-en-Provence. De verdadero estilo mozartiano. Por eso sigo sosteniendo que los verdaderos buenos mozartianos son italianos y españoles, latinos; por lo que se refiere, claro, a la ópera mozartiana italiana.**»**

De los tenores españoles del pasado Kraus, lo dijo muchas veces, admiraba especialmente a **Miguel Fleta** y en su espejo, a pesar de la diferencia de entidad vocal y la disparidad de criterios a la hora de encarar el hecho musical, quiso mirarse con frecuencia. Veía entre él y el aragonés una línea inconsútil a través del tiempo. Estaba muy interesado en sus famosos reguladores, que tanto empleaba el canario, con una técnica diversa, como sabemos, pues él no admitía el falsete, en el que, junto a otros efectos dinámicos, era tan hábil su predecesor. Es muy notable lo que Kraus nos explicaba al respecto.

"Él pasaba de voz plena a media voz y de ahí a falsete, y lo hacía de una manera solapada perfectamente. En eso era un maestro, hasta que dejó de serlo. Duró poco. Lástima, porque tenía condiciones vocales y una técnica que fue perdiendo. Soy de los que creen que Fleta tenía una gran técnica cuando empezó a cantar. Luego dejó de estudiar y, al tiempo, emprendió un camino completamente equivocado en la elección del repertorio. Por eso, una cosa unida a la otra, se fue deteriorando cada vez más. Tampoco llevaba una vida metódica y sana. Aunque nunca, por desgracia, le oí directamente, creo que era una voz casi de tenor completo, porque podía reducirla al máximo y, a la vez, tener una anchura y un centro enormes, que parecían casi baritonales. Podría haber tenido, y tuvo en verdad, un repertorio muy amplio. Y abusar del filado tampoco es bueno. Poco a poco vas perdiendo la posición real. Ya me hubiera gustado haberlo visto para poder enjuiciarlo. Era de ese tipo de instrumentos que te dejan un poco perplejo. Creo que ha sido de los tenores que más han grabado de esa época, probablemente después de Caruso. Tiene muchísimo; grabó canciones de todo tipo y clase... zarzuelas, grabó todo. A través de las grabaciones, a pesar de que a mí me parece un tenor completo, me da la impresión de que el registro superagudo era más bien corto. Por ejemplo, en su versión de la romanza de *La favorita*, que se escucha medio tono baja. Según testimonios de la época, el do siempre lo tuvo un poco justo, de ahí la perplejidad ante el hecho de que fuera elegido para estrenar *Turandot*. Me habría gustado haberlo escuchado en teatro, a ver cómo eran esos does y si los hacía o no. Aunque el timbre en la zona aguda no dejaba de tener un brillo extraordinario, pese a esa justeza. En mi opinión, todo el centro de la voz estaba demasiado apoyado en máscara; por eso muchas veces sonaba nasal. Pero la voz tenía una belleza maravillosa, única. Y hay que insistir en que la voz en máscara no tiene por qué sonar nasal. Se pueden confundir un sonido de estas características y un sonido ortodoxo, porque son sonidos cercanos. Están al lado el uno del otro. Pero nasal no quiere decir máscara, ni viceversa. Es más, son sonidos si no opuestos, sí distantes uno del otro en cuanto a resultados.”

No han sido precisamente pocas las sopranos españolas con las que cantó Kraus.

“De **Pilar Lorengar** tengo el recuerdo de alguna de sus Elviras y Condesas. Partes de ese estilo les iban bien a la mayoría de ellas: **Victoria de Los Ángeles**, **Teresa Berganza**… Todas entendían muy bien cómo había que cantar Mozart. Es posible que sea por algo innato, un instinto. Lo curioso es que con las cantantes españolas he cantado muy poco, últimamente bastante con **Enedina Lloris**, que es mucho más joven. Con **Montserrat Caballé** no he cantado nada más que una *Manon* y he grabado dos discos, *Lucrezia Borgia* y *Los puritanos*; y con Teresa he grabado alguna zarzuela, he cantado *El barbero de Sevilla* y *La hora española* de Ravel; y *Werther*; creo que nada más.”

Hay un hecho incontrovertible, el que hayan existido, en la época en la que Kraus estaba en activo, y en otras precedentes, una serie de cantantes españoles que con sus más y sus menos han estado a la cabeza de las voces más importantes del mundo. Un fenómeno sorprendente teniendo en cuenta la falta de tradición y la escasez de teatros.

“No existe, en efecto, una tradición. A veces se utiliza el concepto de escuela por poner algo. La realidad es que aquí cada uno canta como Dios le dio a entender; no existe esa escuela española; eso viene de que Manuel García creó la suya, la llamaba “española”. Pero, ¿dónde está tal escuela, quién la predica y la enseña? Ojalá existiera una escuela española como Dios manda, porque hay tradición de voces, y voces que han sido famosas: Barrientos, Capsir, Hidalgo, muchos cantantes más, tenores, algún bajo que otro, como

Mardones... Y a la hora de intentar explicar la razón de que existan y hayan existido en este territorio tan buenas voces, está claro que es o ha sido por la paralela existencia de buenos profesores y maestros. No. Yo no creo en la educación musical como base necesaria para ser cantante; uno puede ser un gran músico y no ser un gran cantante en su vida. Hay que tener algo, una condición interior, una facultad especial para cantar. Porque canta el señor que es o no es músico si tiene esa condición para cantar. Yo creo que aquí, he de decirlo, ha sonado la flauta por casualidad. Hay voces porque las hay, lo mismo que también las hay en EE.UU., Italia y en todas partes. Pero, y eso es muy importante, aunque poco democrático, se trata de un proceso de selección natural: cantan los elegidos, a los que Dios ha tocado con la mano, por lo que sea. Y esa es la razón de que des los nombres de cuatro tenores de los últimos 15 o 20 años y tres sean españoles.

»Podría decirse que en Italia, donde existen asimismo espléndidas voces, y la de Pavarotti es una de ellas, da la impresión de que, quizá por una casualidad, la mayoría están cortadas por el mismo patrón, mientras que las españolas mantienen entre sí claras diferencias; cada una tiene su personalidad, su aquel distinto. Podemos analizar el porqué, aunque sea muy difícil; incluso imposible. Nunca averiguaremos por qué se ha dado esta circunstancia; es como cuando hay muchos futbolistas buenos y temporadas en que no salen futbolistas y les da por el tenis..., y nunca se sabe la razón concreta. Para ser alguien importante, desde luego, hay que tener ese toque genial que no todo el mundo tiene. El hecho de poseer una voz no quiere decir que luego se vaya a ser famoso y cantante importante; hacen falta otras muchas cosas y cualidades que siempre es muy difícil reunir en una sola persona. Y no es que no haya profesores, que conste. En realidad hay demasiados. Cualquiera que haya estudiado tres notas de solfeo o cantado en un corito se puede autotitular maestro de canto. Hay más maestros de canto que nunca, pero también habrá más charlatanes. Eso es lo peor.»

Dejamos las voces españolas y nos introducimos en la selva de los cantantes italianos. Entre los tenores más admirados de Kraus estaba **Beniamino Gigli**, cuya muerte, en 1957, cogió al canario en Trieste. Como explicó muchas páginas atrás, tampoco lo escuchó en vivo, pues nuestro protagonista llegó a Italia en el 55, dos años antes de que muriera el gran antecesor. Luego Kraus no se movió prácticamente de Milán hasta que debutó en El Cairo en el 56. Pero sí cantó con la hija, Rina, un *Elisir d'amore*. Una voz pequeña pero bien manejada, excelente línea de canto, artista. Nunca hizo carrera pese a ser hija de quien era. Kraus sí conoció personalmente, y aun escuchó, a **Giacomo Lauri Volpi**. Y tenía de él recuerdos muy entrañables.

"Me dijo una vez, siendo ya mayor, durante una visita a su residencia valenciana, mientras se sentaba al piano y hacía unas notas y unos agudos, que tenía la voz, pero que no tenía ya fiato. "No tengo fuerza para mantenerlo", me comentó. Eso es, pensé yo, aunque no se lo dije, porque no hacía gimnasia. No se mantuvo físicamente en forma. Si hubiera sido un hombre que toda la vida hubiera hecho gimnasia, a los setenta y pico años que contaba en ese momento, habría tenido musculatura suficiente para aguantar el peso de la voz. Creo que esa es la explicación. Aunque poco después me enteré de que armó una buena en el Liceo cantando *Nessun dorma* a tono. Con un si natural esplendente, pero con un canto ya desvencijado, sin sostén, cosa bastante lógica después de todo. Hay que reconocer que tenía una técnica, sobre todo en los agudos, muy buena, y la prueba es que Corelli le consultaba frecuentemente, lo llamaba por teléfono incluso desde Nueva York cada vez que tenía alguna duda. Era una técnica de antes, que ha desaparecido prácticamente. Cuando debuté en Roma en el 58, creo que fue con *Gianni Schicchi*, lo conocí. Me vino a saludar y me dijo que quería mucho a España y que había sido un gran admirador de Fleta. Tenía, en efecto, mucho cariño a nuestro país; porque, como todo el mundo sabe, su esposa era española y había sido una gran cantante, María Ros.

»En aquella visita a su casa de Burjasot, él mismo me acompañó al piano *La donna è mobile*, y el hombre se entusiasmó: "Por fin escucho a alguien actual que canta con la técnica de antes", expresó. Me dio buenos consejos: "Tenga cuidado, porque le van a pedir que cante el repertorio pesado, pero usted cante lo suyo"; en lo que tenía toda la razón; y eso fue lo que hice; en realidad lo hice siempre. Ya lo sabía, pero sus palabras me dieron incluso más aliento para perseverar en lo que yo creía verdadero. Y me habló, cosa que también yo sabía, claro, de la respiración intercostal. La gente de antes sabía. Esa técnica se ha ido perdiendo; esa técnica que había encontrado años atrás precisamente en Valencia de la mano del maestro Andrés, en Llopart, y que proviene, como conocemos, y ya lo hemos dicho, del famoso Lamperti, con quien, además de con Gerli, estudió Gayarre en Milán. La pasión de Gayarre era precisamente hacer ese viaje para trabajar con ese maestro, del que se decía hacía milagros y aplicaba esta técnica en máscara. Y hay que recordar al hilo de esto que Lamperti no era cantante. Y aquí he de insistir en algo que he sostenido toda la vida, que no hace falta ser cantante para enseñar bien el canto, incluso la mayor parte de las veces los cantantes son los que peor lo enseñan.

»Lamperti se sacó esta técnica de la manga, o no sé de dónde, y se creó a su alrededor una especie de escuela. Venían de distintos países de Europa a estudiar con él, canto, por supuesto, pero también pedagogía del canto, enseñanza del canto, que es lo que hoy está fallando. ¿Por qué todo el mundo tiene que estudiar canto para cantar? ¿Por qué no hay alguien que estudie canto para ser maestro? No suele ocurrir. Estos distintos alumnos, entre ellos Gayarre, que fue alumno directo y cantante, a su vez enseñarían a distintas personas, porque yo he encontrado este tipo de técnica en cantantes rumanos, extrañamente. En cantantes franceses también. En este maestro tan mencionado, Andrés, que no sé de dónde la sacó y que tampoco cantaba, era músico y me imagino, reconstruyo de una manera muy mía y arbitraria, intuitiva, que esa técnica fue pasando de unos a otros y se ha ido perdiendo, aunque se conservó en algún caso, como en el maestro que le dio clases a la Llopart y del que ya he hablado. Supongo que Gayarre se lo enseñaría a alguien. O sea, que esa técnica ha desaparecido pero se ha conservado todavía, si bien no conozco ningún otro caso actual, en muy pocos países y muy pocas personas.

»Y todavía había alguien en Italia, en Roma o donde fuera, que de una manera u otra enseñaba este tipo de técnica y este hombre, Lauri Volpi, la aprendió. Lo curioso es que él empezó a cantar como tenor de gracia, utilizando la técnica del falsete, eso sí. Más tarde aprendió a cantar con la técnica justa para mí; y a mi entender sacó entonces su verdadera voz. Luego fue cantando cada vez un repertorio más fuerte. He oído alguna grabación, creo que un *Trovador*, en el que, con bastante más de 50, todavía era impresionante. La voz era perfecta, de sonido, de calidad de sonido y de impostación, con el gusto de la época, con todas estas cosas, pero aquí estamos discutiendo lo que era su técnica de canto y en aquella época era la técnica que le respondía perfectamente; su voz resonaba maravillosamente bien. Y pudo dar hasta el final deslumbrantes agudos. Porque eso no se pierde nunca con la técnica; si se tiene la técnica, no se pierde nunca. Se pierden otras cosas, se pierde, pues lo que decíamos antes, el apoyo, por falta de fuerza física, pero lo que es la impostación, la colocación de la voz y la voz en sí misma, no tiene por qué perderse.

Hablando con Alfredo Kraus, forzoso era que en algún instante surgiera el nombre de **Maria Callas**, a cuyo lado triunfó el joven tenor en el San Carlos de Lisboa en aquella histórica *Traviata* de 1958. María Callas: un fenómeno también singular, porque no era una voz al uso ni era tampoco una artista al uso, era otra cosa. Estas fueron las impresiones del tenor a raíz de aquel encuentro.

La verdad es que Maria se me presentó muy distinta a lo que yo me esperaba, porque lo que imaginaba era una especie de coco, ya que todo el mundo decía "ten cuidado, porque tiene muy mal carácter, porque tiene envidia, porque esto o lo otro, porque es muy mala colega". Y me encontré con la sorpresa de que la Callas, primero, era una gran profesional, aparte de la gran cantante del siglo que ha sido, y en aquella ocasión conmigo se portó como una gran colega, una gran amiga, sin envidias, sin celos, sin problemas de ningún tipo. El día de la primera representación al terminar el aria del tenor, el escenario se vino abajo. La sorpresa de la tarde o de la noche porque nadie conocía a Alfredo Kraus y la gente que no se esperaba nada o esperaba algo malo, se encontró con algo bueno, por lo visto, y el aplauso grande de la *serata*, fue el que hubo precisamente después de esa romanza. Lo que se puede apreciar porque hay una grabación. Entonces, claro, terminé la romanza y al salir de escena me digo, "¡Adiós!, la que he organizado, no sé lo que me dirá o hará esta mujer ahora". He de reconocer que tenía miedo; sin motivo, porque ella vino a saludarme, me dio la enhorabuena, me abrazó y al final de la ópera no quiso salir sola a saludar, sino que me cogía de la mano. Me decía: "No, no , Kraus, venga usted también". Y así fue. Ella no salió sola a saludar, todos empujándola. Yo decía: "Pero no señora, vaya usted". No quiso.

»Yo la trataba así, con deferencia, de usted, claro. Yo no era nadie y ella era un monstruo en aquel momento. Es un bello recuerdo, ya que esperaba a la fiera y apareció una persona humana, calurosa, afectiva. La había oído en discos; y al natural en La Scala, en varias óperas. Me impresionó su canto en *Norma*, pero sobre todo su presencia. Recuerdo como si lo estuviera viendo en este momento el instante en que ella aparece en el fondo del escenario, sola, con aquella túnica griega blanca y un peinado fabuloso; y desde el fondo empezó a caminar y se colocó delante, en primera línea del escenario, en la escena con los dos niños. Aquello me impactó. Llenaba ella sola el teatro. No solo llenaba, sino que cuando aparecía, desaparecían los demás; y eran gente del calibre de Mario del Monaco y Giulietta Simionato; no eran ninguna tontería. Todo lo hacía sin aspavientos. Seria, con un gesto muy elegante de la mano, con mucha parsimonia. La verdad es que iluminaba el escenario con la expresión de la cara y el cuerpo antes siquiera de abrir la boca. No cabe duda de que era un fenómeno del teatro y de la ópera.

»Aunque yo realmente no estuviera de acuerdo con la manera en la que empleaba sus medios vocales; lo hacía muy inteligentemente, pero con una técnica no perfecta, y la prueba eran sus distintos colores de voces. Pero eso a mí no me importaba. Yo, que soy un gran defensor de la técnica, que creo que sin la técnica no se puede dominar la voz, al final he de convenir en que a mí lo que me interesaba era el resultado final. Esta señora me emocionaba. Esta señora hacía arte y eso es lo que importaba. Puede que por esas deficiencias técnicas, por esa técnica incompleta, durara menos que otras en activo. Aunque aquí intervienen muchos factores: el abarcar un repertorio tan vasto, el pasar del ligero al dramático, su propia vida un poco desordenada de los últimos años, sus problemas sentimentales, el problema del adelgazamiento. No sé, una serie de factores que en conjunto no cabe duda que condujeron al resultado final. Y no volví a cantar con ella, aunque sé que lo quiso en varias ocasiones posteriores y preguntó por mí, llamó a los agentes: "Mira, que tengo esto, a ver si Kraus puede venir". Yo ya tenía otros compromisos adquiridos y me supo muy mal, me dio mucha pena no volver a actuar a su lado. Pero tengo el consuelo de haberlo hecho en una ocasión.

Esta admiración por una cantante irregular, incompleta técnicamente, con problemas vocales, nos lleva a la consideración de que, para Kraus, lo importante era expresar, hacer arte aunque la voz tuviera sus limitaciones. Y en relación con estas ideas puso permanentemente como grandes ejemplos a dos eximios antecesores, sobre los que tenía mucho que decir: **Aureliano Pertile** y **Tito Schipa**.

Lo que sucede es que la técnica te ayuda luego a expresar, porque no cabe la menor duda de que para expresar hay que matizar y hacer una cantidad de cosas y fabricar unos colores, unos matices y unos pliegues en la voz que requieren técnica. Desde luego, si la tienes te resulta más fácil. Ese es el problema. Un ejemplo de lo que digo lo tenemos en mi admirado Aureliano Pertile; y en el no menos admirado Tito Schipa. Por más que éste, al que siempre aprecié enormemente, tuviera otro tipo de técnica, suya, muy particular, en la que no he profundizado. Me interesan los resultados. Respecto a Pertile, he podido constatar que mi técnica proviene de la misma rama en la que se alimentó la suya. A él se la debe de haber enseñado alguien que probablemente fuera de la citada escuela de Lamperti. Puede que no baste con que yo lo diga, pero hay un libro de Pertile en el que explica su técnica y escuela de canto y coincide totalmente con lo que yo digo. Lo que dice Alfredo Kraus no es la técnica de Alfredo Kraus, como dicen muchos por ahí, sino la técnica de grandes cantantes del pasado. Pertile conseguía, partiendo de una voz no bonita de color, incluso de dos colores, un tanto corta, una expresividad lacerante. Era increíble. Y obtenía un apoyo en la resonancia que concedía a la voz unos armónicos que realmente no poseía. Tenía una incisividad enorme, y no era propiamente una voz timbrada, pero lo conseguía a base de técnica, concentrando el sonido, de manera muy natural.

»¡Y cómo decía! Maravillosamente. Como actor era grandísimo. Mi maestra Llopart, que cantó con él muchísimas veces, me contaba que cuando le decían "¡pero qué gran actor eres", contestaba: "No, es que yo en escena no siento nada, hago sentir al público". Lo que corrobora lo que yo digo siempre, que la inteligencia está por encima de la emoción y que la emoción es un momento de la inteligencia. O sea, el señor que hace arte no se puede emocionar, porque lo estropea; tiene que hacer que se emocionen los demás. Es el mismo fenómeno de las famosas plañideras, que lloran para que se emocionen los demás; pero ellas no están llorando. Es decir, hay que estar por encima, controlarlo todo con el cerebro. Y esto es lo que hacía Pertile, y además lo decía tranquilamente. Él no se avergonzaba de decir "yo no me emociono en el escenario, hago que se emocionen los demás"; que es lo justo. Y no tiene nada que ver que mi repertorio no coincidiera prácticamente con el suyo. Eso demuestra que la técnica, la buena técnica, la buena emisión a la máscara sirve para todo el mundo: barítonos, bajos, tenores dramáticos, sopranos; es la técnica que sirve para dominar el instrumento."

El método de Pertile está recogido por Domenico Silvestrini en un antiguo texto (ver bibliografía).

"Mi repertorio, es cierto, conecta más con el de Schipa, bastante ampliado. Porque yo lo que no poseía era ni el volumen ni el color que tenía Pertile, que era una voz más oscura, más de tenor dramático; aunque no era un verdadero tenor dramático, lo que demuestra también que aunque no se sea un tenor dramático si se tiene una técnica se puede cantar de tenor dramático; algo que ha demostrado también Bergonzi. Lo que no se puede es ser tenor dramático y cantar sin técnica, pero sí se puede ser tenor *spinto* y cantar de dramático con técnica. Y no dudo de que la tuviera Schipa, lo que pasa es que era un tenor más bien corto; en su época más conocida, porque parece que al principio de su carrera no era así. He oído algunos de sus primeros discos y recuerdo una interpretación del Duque de Mantua en la que hacía gala de una flexibilidad increíble. Luego, según me han contado, no sé qué hay de cierto en esto, tuvo una enfermedad, estuvo una gran temporada enfermo y volvió al teatro ya con la voz mermada; había perdido parte de su extensión. No era extraño que se bajara de tono su parte con frecuencia. Aunque lo de transportar hacia abajo lo hacen los tenores actuales también; no pasa nada.

»Claro que Schipa tenía la ventaja de que cantaba como los ángeles, porque manejaba una dicción extraordinaria y practicaba como nadie la técnica de la *sfumatura* y fraseaba con la mayor de las claridades; por eso digo yo que hay que cantar claro. ¿Cómo se puede decir oscureciendo? Es imposible; hay que aclarar siempre para que la articulación y el sonido lleguen lo más fácilmente posible al oído. Schipa, por éstas y otras cosas, siempre fue un ejemplo para mí. Un recuerdo muy entrañable. Creo que era yo todavía un niño de pantalón corto cuando lo escuchaba por Radio Las Palmas. Cantaba canciones españolas, *Princesita* y cosas de este tipo. Ya me impresionó, me empezó a decir algo, encontraba yo en aquella voz una melancolía, una manera de decir poética, de decir bucólica sobre todo, y siempre lo seguí admirando a partir de aquellas fechas y más cuando me metí en el mundo de la ópera y lo empecé a conocer, no directamente porque desgraciadamente nunca tuve oportunidad de verlo, aunque a través de amigos comunes nos mandábamos saludos, recuerdos, alguna tarjeta que otra, pero no tuve nunca la oportunidad de saludarlo personalmente y todo el mundo sabe que murió hace no tantos años. Estaba yo ya de sobra metido en el teatro, pero nunca me crucé con él. Y lo admiré y lo sigo admirando, a pesar de no poseer esa hermosura y calidad de voz ni ese volumen de los que otros disfrutaron. Lo he considerado un gran artista y seguramente, en su género, un cantante superior a los demás. Hablo de su género, porque se dedicaba a lo ligero y apenas a lo lírico-ligero. Y al mismo tiempo que lo admiraba a él en ese género, admiraba, como he dicho, a Pertile en el dramático. Pero entre ellos había una afinidad en cuanto a que poseían un material que no era de primerísima calidad. Pero hacían arte con la voz y ambos eran capaces de comunicar grandes emociones a quienes los escuchaban.

»De Schipa mantengo el recuerdo de todo lo que he oído. Grabó mucho. Desde luego, no hay quien cante las canciones napolitanas como él. La base, el secreto de ese éxito cantando napolitanas, es la incisividad en la dicción. Le sacaba tanto partido a una sola palabra que ahí había un compendio de todo el significado de la pieza que en ese momento estaba ejecutando. ¡Qué claridad de pronunciación! Era una voz característica, pequeña de volumen pero con timbre, con gran frecuencia de armónicos, y por tanto una voz que nunca se dejaba de oír en el teatro. Quienes lo oyeron cantando *Lucia* decían que en el concertante pasaba a todas las voces por encima de la orquesta; incluso en Caracalla, que es enorme y tiene una acústica malísima, se le oía desde muy lejos, porque su voz pasaba, corría, tenía esta gran cualidad y calidad tímbricas. Que, curiosamente, no dejaba de poseer tintes un tanto opacos, unas zonas de cierta opacidad, y esto hay que analizarlo disco por disco para ver en qué épocas de su vida fueron grabados, porque seguramente muchos de ellos coincidieron con etapas sucesivas. Hay una primera en la que tenía una voz de tenor lírico impresionante, con una magnífica y completa resonancia. Hay una etapa posterior, tras la enfermedad, en la que el brillo y el volumen se perdieron en buena parte y aparecieron algunas zonas opacas o veladas. Lo que limó también la extensión. Pero era un hombre tan inteligente, tan musical, poseía un gusto tan exquisito en su manera de expresarse a través del canto que suplía con creces las limitaciones, que en otros tenores de menor calidad habrían supuesto una muerte vocal definitiva. Él incluso sacaba partido de esas carencias, porque utilizaba unos matices que si no hubiera tenido la voz en condiciones no hubiera podido utilizar. Gracias a esta merma de facultades podía utilizar más colorido en su voz, con más diferencias dinámicas.

»A veces, en pasajes graves, se cambiaba a la octava superior. Algo que ocurre con todas las voces claras, agudas. Yo mismo me encuentro mejor cuando canto de una cierta parte del pentagrama para arriba. El mismo Celletti decía que era increíble que yo pudiera encontrarme más a gusto, que dominase más y expresase más en la zona superaguda; y es verdad, cuando tengo varias frases seguidas centrales, me cuesta trabajo, tengo que tener todos mis sentidos despiertos para poder desenvolverme. En la zona aguda estoy más a gusto para expresar lo que quiero expresar dramáticamente, lo que tengo que decir. Schipa era un perfecto tenor de *Sonámbula*, por ejemplo. Ahí hay que expresar la delicadeza de una poesía extrema y este señor parecía que estaba en el paraíso cantando una ópera de cámara. *Lucia* también. Y, ya dije antes, las canciones napolitanas, que hacía con un encanto personalísimo. Schipa les daba un aire especial, porque la canción napolitana, en contra de lo que cree todo el mundo, no es estentórea. Como la hacía, entre otros, Di Stefano. Es una cosa mucho más íntima, casi susurrada, un canto popular que no tiene nada que ver con la ópera. Nos ha llegado tergiversada, siguiendo una tradición equivocada a mi juicio. La verdadera canción se acerca mucho más a lo que hacía don Tito que a lo que hacen los demás. ¡Y cómo cantaba los tangos!

»Con la manera de Schipa se corrió un peligro. El de edulcorar en exceso el canto. El canto dulce de Schipa, que ha supuesto una manera de cantar, era una cosa muy alejada de eso y de lo blando o afeminado; un falso estilo que seguían voces como la del popular Tino Rossi. Era un estilo como afrancesado, pero cursi, que no rezaba con Schipa, que era un señor artista y que nunca llegó a ese extremo. Lo que pasa es que, según en qué óperas, alcanzaba unos límites tales de poesía que te colocaba en el séptimo cielo; demasiado para un ser humano, era increíble. En *Sonámbula* destilaba una poesía que no era de este mundo. Tiene una grabación con Toti Dal Monte en la que hay una diferencia abismal entre uno y otro. Ella era un fenómeno vocal, pero desde el punto de vista expresivo prácticamente inexistente. He oído muchas cosas de Schipa, incluso arias barrocas antiguas. Además era un hombre muy culto musicalmente hablando y compuso operetas y cosas de ese tipo. Su *Don Pasquale*, por ejemplo, es impresionante. Ese último dúo con la soprano, que es de una dificultad impresionante, lo canta de una manera sublime. Tampoco aquí la soprano, creo que Adelaide Saraceni, está a la altura.

»Sólo con un arte tan exquisito es posible cantar, partiendo de una voz más bien pequeña y corta, *Werther*. Él lo salvaba con la incisividad con la que atacaba las notas. Sobre todo las palabras y frases. Era un degustador. Acomodaba la música a su propio instrumento y hacía un Werther muy, muy lírico, lleno de poesía, allá montado en una nube, que tenía muy poco de terrenal. A diferencia con el mío, que es una mezcla entre una cosa y otra. El de Georges Thill es terrenal completamente. Lo he comentado ya. Lo que quiero decir es que cada uno se expresa según las condiciones y posibilidades de su instrumento; y, naturalmente, según su sensibilidad."

Más de una vez se ha debatido la relación entre Schipa y Kraus, entre un lírico-ligero, más ligero que lírico, y un lírico-ligero, más lírico que ligero. Nuestro tenor no veía grandes concomitancias a pesar de la eventual correlación entre repertorios.

"Lo único que puede haber en común entre Schipa y yo es esa manera de aprovechar el texto para llegar al público, algo a lo que doy muchísima importancia. La dicción y pronunciación tiene que ser clarísima y creo que es lo que más nos une, aunque naturalmente igual hay algo en el estilo, la manera de cantar, esa búsqueda del belcantismo, esa pureza en el canto, esa línea del canto; eso sí. Pero ni en el timbre ni en la calidad, ni en la extensión, por supuesto, encuentro que las voces sean parecidas. Aparte de que la mía es bastante más voluminosa, lo que tampoco quiere decir nada, porque el mérito enorme e impresionante era el de él, que con unos recursos tan limitados llegara a ser tan gran artista.

»Había un tenor, algo anterior a Schipa, que podría tener con él ciertas coincidencias y que era también muy admirado en España,

Giuseppe Anselmi, que tenía un aspecto físico impresionante. He oído grabaciones y creo que era un poco más aburrido que Schipa; y que Pertile. El gusto va evolucionando según épocas y creo que en ese sentido tanto el uno como el otro han sido precursores de la manera de cantar moderna. Tal y como están las cosas, en este momento también se irán probablemente produciendo cambios, pero tan lentamente que se va a notar muy poco; mientras que oyendo discos de nuestros antepasados, desde los primeros tiempos del fonógrafo, se nota una diferencia muy grande de gusto y estilo. En aquellos tiempos se preocupaban sólo del instrumento vocal, sin considerar la expresión, la clase, la línea, la musicalidad. Cosas que se descubrieron luego. A la gente le epataba que un señor abriera la boca y cantara e hiciera gorgoritos y filigranas y las cadencias y todo eso; cuanto más, mejor. Era la época de la floritura. Todos tenían sus propias cadencias, y los finales incluso se improvisaban. Durante la ejecución el cantante se paraba en un agudo y enseguida empezaba a hacer florituras a su libre antojo. Eso se ha ido, afortunadamente, simplificando, a veces demasiado, porque ahora hasta quieren quitar los agudos. El cantante, entonces, ¿para qué sirve? No hay que pasarse. El fenómeno vocal es fenómeno en cuanto que hace algo diferente a los demás y que emociona porque nadie más lo sabe hacer. Atrae por eso precisamente. Un señor que hace un do, que no lo hace todo el mundo, es, como en el circo, el más difícil todavía; pero ese agudo tiene que estar en función de una serie de cosas, no porque a mí me da la gana, porque yo quiero hacer el agudo. No, estará en función de esa música, ese trozo o romanza que fue escrito con unas intenciones expresivas y para lucimiento de la voz. Cosas que hemos comentado ya en otras partes de este libro."

Las jugosas apreciaciones de Alfredo Kraus nos abren los ojos ante las dudas que a veces albergamos respecto al difícil arte de cantar y a la entidad, la personalidad y la técnica propiamente dicha de muchos de sus colegas, a los que escuchó en disco o en vivo y con los que, en algún momento, colaboró directamente. Es el caso de una ilustre soprano, **Renata Scotto**, quien, como se dijo líneas más arriba, fue compañera, a principios de los sesenta, en diversas representaciones de *La sonámbula*. A Kraus se le acumulaban los recuerdos.

"Tengo presentes aquellas funciones de La Fenice, una de las cuales fue grabada. La verdad es que no estaba prevista la Scotto para cantar en aquella ocasión. Era Joan Sutherland y los ensayos empezaron efectivamente con ella, que acababa de cantar en La Scala *Beatrice di Tenda*. La cosa en La Fenice no empezó bien y se produjeron escenas un poco desagradables a causa del desacuerdo casi permanente entre la soprano y el director de orquesta, que era Nello Santi. Sutherland estaba acostumbrada a cantar ciertas obras con ciertos tiempos y no le parecía justo lo que hacía el maestro; y, de una manera quizá un poco intempestiva, nerviosa, le dijo que no le iban esos tiempos. No hubo un acuerdo previo, como se suele hacer entre cantante y maestro, privadamente. Es habitual cambiar impresiones y buscar acercamientos: "Estoy acostumbrada a hacerlo de esta manera; aquí no puedo hacerlo así; aquí necesito correr, aquí la frase me viene mejor más despacio...". En aquella ocasión, de forma un poco airada, y desacostumbrada incluso, desde el escenario ella pretendió imponer unas correcciones al maestro, y éste le dijo, bastante enfadado: "Los tiempos son los míos, los marco yo, y el que quiera cantar conmigo ha de seguirlos; y el que no, que no lo haga". "¡Pues me voy!", contestó ella; y se fue. Se planteó un problema gordo, porque no había una soprano de aquella magnitud que la sustituyera. Entonces llamaron a una soprano de segunda fila, que cantó la primera función. Llamaron también a Renata Scotto, que estaba comprometida no sé dónde y que hubo de esperar a quedarse libre. Vino enseguida y entró a formar parte del *cast* definitivamente. Fue ella quien estuvo al final en todas las funciones. Así que fue un poco una casualidad. Por otra parte, quisiera aclarar que la Scotto si en ese momento estaba ya programándose un número de óperas de soprano lírico-ligero, era, cuando yo la conocí, una soprano lírica pura. Cuando hicimos *Traviata* por primera vez en La Fenice, ambos la habíamos debutado hacía poco. Fue en una famosa temporada de primavera que era un poco de tipo experimental, porque utilizaban cantantes jóvenes. Ella cantaba como soprano lírica con una voz muy ancha, muy bonita de color, y ya se veía la gran artista que iba a ser. He mantenido siempre que Renata es un animal de teatro. Mientras me escuchaba cantar aquella *Traviata* me decía: "Me gusta mucho la técnica que empleas, ¿con quién estudias?". "Con la Llopart en Milán". "Llévame allí, que quiero conocerla". Y así, cuando terminamos nuestras actuaciones en aquellas *Traviatas* de La Fenice, puesto que los dos vivíamos en Milán –ella era de Ancona–, allá que nos fuimos a ver a mi profesora.

»A partir de aquí, Renata empezó a adquirir la técnica que le permitió cantar de soprano ligera. Luego, al cabo de unos años, se encontró más cómoda puesto que podría decir casi con seguridad, sin temor a equivocarme, que el ser soprano ligera, fue de una manera adquirida, aprendida; su naturaleza era la de una lírica, pero la técnica que aprendió con Mercedes Llopart le permitió cantar ese repertorio ligero durante bastantes años, y con los resultados que todos sabemos. Predomina en ella sobre la voz, sobre la técnica, su gran instinto teatral, que la convierte en una gran artista, que es lo que sigue siendo y que ha demostrado en Madrid, protagonizando, nunca mejor dicho, una *Fedora* de imponente presencia escénica y extraordinaria concentración, viviendo cada momento del drama y facilitándole la labor a todos los demás. Es la compañera ideal en este sentido, te hace meterte a ti también en tu personaje profundamente.

»Vuelvo a la grabación de *Sonámbula*, que fue posible por una casualidad; y me alegro mucho, porque es el único testimonio de las muchísimas *Sonámbulas* que hice a principios de mi carrera. Es una ópera, ya lo hemos dicho, muy particular para el tenor, extraña, donde es difícil ponerse en primer plano, manifestarse, causar impacto en el público, porque Elvino está supeditado, como ocurre en otras muchas óperas, *Traviata* es un buen ejemplo del que ya hemos hablado, al gran papel, la gran parte vocal, que es precisamente la de la soprano. Estoy muy contento de haber cantado muchos años *Sonámbula*, la he paseado por el mundo, sobre todo en Italia, donde la debuté, Roma, Catania, Palermo, Turín, Florencia, etc. Obra que me ha ayudado mucho en el estilo y en la manera de cantar Bellini.

Luego me sirvió para *Puritanos*, es lógico, y de base para lo que yo llamo el bel canto, que repito, debe existir siempre, trátese de la obra que se trate, del repertorio que sea, del clásico y del verista. Creo que esta obra fue muy representativa durante equis años, y aquí, en los dos discos editados por Bongiovanni en su día, tenemos la muestra. No está mal del todo, a pesar de ser una grabación pirata, hecha con quién sabe qué aparatejo pequeñito en el teatro, y la sonoridad está bastante bien conseguida. En fin, aquí quedan las muestras de nuestro modo de cantar de aquella época.

»Es una muestra de lo que la pareja Scotto-Kraus podía hacer con esta ópera. Como ya dije, la cantamos prácticamente por toda Italia, en teatros grandes y pequeños; por todas partes. Nos llamaban: "Queremos la *Sonámbula* con Scotto y Kraus". Y nosotros casi no nos despegábamos, porque además cantábamos juntos *Rigoletto*, *Traviata*, *Falstaff*, *L'elisir d'amore*, *Lucia* muchas veces, *Puritanos*. Es decir, que hubo una época, que duró bastantes años, que tuvimos los dos mucho en común. Más de una vez me han preguntado si Scotto era, en cierto modo, heredera de Callas... La verdad es que todos hemos bebido algo del arte de quienes nos han precedido. Sabiéndolo o sin saberlo. Sin darnos cuenta. Pero yo, particularmente, siempre he mantenido, desde el primer día, que en *Sonámbula* para mí Scotto ha sido superior a Callas. Hay momentos en los que la sensibilidad de un cantante se identifica más en una ópera que en otra y, francamente, creo que en *Sonámbula*, donde precisamente la voz tenía una impronta tirando a ligero, hay, sin embargo, una interioridad de expresión enorme, en el fraseo, la manera de decir. Esto no lo ha hecho nadie nunca como Scotto. Más tarde he cantado *Sonámbula* con otras colegas, famosas también, y nunca percibí en ellas aquel grado de matización, de pureza de sentimientos a través de la palabra cantada. Es difícil transmitir en unas frases tan sencillas como son las de Bellini. Transmitir, construir un sentimiento, es tremendamente difícil y la Scotto era una maestra en esta obra. Había que oírla. *Ah! non credea mirarti* en su voz era único. La manera de decirlo, la línea, la pureza de la frase, ese *legato* inmenso. Increíble."

Pasaron los años, muchos años, y, en 1987, Kraus y Scotto se reencuentran de nuevo, en este caso con *Werther*, en el Liceo de Barcelona y ella aborda una parte encomendada habitualmente a mezzosopranos líricas. El tenor hace memoria.

"Cuando supe que Renata iba a abordar este personaje, no tuve ninguna duda, estaba convencido de que lo haría bien y de que sería un éxito más para ella, porque la conozco perfectamente, sé cómo vibra y qué partido le puede sacar a un personaje tan interiorizado como es Charlotte, una mujer contenida que tiene que mantener una actitud cauta de cara a los demás, a la sociedad en la que vive, y que alimenta de puertas para adentro una pasión que solamente conoce ella. Porque ni siquiera a Werther se lo da a entender hasta el último momento. Y esto que también se da en el personaje de él, ese sufrimiento interior, esa vida interior, ¿cómo se puede hacer llegar hasta el público? Renata supo enseguida resolver la cuestión perfectamente. Y la prueba es que puedo decir aquí tranquilamente que he tenido a mi lado Carlotas vocalmente superiores a ella, pero en las ocasiones que hemos cantado juntos esta ópera, que ha sido en San Francisco, en Dallas y en el Liceo, que yo recuerde la cantante que más éxito de público ha tenido ha sido ella; es increíble. A veces me alaban la voz de Renata, el color, la calidad, una serie de cosas. Y pienso que a Renata hay que oírla, sí, pero sobre todo hay que verla; comprobar cómo va entrando en el personaje y, a la vez, por tanto, en la sensibilidad del espectador. Va tirando y tirando, y llega un momento en que ya no puedes más, va construyendo profundamente el personaje, y te conquista. Valdría la pena destacar este hecho de las funciones que he hecho con Renata y las que espero poder hacer todavía; vamos a ver si la cosa es factible."

En este largo recorrido junto a Kraus, nos vamos de La Fenice de Venecia, 1961, a Chicago en 1965 y nos centramos en una ópera que quizás no se haya relacionado mucho con nuestro artista, *Mefistofele* de Arrigo Boito. En este punto se produce el primer y único encuentro con otra gran cantante de la época, quizás ya en cierto declive, que fue **Renata Tebaldi**.

"Es curioso que con las dos grandes divas de los cincuenta y sesenta, Callas y Tebaldi, sólo actuara un vez. ¡Quién no conocía a Renata Tebaldi! Vale la pena hablar de este encuentro por dos cosas. Primero por haberse producido en un momento duro, triste para ella. Hacía un año o dos que había dejado de cantar completamente, y entonces encontró a un maestro de canto que la convenció de que no había perdido su voz y todavía podía seguir. Y la hizo estudiar un sistema, que tanto ella como él me llegaron a explicar con unos dibujos en los que salían todas las partes de la cabeza, boca, nariz, fosas nasales, la frente, el paladar... Cada rincón estaba representado con un número y se veían las zonas que había que utilizar, dónde dirigir un cierto sonido para un grave, un agudo. Un sistema que, francamente, no sé qué validez podía tener. Sin embargo, creo que este señor ejerció sobre ella una especie de influencia positiva de tipo psíquico y la convenció de que estaba bien de voz y podía cantar; y cantó. No era, por supuesto, la Renata Tebaldi de los grandes tiempos, pero es que meses antes no tenía voz para cantar absolutamente nada. Según confesión propia, de ella y de su maestro de canto. Y la verdad es que, aun estando en declive, hizo su parte y cantó muy bien. Fue una sorpresa para mí. Además, una colega gratísima, tranquila, preocupada naturalmente por su nuevo debut, porque había interrumpido su actividad, y apoyada por todos nosotros, el teatro mismo se puso a su disposición, todo el mundo contento y encantado de facilitarle las cosas. De su labor ¿qué puedo decir?; lo cierto es que a mí me pareció todavía estupenda.

»Tenía una calidad vocal prácticamente única. Era un instrumento sencillamente maravilloso, inigualable; de una pureza cristalina. Ya sabemos que es difícil de describir el color de una voz, su belleza, más que decir es bella, bonita, es redonda, al mismo tiempo como cristal, pero aterciopelada... Es tan difícil... Pero ella reunía todas estas condiciones en sus características vocales, y esto era lo más importante para mí. Una buena línea de canto, por supuesto, que nunca hizo lo que se llama *gigionata*, una cosa de mal gusto, de poca clase. Siempre fue una cantante muy selecta, y además impresionaba cuando abría la boca y salía ese hermosísimo sonido. Es verdad que su instrumento era en origen lírico, y más de un crítico lo señaló, y nunca debió dedicarse a otro repertorio que no fuera el destinado a este tipo de voz. Pero, en fin, van pasando los años, el artista cree que la voz le ha ido engordando y, también psicológicamente, piensa que ya no puede ir a la zona aguda como antes; y no es verdad. Entonces olvida la zona aguda y va concentrando más volumen y anchura en el centro y va cantando de dramático, y eso es lo que al final acaba por perjudicarle.

»La segunda razón que quería resaltar al hablar de este encuentro con Tebaldi, es la de que yo, de repente, de un repertorio casi de lírico-ligero, salí, en este *Mefistofele*, a un repertorio netamente lírico, si se me apura hasta un poco lírico-*spinto*. Pero es que precisamente esto era lo que yo podía hacer; podía hacer un lírico puro y al mismo tiempo un ligero, con la técnica que poseía, adelgazando la voz en los momentos oportunos, haciendo piano; y ahí está esa *Sonámbula*. Al mismo tiempo, *Mefistofele*, no era ópera de mi repertorio, que yo cantara todos los días, la he cantado muy pocas veces en mi vida, porque, además, no me gusta, no me interesa mucho como vocalidad ni como personaje, y podía alternar, aunque no todos los días, el ligero del *Barbero* o *Sonámbula*, con este rol, que para mí es, como digo, de lírico pleno; y que tiene dos arias muy bellas.

Hemos escuchado la opinión que Kraus tenía de dos divas como Callas y Tebaldi, con las que cantó solamente una vez. Interesaba conocer también, aunque más brevemente, lo que pensaba de otra gran soprano, ligeramente posterior, con la que sí compartió escenario en repetidas ocasiones: **Joan Sutherland**, de la que más arriba se hablaba a propósito de su desencuentro en La Fenice de Venecia con el maestro Nello Santi. El tenor criticaba la actitud altanera de la australiana; pero tenía por ella un gran respeto.

Hice mi debut en el Covent Garden, en 1959, con ella, en una producción de Zeffirelli de *Lucia di Lammermoor*. Allí empezó a cimentarse su fama. Luego coincidimos en numerosas oportunidades, una de las últimas fue la *Lucrezia Borgia* en el Liceo. No hay duda de que Sutherland fue también un monstruo sagrado, que, como todos, ha sufrido la lógica y correspondiente evolución vocal. Todo el mundo sabe que es una mujer con unas condiciones vocales increíbles, asombrosas. Siempre recuerdo la exhibición que hacía en la grabación de una obra de Glière, creo que el *Concierto para soprano coloratura y orquesta*. Era una continua vocalización. Algo impresionante; no he escuchado nada tan difícil y tan bien cantado. Era una flauta, un pájaro, cualquier cosa extraordinaria. Ante un fenómeno vocal semejante hay que quitarse el sombrero siempre. Y ha conservado durante muchos años gran parte de lo que fue en aquella época, adaptando, como es natural, sus condiciones vocales a la música o, mejor dicho, la música a sus condiciones, muy inteligentemente, con los grandes éxitos que conocemos. Aunque hay quien discrepa, pero la gente tendría que darse cuenta del proceso evolutivo de las voces, de más a menos, y en ese sentido hay que tener en cuenta el desarrollo de un fenómeno como el de ella, una mujer que ha sido capaz de obtener permanentemente éxitos impresionantes, lo que quiere decir que algo llega al público que lo convence y lo emociona. Y aunque yo estoy en contra de que se bajen las romanzas, a veces, en determinadas circunstancias, hay que disculparlo. Antes de Sutherland ha habido una serie de cantantes famosos en el mundo entero que han estado años bajándose las romanzas y no ha pasado nada; no veo por qué los otros pueden hacerlo y ella no. Si en algún caso justificamos que alguien baje el tono, pues que se lo baje todo el que quiera; es cuestión de criterio. Yo, por supuesto, no pienso que un cantante tenga que bajarse sus arias y las he cantado siempre a tono. Cuando no pueda cantarlas así, habrá otras que no necesiten esos agudos y que yo pueda afrontar sin necesidad de realizar la operación."

CAPÍTULO 11
Una mirada al género lírico español. Variaciones en torno a *Doña Francisquita*

La zarzuela fue siempre muy importante en la carrera de Kraus; aunque empezó en la ópera y triunfó enseguida en ella, algunos de sus primeros compromisos en España estuvieron ligados a su desempeño en el género, que llevó también al disco en los años iniciales de su actividad. El tenor defendió en todo momento, a capa y espada, la relevancia de este repertorio y aun en sus tiempos postreros atendió la llamada de los estudios de grabación. Su fama en España empezó a crecer a partir de la *Francisquita* que conmemoró, en 1956, el centenario del Teatro de la Zarzuela de Madrid; un acontecimiento del que ya se ha hablado en este texto y al que Kraus gustaba de referirse con frecuencia.

> Aquel debut madrileño con *Doña Francisquita* fue muy importante, aunque yo no me haya considerado nunca un cantante de zarzuela, puesto que no me he dedicado a ella. Pero en cierto sentido estoy muy ligado al género, y particularmente a este título, porque me dio a conocer en Madrid y además lo he cantado muchísimas veces. Y lo he grabado hasta en tres ocasiones. Aquellas funciones del invierno del 56 supusieron una experiencia y una sorpresa, porque, claro, conocía algunas zarzuelas, que había visto en Canarias, ya se

puede uno imaginar a qué nivel, aunque a veces venían buenas compañías. Marcos Redondo visitaba las Islas frecuentemente, por ejemplo, pero las representaciones solían ser deficientes. Y en el Teatro de la Zarzuela me encontré con una presentación fastuosa, a nivel operístico diría yo, lo que contribuyó al gran éxito de la producción. Llegué a la conclusión, entonces y ahora, de que la zarzuela, si se presenta como se debe, puede llegar a tener tanto impacto en la gente como cualquier ópera. Y te dabas cuenta de que en este país el género estaba dejado de la mano de Dios, y sigue bastante abandonado, la verdad, lo cual me parece injusto por muchísimas razones; en primer lugar, la zarzuela es más nuestra que la ópera y, sin embargo, protegemos la ópera más que la zarzuela; lo que no es admisible, porque la zarzuela podría servir como producto de presentación de nuestro país. Sin hacer grandes esfuerzos, porque ya tenemos sembrada por ahí una semilla, que no es reciente, puesto que en toda América, sobre todo en la hispana, la gente se pirra por oír zarzuela, hay un terreno perfectamente abonado y, sin embargo, no le hemos concedido la menor importancia. Hubo una serie de promociones alrededor de un sinnúmero de cosas que Suramérica tiene en común con España y, prácticamente, no se tocó este tema. Que yo sepa no ha habido ni hay subvenciones para promocionar el género en esos países hermanos.

»En su día, por ejemplo, con motivo del Quinto Centenario del Descubrimiento, se perdió la oportunidad. Fui a cantar a San Francisco, en 1988. Hablando con el director del teatro, se me ocurrió preguntarle si les interesaría hacer una zarzuela, de cara al 92, en el que se cumplía la efeméride. Se habló de diseñar un proyecto a medio plazo entre el 88 y el 92 y de la posibilidad de dar un título de zarzuela cada año dentro de la temporada del teatro y, en el 92, un concierto masivo con cantantes y artistas españoles. Quedé en hablar con el Ministerio de Cultura. Las condiciones partían de ir al 50%. Llegué a Madrid, llamé al Ministerio y hablé con Solana, que entonces era el ministro: "Ah, pues nos gusta, nos parece interesante". Se tendría que haber dado con un canto en los dientes por el hecho de que un teatro importante como el de San Francisco incluyera en su temporada de ópera un título de zarzuela cada año. Confiaban en que la iniciativa tuviera éxito considerando la cantidad de hispanos que allí viven. "Si la cosa funciona –me dijeron–, la idea queda institucionalizada en nuestros programas". En el Ministerio dejé teléfonos y direcciones y me fui a Italia; al cabo de un mes me llaman de San Francisco y me dicen: "Oiga, que no tenemos ninguna noticia del Ministerio". Llamo de nuevo al Ministerio: "No, que claro, que la verdad, hemos hablado y que, bueno, se nos acabó el dinero...". Se desaprovechó una grandísima oportunidad de proteger la zarzuela. Por eso insisto en que ha habido un abandono, una desidia y una falta de interés total. Si hubiera habido una persona con un poco más de sentido común, habría agarrado el toro por los cuernos y habría dicho: "Pues vamos a aprovechar esta oportunidad, a no perderla". De ahí hubieran salido otras. Llegó el 92 y el Quinto Centenario y no se hizo nada al respecto. No promocionaron la música española por América. Se costearon proyectos como aquello de *Azabache* en la Expo. Gastar el dinero mal gastado.

»La situación sigue siendo injusta, aunque personalmente no me ha afectado porque siempre he sido, como digo, fundamentalmente, un cantante de ópera, pero no me parece correcto que en España no haya un posible elenco importante de cantantes de zarzuela de primerísimo orden; y no los hay, entre otras cosas, porque no tienen dónde desenvolverse, no se han creado unas estructuras teatrales que lo permitan. Es lamentable, con la tradición que tenemos. En Madrid, particularmente, más que en provincias, aunque en éstas antes se llevaban *tournés* y las compañías fijas, que eran muchas, viajaban continuamente. De repente, todo eso se vino abajo, como digo, por abandono, desidia, falta de interés, de dinero... Y la zarzuela se empezó a presentar de mala manera. La verdad es que no se entiende muy bien esa dejadez, que ha promovido el abandono del género hasta casi su extinción. Es cierto que a los nuevos públicos les cuesta conectar con él, mientras que las generaciones pasadas, gentes entre los sesenta y los ochenta pongo por caso, viven y cantan las zarzuelas como algo propio.

»El público, cuando le presentas las cosas bien, e insistes, acaba aficionándose. Como sucede en otros países con sus géneros populares. En la Volksoper de Viena, por ejemplo, el ambiente es distinto al de la Staatsoper. La gente participa realmente; y canta. Austria es el país musical por excelencia; defiende su música; y su música es también la opereta. *El murciélago* lo hacen en todas partes del país; y en Alemania, aunque no sea suyo, lo mismo. Todo el mundo lo canta. Aquí somos más papistas que el Papa. En vez de defender lo nuestro, ese mundo lírico que conecta con la revista y los géneros más populares, prácticamente lo despreciamos. No tenemos remedio. Por supuesto, a mí me da muchísima rabia, porque tenemos un patrimonio que hemos tirado por la borda, no hemos hecho ningún caso de él y es muy representativo. España musicalmente en el mundo no cuenta. Podría contar a través de la zarzuela. Que es el género autóctono. Y que hay que reconocer que Tamayo publicitó muchísimo a través de su *Antología de la Zarzuela;* ha recorrido todo el mundo varias veces y allí donde ha ido, desde Nueva York a Viena, pasando por Brasil, Argentina, Moscú incluso, ha tenido un éxito sin precedentes.

»Puedo hablar, además, desde mi experiencia personal. En mis conciertos suelo incluir siempre música española y zarzuela. Donde quiera que he ido, este repertorio, sea canción española o zarzuela, ha tenido éxito y despertado un interés. Esto, si lo llevamos a todos los niveles, pues mejor todavía, más interés y más difusión que la que pueda promover un cantante solo. Pero aquí no se han preocupado de eso; es absurdo. Hay que potenciar más un teatro como el de la Zarzuela de Madrid. Claro que, tal y como están las cosas, existe quizás un problema: elegir a los cantantes españoles. ¿Cuántos son los que están triunfando a nivel internacional y están cantando ópera por ahí? ¿Veinte, por dar una cifra? Y los otros, ¿qué hacen? Los que no están en esa situación, en ese nivel internacional, igual podrían estar en España cantando zarzuela si hubiera esta posibilidad, si hubiera unas estructuras que permitieran que hubiera cantantes españoles que durante todo el año pudieran vivir cantando zarzuela. Auténticos especialistas, a los que también, en ocasiones, podrían acompañar cantantes de ópera, porque debemos hacer una distinción: el cantante de zarzuela, que usualmente no puede cantar ópera, y el de ópera, el que triunfa por el mundo, que puede simultanear estas dos cosas. Lo que no puede practicar el de zarzuela, que, por lo que sea, porque no se ha podido situar, porque no lo han admitido o, sinceramente, no lo ha intentado. Lo mismo que hay cantantes que apuntan a ser primeros artistas y otros que no pasarán de comprimarios y que, de entrada, dicen: "Yo quiero ser comprimario"; porque ven que tiene las puertas más abiertas o por lo que sea. Lo mismo que habrá cantantes que, cuando estudian, ya sitúan su ambición en ser cantantes de zarzuela."

No dejan de ser curiosas y, desde luego, discutibles, estas apreciaciones de nuestro artista, que además dibuja un panorama negrísimo que, en cierta medida, ha cambiado actualmente; aunque sin que ello suponga habernos colocado en una situación idónea. Pero, efectivamente, han surgido más ayudas oficiales, el Teatro de la Zarzuela tiene una programación firme, bien que no solamente dedicada a ese género, y han aparecido iniciativas oficiales tendentes a proteger nuestro patrimonio, y el Instituto Complutense de Ciencias Musicales, ICCMU, es un ejemplo en su labor permanente de recuperación y revisión, en ocasiones discutida, de partituras que las más de las veces no habían llegado a ser editadas. De todas formas, el caso de Kraus, es probablemente insólito y su carrera, desde el principio, tomó un cariz determinado por su pronto debut en un papel protagonista, que marcó ya su senda; un camino rectilíneo y triunfal. Pero está bien que, elevado en ese sitial del éxito, revele tal sensibilidad hacia un género que amaba y al que, como se deduce de lo expuesto, sólo pasajeramente cultivó y que volvió al final de su carrera, sobre todo para defenderlo en los estudios de grabación. Algunos de sus compañeros de profesión, generalmente más jóvenes, como Teresa Berganza, Pilar Lorengar y otros, empezaron a despuntar, a diferencia de él, precisamente en la zarzuela. Aunque aquellas dos artistas descollaron al principio sobre todo, dentro de este género, en los estudios de grabación.

"Mi caso, a la hora de enfrentarme a la zarzuela, fue completamente fortuito; no tenía la menor intención de debutar en zarzuela. Y me di a conocer con aquella *Doña Francisquita* de 1956 en Madrid. Pero antes había debutado en El Cairo, en Italia, y en Sevilla. Hubiera seguido mi carrera y hubiera debutado aquí más tarde con cualquier ópera. Fue una casualidad. Había ido a Sevilla a cantar ese mismo año en la temporada de abril y después venía la Semana Santa, en la que se hacía temporada en la feria. Me oyeron y entonces, me parece que fue Antonio Campó, por entonces novio de Ana María Olaria, que hacía Gilda en el *Rigoletto* sevillano, el que le dijo a Tamayo: "Hay un tenor español que vive en Italia, que ha debutado ahora en Sevilla y antes en El Cairo y que podría hacer la *Francisquita* estupendamente; ¿por qué no lo invitas?". Y me invitaron. Pensé que tenía la ocasión de darme a conocer en Madrid, de hacer una zarzuela en plan bien, en plan importante, con la renovación del Teatro de la Zarzuela, porque se le dio mucha importancia a aquello en ese tiempo; fue un acontecimiento verdaderamente importante.

»Creo que hay otra cosa: aunque hemos dicho que la zarzuela no tiene por qué envidiar en algunos casos a la ópera y que incluso hay algunos papeles como Jorge o Fernando equiparables en dificultad a los de cualquier ópera, los cantantes que tienen posibilidades prefieren dedicarse a la ópera. Da la impresión de que la zarzuela está un poco vista en segundo plano. La gente igual no te admitiría que hicieras una *Dolorosa* y a continuación, como algo normal, un *Rigoletto*. Ha habido aquí tenores, como Vendrell, Munguía o Torrano, que se entregaron a la zarzuela, y en ella el público los situó. No los admitiría en ópera, pero sí en una *Dolorosa*. Es así. Muchos cantantes de ópera extranjeros, con buena dicción castellana, podrían hacer zarzuela, dedicarse a papeles de zarzuela y darnos otra visión, pero como no le hemos dado categoría a la zarzuela, por el complejo que hemos comentado de que se trata de un género inferior, esa posibilidad desaparece. Y existe sin duda la de promover una bien organizada exportación del género. Tenemos el ejemplo de *El Gato Montés* de Penella, que, sin ser nada del otro jueves, se ha grabado en una casa importante. No siendo una buena zarzuela y siendo un zarzuelón y siendo famosa únicamente por el pasodoble, es una obra difícil, que no tiene ninguna gracia especial. Pues acaba de triunfar en Los Ángeles, en

Japón, ha ido a no sé cuantos teatros del mundo estando a años luz de *Francisquita*. Quiero decir con ello que, si se pone interés y se hacen las cosas bien, con medios, lo que exportemos triunfa por definición.

»Entonces no es verdad que sea mala la música si una obra mediana tiene éxito bien puesta y bien grabada. A ver si nos quitamos el complejo de una vez. La zarzuela es un género, la ópera otro; la opereta otro. Habrá en él cosas mediocres, cosas más buenas, cosas más malas. No hemos de avergonzarnos de lo que tenemos, sino darle el realce que merece; o el que no merece. Porque si una ópera mala la presentas con una buena orquesta, buenos coros, buenos cantantes, un gran director de orquesta, esa ópera gusta; aunque no sea de primer orden. Con nuestro género lírico va a pasar exactamente lo mismo. *El Gato Montés* ya sabemos lo que vale, y ha cosechado un gran éxito. El que Plácido Domingo esté al frente de la grabación también ayuda, por supuesto. Si eso lo hacemos con todo lo demás, ya está, pero lo que pasa es que somos nosotros los que hemos desprestigiado lo que tenemos, no le hemos dado el valor que tiene o no tiene, y un buen ejemplo es lo que me pasó con el Ministerio de Cultura y que ya comenté.

»Cuando aquí se hace una zarzuela, vamos a poner *La canción del olvido* en el festival de otoño, el público se mete en la representación, no como el público de ópera, que es mucho más distante, más intelectual. Sin embargo, hemos pasado una época en la que la zarzuela no se ponía, aunque con posterioridad las cosas se hayan intentado arreglar de alguna forma. Se ha demostrado que la única manera de que el público se anime es que conozca el género y que se lo den con altura. En la capital y en el resto del país. Es una gran irresponsabilidad por parte de los programadores el no plantearse el asunto seriamente. A finales del siglo XIX y primeros del XX, cuando había muchos teatros, pero privados, era distinto. Los costes y los *cachés* era inferiores, pero hoy en día como el Estado no patrocine o cubra ciertos gastos, las empresas privadas que se dedican a esto se pueden arruinar enseguida. La zarzuela podría funcionar con los mismos criterios que la ópera: igual que se pone un *Trovador*, se podrían poner *Doña Francisquita*, *Marina* o *Luisa Fernanda*.

»Probablemente la afición se fue perdiendo porque dejó de haber dinero y se hacían auténticos bodrios, por lo que la gente era la primera que hablaba mal de la zarzuela. Se desprestigió porque muchos confunden la velocidad con el tocino, como siempre, pero el hecho real es que la zarzuela se ha ido desprestigiando por presentarla mal, por emplear malos cantantes, por cobrar cinco duros una butaca en momentos en los que se tenía que cobrar ya quinientas pesetas. Además, muchos estudiosos, muchos musicólogos hace ya muchos años que empezaron a meterse con las calidades musicales de la zarzuela en beneficio de la ópera; y es cierto que hay muchas óperas que son mejores que la zarzuela, pero otras no. Las óperas que surgieron en España durante el XIX, todas italianizantes, no son mejores que muchas zarzuelas que son auténticamente españolas.

»Creo, por tanto, que hay un interés latente. Sólo hace falta tomar iniciativas importantes y volver por nuestros fueros; no es otra cosa. Si abundaran representaciones como aquellas de *Francisquita* de 1956 las cosas serían muy distintas. En aquella ocasión me informaron de manera correcta y me dijeron que las funciones conmemoraban el centenario del Teatro, que se renovaba convenientemente y que iba a ser una gran producción. Yo había oído ya hablar, naturalmente, de José Tamayo. El proyecto me ilusionaba; y, he de confesarlo, aunque las expectativas eran grandes, no salí en ningún momento decepcionado. Me pareció un espectáculo magnífico. Canté con los mejores colegas que podía haber en aquella época. Recuerdo a Ana María Olaria, por ejemplo, y a Lina Huarte, que se alternaban en el papel estelar; y a Ana María Iriarte e Inés Rivadeneira. El bajo, me acuerdo perfectamente, era Aníbal Vela, nada menos, que además era una bellísima persona, una persona encantadora. En el foso estaba Odón Alonso. Aquella producción se estuvo exhibiendo al menos dos o tres años. Yo iba y venía, hacía mis cosas en Italia, regresaba. Reservaba a esa *Francisquita* parte del año; e incluso fuimos a festivales de verano como los de Valencia, Coruña y Cádiz. Aparte de los citados, por el espectáculo pasaron muchos artistas: Lorenzo Sánchez Cano, Carlos Munguía… Al durar tanto tiempo, naturalmente había que ir buscando sustitutos.

»Es curioso: hace más de cuarenta años de eso y recientemente he grabado de nuevo la obra; y esta vez con todos los medios (para Auvidis). Ahí, a lo largo de todo el tiempo transcurrido, podríamos tener un caso claro de evolución de un cantante en relación con un personaje. El paso de los años tiene sus pros y sus contras, inconveniencias y conveniencias, como es lógico, pero creo que el poder seguir sosteniendo ese rol con mi bagaje de experiencia y madurez, las que tiene un artista que lleva 40 años en el escenario, es importante; todo sumado al final, me quedo con la interpretación más madura, más artísticamente experimentada. Creo que a la postre lo que más cuenta es eso. Al principio abordas el personaje con la espontaneidad, la frescura de la voz y los años de ese momento, pero después empiezas a descubrir facetas, detalles, multitud de detalles. A mí no me parece que el personaje de Fernando sea complejo psicológicamente hablando; es más bien sosín, muy influenciado por las mujeres y por Cardona, que es un poco el que maneja todo y que es un poco Fígaro y un poco Leporello. De todas maneras, digamos que en la línea de canto hay más movimiento, más claroscuros y colores en mis interpretaciones maduras.

»Cuando me propusieron grabar esta *Doña Francisquita*, que es la tercera de mi carrera, tuve mis dudas, pero luego viví la grabación estupendamente. Me encontré muy bien. Y enseguida pensé que la cosa me iba a gustar y que iba a salir estupendamente porque, claro, cuando me dieron todos los datos de cómo iba a ser, que iba a dirigir Ros Marbà, que la orquesta era la de Tenerife, que el coro era muy bueno, porque además son tres coros en uno y suena fenomenal, y que Francisquita iba a ser María Bayo, cosas que sobre el papel tenían buena pinta, ya iba con un porcentaje de seguridad importante. El tiempo me dio la razón. Sigo pensando que nunca se ha hecho una *Francisquita* con ese rigor musical, con ese nivel. Porque además era la primera vez que la obra se grababa íntegra, sin los cortes que habitualmente se hacían. Se limpió la partitura e incluso se procuró, proviniendo de un músico como es Ros, darle un empaque musical importante y quitarle esa especie de latiguillos que desgraciadamente están en tantas zarzuelas. Y la música de *Doña*

Francisquita es auténticamente grande. No sé si tiene, como decía Ros, una impronta francesa, massenetiana; en todo caso posee empaque internacional.

»Desde el punto de vista vocal, el papel de Fernando, algo simple, como he dicho, psicológicamente hablando, es difícil. Cantarlo de cualquier manera es fácil, pero hay que buscar esos contrastes, el aspecto más dramático, por ejemplo, en sus relaciones con La Beltrana; y no descuidar la parte más lírica. Luego hay que colorear, hacer medias voces en distintos pasajes. La misma romanza, si la cantas de una manera monótona, será más fácil, pero no es eso, hay que cantarla según la frase, interpretando. Todo está muy observado en los discos. Y no me ha importado, cuando ha venido a cuento desde un punto de vista musical y de acuerdo con el maestro, colocar algún agudo no escrito. Por ejemplo, uno en el dúo con Francisquita, que es un do, no previsto para el tenor y sí para ella; pero como él ya lo repite, hace bonito que exista esta variación. Lo que abona mi idea del canto: si la página es bonita y uno le puede añadir algo para que sea más bonita o más importante o tenga más interés para la gente, se debe hacer, siempre que musicalmente la cosa encaje, por supuesto. De esta forma, además, se puede colocar el papel de Fernando Soler al nivel del de cualquier ópera de campanillas.

»Con María Bayo todo fue bien. No voy a decir que esta chica promete porque es ya una realidad hace años. Creo que es una voz importante, una cantante importante, aunque puede que esté en esa fase por la que todos pasamos al principio, que es la de tomar una decisión; o sea, en qué tipo de repertorio va a encajar definitivamente. Ante ella se abren bastantes posibilidades. Para mí es una lírico-ligera. Con algunos problemillas arriba; pero justo por eso, porque le falta la definición. Evidentemente, puede hacer papeles de lírico-ligera, pero con voz, con cuerpo. Me sorprendió agradablemente Raquel Pierotti, que no siendo una cantante típicamente española, aunque lleva muchos años viviendo en España, encarna a una Beltrana, que psicológicamente probablemente sea el papel más interesante, bien vista. Cuando empezamos a grabar, me dio la impresión de que estaba un poquillo acomplejada. A este personaje tan fuerte hay que darle carácter, sin llegar a desgarrarlo porque hay que llevar la voz cantando; y ella estaba como un poco apocada, pero le dije: "Mira, como decimos en Canarias, *bótate*, no te preocupes, no contengas, rasca un poquito ahí abajo en los momentos de temperamento, que se vea que eres madrileña, que no eres suramericana". Y lo captó bastante bien, creo que hay momentos muy bien logrados, donde interpreta con mucha propiedad.

Alfredo Kraus, como se dice centrado esencialmente en la ópera, cantó, y grabó en tiempos, otras zarzuelas. Aunque no en teatro.

Por grabar, he grabado cosas que ni siquiera había cantado nunca. Hice una serie de obras de Sorozábal, dirigidas por él mismo: *Katiuska, Black el payaso, La del manojo de rosas, La tabernera del puerto*... Pero luego grabé, por ejemplo, *Bohemios*; y cosas de zarzuela chica, como, curiosamente, *La verbena de la Paloma*, pero transportada hacia arriba, ya que está prevista para barítono. Lo cierto es que en el repertorio habitual tampoco hay demasiado de relieve para tenor aparte de *Doña Francisquita, Luisa Fernanda, La bruja, La tempestad*... y no mucho más. Existe un repertorio antiguo que creo que sería interesante desempolvar, al menos discográficamente. Posiblemente, en teatro no sea tan interesante por los temas o por las dificultades vocales, que esa es otra. Hay zarzuelas, como hay óperas, imposibles, porque no hay quien las cante, pero en disco se pueden hacer muchas cosas. Y no me refiero ya a *Marina*, que he cantado mucho, y grabado, en su formato de ópera.

»El personaje de Jorge de esta ópera de Arrieta tiene también sus dificultades, aunque no sabría decir si es más difícil o más fácil que el de Fernando. *Marina* es evidentemente más belcantista que *Francisquita*, que es más verista, si acaso. La obra de Arrieta tiene un corte donizettiano y armonías sencillas. Yo diría, en todo caso, que tanto una como otra son óperas, aunque en la de Vives se hable. En *Marina*, aunque pueda parecer lo contrario, no hay más agudos que en *Francisquita*; ni siquiera si contamos los que habitualmente se añaden. Como el si natural que se coloca en la salida del tenor. Ahí hay una tradición que viene de lejos a través de cantantes muy famosos, porque en *Doña Francisquita* el tenor que estrenó la parte era Juan Casenave, que cantaba muy bien, pero no tenía el nombre internacional que tenían algunos de los que interpretaban habitualmente *Marina*, como Hipólito Lázaro, que grabó la obra con Marcos Redondo y Mercedes Capsir y el bajo José Mardones."

Kraus se refiere aquí a las evidentes conexiones que nuestra zarzuela mantenía con la ópera, de la que era con frecuencia deudora, y el caso de *Marina* es un paradigma. En ella se imbricaba una tradición claramente operística, en la que intervinieron cantantes italianos de la talla de Tamberlik o Galeffi. Éste incluso, además de cantar un excelente Roque de aquella obra de Arrieta, grabó, con Ofelia Nieto, el personaje de Pablo de *Maruxa*. Y Fleta fue asimismo un entusiasta. Y todos ellos participaban de la tradición de agudos añadidos; de la que el tenor canario era amigo; mientras no se rompiera la lógica musical, como tantas veces ha manifestado.

"Una *Marina* actual a la que se podasen los agudos sería algo hasta ridículo. No habría más que dársela a Muti para que la dirigiera… Otra cosa son los bises; con ellos hay que tener mucho cuidado. Siempre suponen un riesgo. Aparte de que hay razones más contundentes y lógicas, como es el tener que interrumpir la acción y repetirla, lo que para mí es un desastre. Eso es lo más feo de todo. Es como si se mantiene una conversación y se decide interrumpirla para reiniciarla y repetirla. ¿Qué objeto tiene eso en un discurso musical? Y no me vale argumentar que un discurso musical también se rompe con aplausos continuados. Eso es distinto, porque paras la acción, que no se repite. Es como si tú estás leyendo un libro y de repente te llaman, paras, lo cierras y después lo vuelves a abrir por donde ibas. El discurso, el proceso de elaboración de los personajes y el tema de la obra sigue su curso natural aunque haya parón. Lo que no se puede es repetir la acción, me parece absurdo, son modas, costumbres, que en su época estaban muy bien, pero claro, ha habido cambios en los gustos, en la manera de hacer las cosas de aquella época a ahora.

Hay costumbres que entonces eran admisibles y hoy no lo son en absoluto.

Otra cuestión que ha dado bastante que hablar es la dificultad que para algunos cantantes supone enfrentarse a la zarzuela por el hecho de que en ella ha de alternar el diálogo hablado con la música cantada. Kraus también tiene aquí su opinión clara y terminante.

Se ha comentado, en efecto, muchas veces esa posible dificultad que supone que en la zarzuela haya que hablar, lo que implica tener que buscar cada vez que se canta una nueva colocación, un distinto punto de apoyo. Pero eso es una dificultad más o un aliciente más, si se quiere: has de aprender a hablar para no cansarte, a hablar en teatro con técnica. Para que el hablar no te afecte o te afecte lo menos posible, en las grabaciones no se suelen grabar los diálogos, se hace la música nada más. Yo no había hablado nunca y cuando debuté en Madrid con *Doña Francisquita*, hablé. Peor o mejor, pero hablé; y tampoco el público, a no ser que uno hable muy, muy mal, se va a meter con la manera de hablar. No he oído decir nunca "qué mal hablaba Marcos Redondo"; no, siempre he oído "qué bien cantaba". O sea, que lo importante es eso, el diálogo es un relleno, tiene su importancia, no digo que no, para el esclarecimiento de los hechos. Por otro lado, en la misma *Francisquita* se corta abundantemente el diálogo.

CAPÍTULO 12
En torno a la enseñanza. El adiós

Un cantante como Kraus, estudioso, concienciado, riguroso, sabedor de las técnicas más acabadas de su oficio, y el contenido de este libro es la más palpable prueba, es lógico que quisiera, en un momento dado, transmitir unos conocimientos acumulados a lo largo de los años; que intentara legarlos a generaciones futuras, insuflarlos a los herederos. Durante mucho tiempo vivió únicamente para su carrera, para seguir aprendiendo él mismo de una muy valiosa experiencia. Esa que, poco a poco, empezó a comunicar. Primero a través de cursos o talleres y atendiendo consultas individuales, en algún caso convertidas en permanentes contactos, centrados en muy escasas personas con las que, por alguna razón, había establecido amigable relación. Desde su reserva, el tenor estaba abierto a la comunicación provechosa, al cambio de impresiones. Le gustaba poner en ruta a los que deseaban iniciar un recorrido. El coruñés Enrique Paz, dotado de una voz limpiamente lírica, fue, en los setenta, uno de los que tuvieron la suerte de recibir de él clases particulares. Había un gran material en aquel joven gallego que, finalmente, luego de varios años de trabajo, no se lanzó al ruedo y abortó, quizá por falta de carácter, por temor a lo desconocido, un prometedor porvenir. Distinto es el caso del canario Suso Mariategui, que, lamentablemente, nos ha dejado hace bien poco y a quien este libro está dedicado. Trabajó muy provechosamente con su paisano mayor, y partiendo de Viena hizo una interesante carrera en la ópera y las salas de conciertos. Se entregó luego, en parte, a la docencia.

No fue nada raro que, constituida la Escuela Reina Sofía de Madrid, que buscaba lo mejor entre el profesorado musical, se le propusiera a Kraus desempeñar una cátedra en la materia de canto. ¿A quién mejor le habría podido proponer la avisada Paloma O'Shea un cometido semejante? Y así, el cantante ocupó la cátedra Ramón Areces, para la que sacaba gustosamente tiempo entre sus compromisos profesionales y en la que permaneció desde 1994 hasta su muerte en 1999. Cuando podía venía a Madrid y se entregaba de manera entusiasta a la labor, en la que le ayudaban Mariategui y el pianista Edelmiro Arnaltes. Ahí, en unos años, se fueron forjando importantes artistas que luego, en una gran mayoría, han hecho carrera, aunque ésta fuera todavía incipiente o ni siquiera hubiera empezado en el momento de la muerte del maestro. Pueden citarse nombres como los de los tenores Aquiles Machado, Antonio Gandía, Ismael Jordi, Jorge Elías o Aurelio Gabaldón, las sopranos María Espada, Ana Lucrecia García, Alicia García y Soledad Cardoso y el bajo-barítono Simón Orfila. Ellos, y otros no mencionados, supieron quedarse con las sabias enseñanzas técnicas y aplicarlas a sus sensibilidades, medios y personalidades, huyendo en lo posible de los peligrosos mimetismos, siempre al acecho cuando el maestro posee la talla, la dimensión y la altura de Don Alfredo. Porque ya hemos visto, y el mismo Kraus lo repetía hasta la saciedad, que el cantante en ciernes ha de seguir los consejos de su profesor, pero, sobre todo, ha de respetar lo que le dice su propio fuero interno. Ha de ser, fundamentalmente, un autodidacta. Como lo fuera el tenor canario, que supo extraer lo más sustancioso de cada uno de los maestros que le enseñaron. Lamentablemente, la muerte vino a deshacer los posibles planes que tuviera en relación con la docencia, que contemplaba en todo caso como algo a lo que se habría de entregar irremisiblemente.

Por todo ello nos parecen de gran interés las manifestaciones y opiniones de Kraus sobre esta esencial parcela, que él vislumbraba cercana. Era curioso su punto de vista antes de empezar en la Escuela Reina Sofía. Confesaba no tener ideas ni un plan claramente trazado y se inclinaba, sin mucha precisión, por las clases magistrales, una actividad que, de cuando en cuando, le gustaba desempeñar. Prefería cambiar de alumnos y, desde luego, no pensó nunca en montar una academia de canto. Decía no tener paciencia. Hoy nos parece sorprendente lo que afirmaba.

"Teniendo en cuenta la general falta de profesores de valía o la carencia de un sistema educativo musical serio, no estamos para echar cohetes, la verdad. Y hay que pensar en lo que necesita ese Teatro Nacional de la Ópera. Imagino que podrá vivir, sin que las cosas cambien demasiado, como el de la Zarzuela o la Scala o el Metropolitan, pues contratará lo que hay por ahí, español o extranjero. Aunque espero que alrededor del teatro se creen unas estructuras para que los estudiantes de canto tengan un sitio más en donde estudiar y que, una vez preparados, se les plantee la posibilidad de dar el salto de la clase de canto a un escenario. Aun cuando, por supuesto, tampoco estoy muy de acuerdo en que ese salto sea a un escenario importante. Al principio es mejor que visite teatros de menor relevancia en los que pueda irse formando y, más tarde, acceder al gran coliseo. No creo que el teatro en sí mismo pueda servir para descubrir nuevos valores; tiene que ser un punto de encuentro de cantantes famosos internacionales.

»A mí me gustaría realizar algún trabajo de tipo pedagógico pensando en la formación de cantantes. Es una labor bonita. Probablemente hasta tengamos los profesionales una obligación moral en ese sentido, la de hacer algo por los que no saben o saben menos. Lo de dar clases magistrales de vez en cuando puede ser una buena solución. Aunque no lo tengo del todo claro. Se trataría de enseñar a alumnos aventajados. Unas clases magistrales para corregir esos defectos importantes que hacen que el cantante vaya por el buen o mal camino. Unos buenos consejos pueden ayudarle a encontrar su propia identidad, qué tipo de voz tiene, qué repertorio debe hacer; y darle el consejo necesario para poder llevarlo a cabo. Una labor importante en un país que, por razones a veces paradójicas, siempre ha contado con buenas voces, voces de calidad. Y muchas cantan porque la voz da mucho de sí; y cantan a pesar de no saber por qué ni cómo cantan.

»Lo mío por tanto creo que es corregir a cantantes o estudiantes o debutantes que ya tienen una base, una formación. Se trata de formarlos un poco más, quitarles defectos, añadiéndoles conocimientos, como en un doctorado. Eso sí me interesa. Para empezar con un señor desde cero no me encuentro capacitado; ni me apetece. La verdad es que no lo he hecho nunca y creo que no tengo paciencia para hacerlo, pero a altos niveles, sí, porque el cien por cien de lo que viene a esas clases superiores ya está definido; aunque ocurre mucho que a un señor que es tenor lo hagan cantar de barítono; nunca ocurre al revés: que a un barítono lo hagan cantar de tenor. Si es barítono, lo hacen cantar de bajo, siempre buscando los graves. A esos niveles puedes utilizar un lenguaje técnico con el que te entiendan, matizar una serie de cosas que les lleguen a servir. No hace mucho di una serie de clases en Israel y quedé muy contento. El mecanismo me gusta: llega un alumno, empieza a cantar, aprecias sus defectos, en algún caso graves, y tratas de corregirlos; suelen entenderlo. Luego, cuando vuelven a cantar, lo hacen mucho mejor; incluso perfecto. Así lo veo; lo mío no va a ser más que perfeccionamiento a gente que haya terminado la carrera, que esté empezando en la profesión, que tenga una base y un oído abierto a todas estas sugerencias, estas sensaciones que tienen que ir conociendo y descubriendo y que antes no experimentaban.

»Lo peor es que, después, esos alumnos, que han percibido perfectamente lo que les has dicho, vuelven con sus profesores habituales y corren el peligro de recaer en las posibles malas prácticas. Pero, si son inteligentes, a veces deciden no seguir con aquellos y estudian por su cuenta, pero centrados en lo que yo les he enseñado. Es mejor, dicen, solo que mal acompañado, y como está demostrado que el porcentaje de los que triunfan es mínimo, eso no se puede evitar. De todas formas, yo me realizo de esa manera, porque la vida de un artista está llena de desafíos, y la enseñanza es un desafío aún mayor que no depende de ti solo, sino de lo que tengas entre manos.

Es un desafío muy importante y que da satisfacciones. El poder proporcionar a los demás algo que no tienen y que todavía pueden perfeccionar. Hacer que esa persona luego cante por ahí y triunfe es una satisfacción muy grande. Realmente, si bien se mira, mucho mayor que salir a un escenario a cantar, porque ahí estás tú solo. En la relación maestro-discípulo son dos y el otro depende de lo que tú le enseñes. Lo considero muy importante y además me he dado cuenta de que disfruto mucho cuando estoy enseñando, lo paso muy bien. Es cansado, es difícil, sí, pero amo el reto; las cosas fáciles no te dan tantas alegrías.

»Otra cuestión es la de hasta qué punto un cantante como yo, de larga carrera, al que se supone conocimiento y preparación para defender su profesión durante tantos años, tiene condiciones pedagógicas; porque una cosa es saber y otra es saber transmitir. Me he hecho muchas veces esa pregunta y me la he contestado positivamente. Si en la primera *master class* yo hubiera visto que no me encontraba a gusto o que no sabía desempeñarme por falta de poder de comunicación, no hubiera hecho más. Pero como no fue así y me encontré muy a gusto y vi además los resultados, y los ve el público que está ahí –porque casi siempre hay público en estas clases–, pues he seguido adelante. La gente se da cuenta de la diferencia que existe entre cuando explico y cuando no he explicado; y eso es lo importante. Una cosa muy peligrosa, y eso hay que tenerlo muy presente, es que a veces los alumnos se quedan con las coplas que menos interesan; por ejemplo, esa pretendida nasalidad de mi emisión puede actuar en sentido contrario. Ya he demostrado muchas veces que no hay tal, pero un mal oído o deficiente observación pueden tender, equivocadamente, a marcar una sonoridad *non sancta*.

»Puedo hablar de un caso concreto sin dar nombre. Una persona con la que he conversado mucho y a la que se le ha intentado corregir una clara nasalidad, y algo se ha avanzado al respecto. Aunque debo decir que si la nasalidad es a cambio de obtener ventajas por otro lado, puede importarme menos. Esa persona no tenía sobreagudos, no existían. El agudo era nasal, blanco, y le faltaba virilidad en el timbre. Ahora, tras mucho trabajo, tiene todo menos algunas notas, sólo algunas, creo que en el pasaje, en donde aún nasaliza un poco; pero no me importa, porque la voz está mucho más completa que antes. Lo ideal sería que pudiera corregir absolutamente ese resto de nasalidad. Pero hay que tener en cuenta que hay cantantes, entre ellos algunos de muchísima fama, que tienen un pasaje nasal porque por instinto buscan el apoyo y no saben exactamente dónde está ese apoyo, si en la resonancia o en la nariz; y se les va. Están cerca de la verdad, pero no de la verdadera verdad, valga la redundancia.

»Es cierto que facilita mucho las cosas meter la voz en la nariz, pero eso es un acercamiento a la verdad y la prueba es que los cantaores de flamenco cantan con la verdadera técnica y la apuran tanto para más seguridad. Como cantan en tesitura altísima, y continuamente, y están horas y horas empleando las cuerdas vocales, buscan, para mayor comodidad, el recurso de la nariz. Es un resultado lógico. Es un instinto. En ellos tampoco importa demasiado la calidad, da un poco lo mismo: se busca expresión, no sonidos puros. No es que busquen la nariz, sino que localizan por instinto la verdadera resonancia; y la apuran tanto para poder cantar horas y horas sin enronquecer. No es extraño por ello que se les vaya la sonoridad ligeramente a la nariz, a unos más y a otros menos. Y a otros nada, afortunadamente.

»Volviendo a la enseñanza, evidentemente, a una voz bastante hecha, que tenga ya algo de carrera, será más difícil quitarle algún defecto. Los vicios son la cosa más complicada de eliminar, son un hábito que se convierten en parte de tu naturaleza y a veces se pueden suprimir y a veces no. Depende del individuo, de la facilidad que tenga para entender el canto o no. Y del empeño, de la voluntad, por supuesto.»

Kraus siempre fue conocedor, como era desde el principio de su andadura, de la técnica esencial y de la manera de aplicarla, un buen consejero, del que bebieron, en un momento u otro de sus respectivas carreras, cantantes como Nicolai Ghiaurov, Joan Pons, Vicente Sardinero, Jaime Aragall, Pedro Lavirgen, María Bayo, June Anderson, Renata Scotto, Sesto Bruscantini, Ernesto Palacio, Ainhoa Arteta o Maruxa Xinny.

La hora de la retirada

Por lo general, los cantantes son reacios a retirarse, aunque esa actitud no sea patrimonio exclusivo de ellos. A veces se mantienen un poco forzadamente en activo cuando el estado de sus medios aconseja dejar ya el sitio a otros (suponiendo que los haya, claro). Está también el miedo a echar excesivamente de menos una profesión que, después de todo, ha dado muchas satisfacciones y emociones; y en ocasiones no poco dinero. Era un tanto sorprendente la postura de Kraus.

"No creo que eche de menos el teatro. En realidad, el teatro aunque siempre me ha gustado, no es mi medio; mi medio es la voz, poderme expresar a través de ella y, claro, si un día compruebo que no porque he perdido facultades, eso deja de interesarme totalmente; lo mismo que el teatro, por supuesto. Si hubiera sido un actor de prosa no, que se mueren todos; en el escenario, claro. Soy consciente de ser de los cantantes que a más alta edad se han retirado de la actividad escénica. Aunque no soy una excepción. Mario del Monaco, por ejemplo, cantó, con un paréntesis, durante muchísimos años. Evidentemente, a mi edad, superada la sesentena hace tiempo, parece lógico plantearse la retirada, aunque me lo tomo con cierta calma. La verdad es que yo me encuentro bien; como le pasaba a Lauri Volpi, que cantaba y le salía la voz y los agudos a los 80, aunque ya estaba en el dique seco hacía mucho. Él me contaba que no podía ya sostener una ópera por el diafragma; podía dar un agudo, pero ya difícilmente mantener el apoyo. También depende del repertorio. Una cosa es cantar lo que yo canto y otra es cantar partes características. No hace mucho hice *L'elisir d'amore* con Rolando Panerai, que era Dulcamara, y estaba muy requetebién, con la voz muy firme a los 70 años.

»Y hay otros casos. Ahí está Taddei, un anciano, que cantó no hace mucho *Falstaff* en Valencia. Aunque, claro, no es lo mismo cantar de barítono y cierto repertorio que cantar como tenor *La favorita* o *Rigoletto*, y cosas así. En cualquier caso, llegar a esa edad es una excepción rarísima. Mario del Monaco murió a los 67 años, pero llevaba mucho tiempo en el que prácticamente cantaba una ópera o dos; o no cantaba. Tenemos también el caso de Gigli, que cantó casi hasta que se murió, pero que en sus últimos años ya no era ni su sombra. Me lo contaba aquel empresario que me contrató para El Cairo en 1956. Su padre había contratado a Gigli para dar unos conciertos en París. Tenía unos 54 años y ya no era el que era, ni muchísimo menos lo que había sido. A esa edad yo cantaba en París prácticamente en plenitud. Hay casos y casos. Ahí está Gedda, que canta todavía y hace recitales; no es el Gedda de antes, pero... Tiene dos años más que yo.

»De hecho, hace ya dos o tres temporadas que canto menos en escena, y no porque yo lo haya elegido así. Las circunstancias mandan. Hay grandes problemas en todos los teatros, problemas de dinero, de programación, de espacios y hay por tanto menos óperas que hacer. En lo que a mí respecta por lo menos. Cuando los teatros han decidido hacer la temporada ya es un poco tarde, pero la verdad es que sigo teniendo propuestas; en Madrid, Barcelona, por supuesto, en Berlín, Nueva York, Viena, Zurich... Ahora, sin embargo, salen más recitales. Lo curioso es que algunas producciones, muy modernas, que buscan un realismo mayor en los movimientos, me tienen como protagonista. Cuando canto Romeo, con 66 años, me parece sorprendente; pero lo importante es hacerlo y convencer. Y se convence a través de una serie de cosas: interpretación del personaje, modo de cantar, etc. Vamos a ver si puedo hacerlo en vísperas de cumplir los 68.

»Lo cierto es que en estos tiempos casi siempre me limito a hacer lo que para mí es más interesante y no suelo cantar más de veinte funciones al año. De esta forma doy más espacio a los recitales, que son con piano y no tienes que ensayar, que siempre es muy pesado. Y, generalmente, pagan mejor y es más tranquilo y reposado. Últimamente canto con Edelmiro Arnaltes. En muchos sitios, incluso en Madrid, es más difícil cantar con orquesta porque es costoso y complicado. En Madrid las orquestas no se encuentran fácilmente, y a un buen precio. Luego, hay que buscar al maestro. Cuando me preguntan a quién buscan, me ponen en un aprieto, porque los grandes maestros no te vienen a dirigir un concierto, dirigen los suyos. Los que pueden venir, que no suelen ser figuras, no le gustan al público por lo común; a los críticos tampoco. Y entonces llegas a la conclusión de que da igual y de que lo mejor es un maestro discretito que te acompañe, que no "rompa" como dicen los italianos, y ya está. Es lo que hacen todos. Pavarotti se lleva a Maggiera o a otro peor, uno que echaron del Metropolitan. Domingo anda con Kohn... Y yo me llevo al maestro Sanzogno, que es Dios al lado de aquéllos. Y aun así, la gente protesta. No sabe cómo están las cosas."

Kraus andaba deshojando la margarita antes de contraer su fatal enfermedad y esperaba poder alternar la enseñanza con las actuaciones. Tenía ya muchos años, pero se encontraba todavía bien para cantar unos cuantos más; aunque se ponía metas, no muy claras, es verdad. Pero no había en él ningún temor a esa retirada. En realidad, la tenía prevista; sin ningún tipo de problema. Al menos eso confesaba. Le preocupaba desilusionar, «hacer el indio, hacerlo mal», como decía. Y es cierto que acariciaba, de una manera difusa, la posibilidad de poner una academia, bien que lo suyo, y lo que más le agradaba, según hemos visto, era dirigir cursos. Pensaba convocar una rueda de prensa en su momento para anunciar su decisión.

* * *

Abrimos ahora una ventana que nos va a permitir completar lo que en los capítulos iniciales de este libro nos dijo Kraus acerca de sus métodos de aprendizaje, de su propia técnica, la que el consideraba, sin discusión, la idónea; y la que, a la postre, acabó empleando en sus clases magistrales y en su cátedra de la Escuela Reina Sofía. En primer lugar, nos centraremos, aunque sea brevemente, en las célebres Tablas de respiración de Markoff, heredadas de la profesora rusa, la primera que le enseñó de manera sistemática las reglas del canto y la que lo introdujo en las técnicas más apropiadas para conseguir una buena y sana respiración. En este camino nos hemos servido de los conocimientos de primera mano del tenor Suso Mariategui, que estudió estas técnicas con el propio cantante y que, con él, las desarrolló y administró a los alumnos de la cátedra de canto Ramón Areces de la citada Escuela.

Las Tablas estaban en un principio en ruso y alemán y eran 77, aunque en la práctica no se empleaban todas. Pasados los años, durante unas funciones de *Werther* en el Liceo, la hermana de la Markoff le entregó en mano a Kraus la mayoría de ellas, «para que tuviera un recuerdo de su profesora». Aquí abajo se reproduce el original de la nº 44, que posteriormente vino a ser la nº 26:

Allgemeine Dauer = 9 min. 3 sec.

Die Reihenfolge der Athemzüge	Die Anzahl der Sekunden nach de Uhr am Schlüss			Dauer der Athemzüge	Wie viele Mai ausgeführt
	der Einathmung.	der Athemhaltung.	der Ausathmung.		
I	15	31	47	= 47	
II	2	19	35	= 48	
III	50	8	24	= 49	
IV	39	59	15	= 51	
V	30	52	8	= 53	
VI	23	47	3	= 55	
VII	18	44	60	= 57	
VIII	15	43	59	= 59	
IX	14	44	60	= 61	
X	15	47	3	= 63	

De una manera más sencilla y clara, reproducimos ahora la nº 1, tal y como se enseñaba en la escuela madrileña:

5	11	16
21	27	32
37	44	49
54	1	6
11	19	24
29	37	42
47	56	1
6	16	21
26	37	42
47	59	4

Los números de la columna de la izquierda marcan los segundos que hay que inspirar; los del centro indican los que ha de retenerse el aire y los de la derecha los que debe mantenerse la espiración; todo sin solución de continuidad. A partir de ahí, las posibilidades de ampliar los segundos de cada función y de practicar las más diversas combinaciones son ilimitadas. De este modo se ejercita la flexibilidad del proceso muscular y se orienta rigurosamente el manejo del aire, en una técnica apoyada, naturalmente en la musculatura costo-diafragmática. Cuando se le preguntaba a Kraus qué había que hacer para respirar adecuadamente, hacía que el interlocutor colocara sus manos a ambos lados de su abdomen para que notara cómo se hinchaba cual acordeón; a partir de ahí había que realizar el apoyo del sonido. La inspiración es conveniente hacerla siempre por la nariz.

Los efectos de la práctica de esta técnica y de la sucesión de ejercicios respiratorios en sus tres tramos actúan a modo de tranquilizante y con el efecto beatífico de una sesión de yoga; que proporciona un mejor control de la columna de aire y beneficia el fraseo, que puede aplicarse a pasajes musicales más largos sin respirar. Luego está la habilidad para jugar con el tempo, para manejar el rubato. Kraus, que fue perro viejo casi desde el principio de su carrera, sabía cómo precipitar la velocidad de forma paulatina para dibujar el arco más conveniente para la expresión y para la culminación de un periodo. Lo hacía, por ejemplo, en la parte final de la tan citada aria *Parmi veder le lagrime* de *Rigoletto*. En vez de respirar como la mayoría inmediatamente antes del si bemol agudo –no escrito–, lo hacía un poco más atrás habilidosamente para poder de este modo realizar la frase en su integridad, lo que favorecía el *legato,* la línea y el sentido de la música. Escuchar la pista 12 del CD que acompaña al libro. En la página 246 figura el pentagrama con la indicación, mediante un ángulo agudo vertical, del sitio en el que respiraba el tenor:

Como ejemplo de la manera en la que Kraus tenía de enseñar, cantando casi siempre con el alumno, en el disco adjunto se incluye un fragmento del estudio de una página difícil y complicada, de inclemente tesitura aguda, de *Don Pasquale*: la parte de tenor del dúo *Sogno soave e casto*. Participan en la sesión el maestro, el tenor Mariategui y el pianista Edelmiro Arnaltes. Hay que afinar el oído para entender bien lo que se dice. Como se comprobará, el mimetismo entre profesor y discípulo a veces es notable, hasta el punto de que no siempre se acierta a saber cuándo canta uno u otro. Kraus insiste una y otra vez en que el alumno cante ligero, que no haga la a pesada, que la piense más estrecha, más clara, que la e y que la i, una de las bases de la técnica de emisión defendida por el maestro.

Ilustración musical **1.** Comienzo y final del aria y final de la *cabaletta*. Se escucha antes una presentación a cargo de Mariategui.

Por su interés colocamos a continuación en el CD un ejercicio de vocalización con la sucesión **i-e-a**, buscando igualar las vocales. Presenta Mariategui:

Atención a esta frase de Kraus: «El defecto de la gola es eterno».

Atención también a la última vocalización del corte, a partir del minuto 6 y 12 segundos, en la que Kraus asciende al mi bemol sobreagudo –rozándolo en este caso–, primero con la boca cerrada, luego con la **i**, después con la **e** y finalmente con la **a**.

Nuevo ejercicio en la frase *Per te amare*. Presentación de Mariategui. Kraus pugna, una vez más, por la ligereza, por la levedad, por la falta de «gordura» de las vocales, particularmente de la **a**. Se alcanza el si natural 3.

Incluimos a continuación un ejercicio de una de las lecciones impartidas por Kraus a Quique Paz en los años setenta. Escuchamos la secuencia **e-a**. Se aprecia perfectamente cómo el maestro va corrigiendo, a veces también entonando, y cómo el alumno recoge las correcciones. Se vocaliza hasta el do 4. Kraus recalca permanentemente: «La **a** más pequeña, más clara, más proyectada». En la grabación se escuchan lejanas voces cantando.

CAPÍTULO 13
Técnica, estilo, expresión: arte de canto

Hemos seguido hasta aquí el camino por el que se ha desarrollado el arte de Alfredo Kraus y entendido cuáles eran las características de su canto, su idea de las reglas que lo conforman. Hemos sabido asimismo cuáles eran sus opiniones sobre un amplio abanico de temas conectados con su profesión. En este capítulo, que actúa en cierta manera de síntesis de conocimientos y de prácticas, nos vamos a atrever a exponer cuáles son, desde nuestro punto de vista, las parcelas que determinan la bondad de la técnica, la calidad de la expresión, la perfección del estilo del tenor, obtenidos por él desde los principios expuestos y explicados en primera persona. Así, iremos paso a paso estudiando los atributos de ese arte, desbrozando las distintas facetas de su manera. Nos apoyaremos en conceptos que cualquier aficionado o conocedor de este oficio sabe y aprecia. Los pondremos en contacto con algunas de las interpretaciones del artista. De este modo, y con el acompañamiento de ilustrativos ejemplos sonoros, en la mayoría de los casos unidos a los correspondientes pentagramas, estaremos en condiciones de calificar, de definir con conocimiento de causa, el nivel e importancia de esa revolución que creemos llevó a cabo a lo largo de sus 42 años de carrera.

El cantante sirvió siempre los mecanismos que convierten una vibración acústica, a su paso por la laringe, faringe y cavidad bucal, en un sonido articulado; es decir, en voz. La aplicación del necesario y justo juego muscular, con intervención de los abdominales, el diafragma y los intercostales, como sostén imprescindible del aire, del aliento, que es el que, superando la presión subglótica, propicia el movimiento de los cartílagos en los que se inscriben las cuerdas, fue uno de los baluartes del arte y el estilo del tenor canario, que de tal forma se aseguraba, partiendo de unas condiciones naturales, la base precisa para lograr la correcta administración de ese caudal oxigenado, la consiguiente obtención del fiato, que le permitía construir de manera natural y firme largas e inacabables frases y fundamentaba buena parte de su arte, de su técnica y de su relevancia para la historia del canto moderno.

Aquí, en este vocablo, *moderno*, está uno de los puntos esenciales de su estilo. Porque la forma de cantar de Kraus, intransferible, particular, peculiarísima, se centraba en la utilización práctica y funcional de una serie de postulados que parecen irrenunciables para cualquier cantante, pero que, en él, luego de dominados, sonaban a nuevo. Conectado con el pasado para lo esencial, era siempre capaz de expresar, decir, frasear, interpretar con un aire de estos días. No gustaba de adornarse con sonidos aflautados o en falsete: para él la emisión debía ser en todo momento a plena voz o, en su caso, a media voz, proyectada como una flecha hacia un agudo firme, seguro, penetrante. La forma de atacar, límpida, precisa, rotunda, los sonidos, esa manera de acentuar, nítida, clara, la técnica para articular, con una exactitud de orfebre, o la minuciosidad para pronunciar y para respetar la prosodia de los vocablos conformaban la espina dorsal de su arte exquisito. Una forma de servirse de las técnicas nacidas a principios y mediados del XIX que buscaban la sonoridad combinada con el aliento.

En tal sentido Kraus era, lo decíamos en la introducción, un discípulo a distancia del histórico tenor, compositor y maestro sevillano Manuel García, autor de una histórica síntesis que todavía rige en el mundo del canto. Por lo dicho, queda claro que Kraus era un intérprete que servía puntual y fielmente los presupuestos del belcantismo más puro, que soldaba además los históricos tres registros, pecho, central y de cabeza –aunque para él, ya nos lo dijo, no existiera el llamado paso o pasaje de la voz, lo cual no quiere decir que, de una forma o de otra, no resolviera ese problema a su manera–, que brillaba en la zona alta con mil luces. En este sentido, era un directo heredero, a muchos años vista, de los tenores románticos, como Rubini, como Mario, como Fraschini, como Gayarre o Massini, que actuaban sobre un precipitado de métodos estrictamente belcantistas y, sobre todo los dos últimos, de mecanismos que conducían a la voz por otros vericuetos, con directo empleo de las resonancias superiores –senos nasales, frontales, maxilares–, en busca ya de nuevas formas de expresión, que alcanzarían su cenit, tras Donizetti y Bellini, en Verdi.

Es cierto que la voz de Kraus no era de las mejores del siglo. Otras han poseído un timbre más bello, más carnoso, más denso y generoso. La del canario tenía en todo caso una vibración muy peculiar, un color personalísimo y un metal cuajado de intensos y punzantes armónicos. Circulaba con una libertad pasmosa y campaneaba hacia lo alto con una insolencia esplendorosa. Todavía nos parece estar escuchando esa fuente sonora, ese manantial envolvente, capaz, en virtud de ese canto medido, sereno, señorial y elegante, de emocionarnos y de elevarnos a las alturas del arte más puro. Siempre habrá que luchar contra los que lo tachaban de frío. Basta escuchar cualquiera de sus grabaciones de Werther, un personaje romántico de Massenet en el que hizo carne y que en su interpretación adquiría unos grados insólitos de desesperación. Lo que sucedía era que el tenor expresaba desde lo más hondo sin dejar de respetar las reglas áureas del canto más puro. Sin sollozos, sin excesos.

La muerte de Alfredo Kraus hizo desaparecer al último representante del belcantismo de nuestros días. Era el único hoy por hoy que podía dar lo que piden determinados personajes de ópera italiana –y de zarzuela u ópera española: piénsese en Fernando Soler y en Jorge– y el que servía con una probidad absoluta las demandas de la partitura –aunque se adornara con agudos y sobreagudos, generalmente puestos con gusto–, que cantaba siempre con la máxima honradez, sin bajarse de tono ni una nota ni hurtar las habitualmente amputadas *cabalette*, como ha quedado repetidamente consignado en líneas precedentes. Una honradez que brillaba asimismo en sus prestaciones profesionales: rara vez suspendía una función. Algunas de ellas a raíz de la muerte de su esposa. Un golpe que lo dejó bastante postrado y redujo mucho sus actuaciones, que había ya espaciado en buena medida. La voz se conservaba sorprendentemente joven en un hombre de 71 años, pero el cansancio y la atonía muscular ya se empezaban a sentir.

No hay duda de que él gozaba no ya de una buena técnica, sino de una técnica excepcional, que le permitía salir airoso de cualquier contratiempo y que le facultaba para cantar sin aparente esfuerzo, con la voz siempre en su sitio y con sobrada reserva de aire. Para adquirir, completar y defender esa técnica hay que seguir unos fundamentos esenciales, unos puntos inamovibles e indestructibles desde los que desarrollar la actividad de forma artística y bella. Aquellos que le fueron insuflados al tenor canario por sus profesores y que eran en lo principal herencia de los manejados en tiempos de Gayarre por Francesco Lamperti –profesor del tenor navarro– y otros maestros de la segunda mitad del xix, provenientes a su vez de las sacrosantas verdades de las más rancias escuelas belcantistas, y que fueron recopilados en buena parte por el hijo de aquel estudioso, Giovanni Battista Lamperti. Aspectos que han sido estudiados con creces más arriba.

Entremos ya en el examen de los aspectos concretos de la fabulosa técnica de nuestro tenor. Hay que partir de su tipo vocal, ampliamente analizado en el capítulo 3, y centrarnos en los procedimientos que convertían al instrumento en un arma maravillosa de traducción (de unos pentagramas y un texto determinados) y de expresión. Sólo con ese bagaje es posible, como llegó a hacer él, salir a escena con una faringitis y cumplir sin que nadie se diera cuenta del padecimiento. ¿Milagro? No: simple manejo, adecuado, firme y coordinado, de todos los resortes implícitos en el noble arte de cantar. Estudiemos ahora por separado cada uno de los elementos básicos, de las parcelas o secuencias de ese proceso, que conceden la posibilidad de utilizar la voz de la manera más ortodoxa y que nuestro tenor entendía y aplicaba.

Fiato

Como se sabe, es la capacidad de almacenar aire en los pulmones y de administrarlo sabiamente, de dosificarlo para que la emisión nunca desfallezca y para que el sonido esté siempre en el fiel, en el fulcro; para que la voz suene, efectivamente, de la misma manera, sin perder lustre o esmalte. Se alabó siempre el fiato de Kraus. Su disposición para hacer frases muy largas sin respirar era proverbial; una cualidad que da unidad al canto y que propicia el uso del necesario *legato*. Para ello, por supuesto, es preciso poseer una completa técnica de respiración, emplear los músculos adecuados en el mecanismo de fonación, los que pueden sostener la columna de aire y alimentar la presión subglótica con garantías: diafragma y abdominales, sí, pero también intercostales. Y el canario era un maestro, un auténtico atleta en ese arte que da curso a un canto desahogado. Recordemos algún caso concreto en el que esta cualidad alcanzaba un grado extremo y desusado. Un buen ejemplo lo hallamos en el aria *Spirto gentil* de *La favorita*. Era impresionante el modo en el que el cantante unía el final de la segunda y el comienzo de la tercera seccion, desde la exclamación *Ahi me!* hasta el cierre de la frase *ne' sogni miei*. Atacaba en *forte* la exclamación, la repetía y luego filaba muy lentamente hasta enlazar con la reexposición de la frase inicial del aria, en pianísimo, para enlazar a continuación, sin modificar la lentitud del tempo, con la subsiguiente. Muchos segundos y bastantes compases que, hechos así, producen un efecto irreal y maravilloso y que impulsan poco a poco a la voz hacia el mundo:

Ilustración musical **2.** Donizetti. *La favorita. Spirto gentil. Ahi mè!*

Sólo algunos otros cantantes, muy distintos, han podido realizar este efecto de tal manera. Entre ellos Fleta:

Era sintomático en el canario, como rasgo denotador de esa comentada facilidad, realizar en un solo fiato las cuatro primeras estrofas de la *canzonetta* del Duque de Mantua: *La donna è mobile/ cual piuma al vento,/ muta d'accento/ e di pensiero*, sin descuidar en ningún instante los reguladores. Un elemento fundamental, pues, este del fiato cómodo, para mantener un canto holgado, sobrado y firme. Oigamos al joven tenor:

Ilustración musical **3.** Verdi. *Rigoletto. La donna è mobile,* comienzo.

Así lo mostrabá el tenor en otras páginas. Recordemos la segunda parte del aria de *Linda de Chamounix*, *È la voce che primiera...* En la palabra *tornerò*, tras un límpido ataque al si natural 3, realizaba, sobre una media voz muy bien regulada, una espectacular y larga frase.

Lo mismo que en *Je crois entendre encore* de *Los pescadores de perlas*, en donde las apacibles y calmas estrofas eran ligadas y enunciadas en larguísimas exposiciones sin respirar:

Ilustración musical **4.** Bizet. *Los pescadores de perlas. Je crois entendre encore.*

Legato

Esa buena articulación y coordinación de factores, ese respaldo o sostén del aliento, ese mantenimiento de la columna de aire, gracias a la capacidad pulmonar y su administración, junto al presumible buen gusto, facultan para la obtención de un *legato* adecuado; es decir, a partir de la consecución de un sonido, de un timbre si se quiere, igual en todos los puntos de la tesitura, la unión, la fusión de unas notas con otras, la ilazón necesaria para que, al cantar, el efecto sonoro sea fluido, que los sonidos se engarcen con naturalidad, sin modificación de su espectro. El resultado ha de semejar a la arcada de un violín. He ahí uno de los grandes secretos «a voces» del arte de cantar, ensalzado por todos los estudiosos y profesionales desde comienzos del siglo XVII. Kraus era un ejemplo a seguir en este aspecto. Lo apreciamos sin duda en esa larga frase sin respirar antes comentada de *Spirto gentil*; pero también en el exquisito comienzo de la misma aria, en el que las

(10) notas están fundidas unas con otras, a media voz, en una exposición inconsútil:

Ilustración musical **5.** Donizetti. *La favorita. Spirto gentil;* comienzo.

(11) Lo vemos asimismo en la exposición perfecta del recitativo *Lunge da lei per me non v'ha diletto!*, que precede a la emotiva aria *De' miei bollenti spiriti* de *La traviata*: Kraus tenía, en el momento de hacer esta grabación, 65 años; y se aprecia, pero conservaba su técnica para mantener ese fundido entre notas. Mucho mérito:

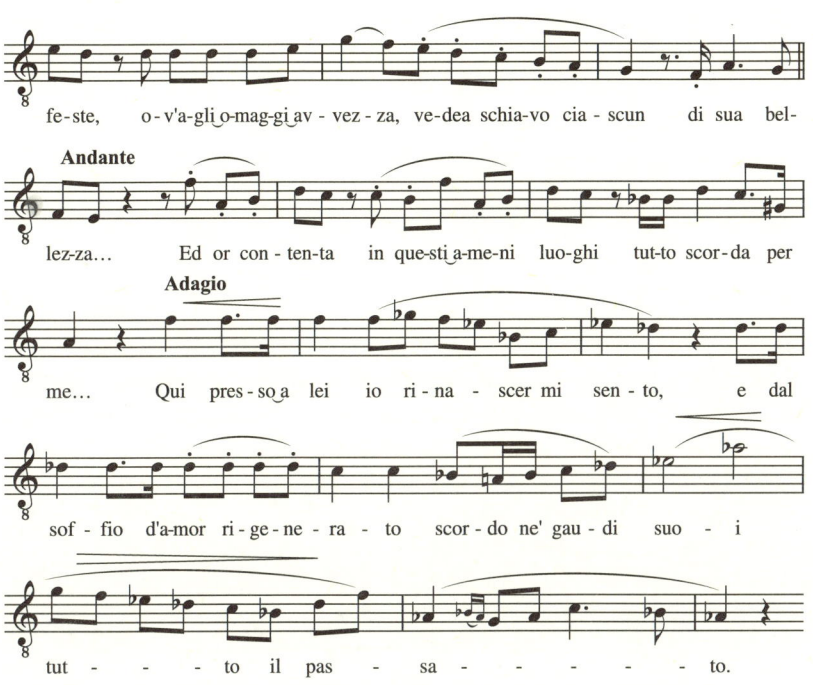

Ilustración musical **6.** Verdi. *La traviata. Lunge da lei per me non v'ha diletto!*

No digamos en el recitativo *Ella mi fu rapita!* Y sobre todo en el aria subsiguiente, *Parmi veder le lagrime*, de *Rigoletto*, en la que el cantante asombra con su igualdad, con su homogeneidad de registros y con el uso de delicados *fiati rubati*, aires robados, que permiten el mantenimiento de la línea, el equilibrio de la frase. Escuchamos a un Kraus mucho más joven:

Ilustración musical **7.** Verdi. *Rigoletto. Parmi veder le lagrime.*

Anotemos también las primeras palabras de *Pourquoi me réveiller*, la romanza de *Werther*, que luego estudiaremos más en detalle:

Ilustración musical **8.** *Massenet. Werther. Pourquoi me réveiller.*

Por supuesto, en el desarrollo del aria de *Los pescadores de perlas*, *Je crois entendre encore*, dicha en un suave aliento vocal.

Reguladores

Hemos utilizado ya antes esta palabra, que define los sutiles cambios de intensidad sonora que van alimentando la expresión y haciendo amena la interpretación. Sin el empleo de estos efectos, que requieren, evidentemente, pericia en el control del aliento, todo sería plano, aburrido y falto de contrastes, por mucho que se reforzara, por ejemplo, el impulso en los ataques. El timbre, y esto debe tenerse como máxima, ha de ser siempre el mismo en una voz bien dotada, bien emitida, bien manejada y controlada, bien equilibrada –aunque haya habido grandes cantantes con instrumentos muy desiguales; léase Pertile o Callas–; pero el color ha de variar. El color es una de las propiedades del timbre, que hacen que éste sea más claro o más oscuro. La mayor o menor oscuridad, el adelgazamiento o engrosamiento del timbre ayudan notablemente a enriquecer la expresión. Lo saben los compositores, de ahí que, incluso los barrocos y los clásicos, anoten en el pentagrama signos indicativos, generalmente largos ángulos agudos acostados, orientados en uno o en otro sentido, que van marcando el crecimiento o decrecimiento de la línea vocal, que ha de ir por tanto jugando permanentemente con la intensidad, aquí un *diminuendo*, allá un *crescendo*. Es algo básico.

Tenemos el ejemplo del aria de Ferrando de *Così fan tutte*, en la que Mozart ha situado muy expresivos reguladores, que Kraus –pese a que en este caso pueda achacársele una cierta falta de efusión poética (nos referimos concretamente a la grabación para EMI dirigida por Böhm, año 1962)– es de los pocos en observar correctamente; junto a Simoneau, que incluso lo aventajaba en esto. Escuchamos los compases finales.

Hay quien ha estimado que el tenor canario, sobre todo en sus últimos años, abusaba de ese efecto –como Caruso abusaba del portamento–. Puede que haya algo de eso; pero ese posible exceso no lastraba interpretaciones extraordinarias. Volvamos a *Traviata* y repasemos esas conturbadas frases de Alfredo Germont en el segundo cuadro del segundo acto, cuando acaba de insultar a Violetta en la fiesta de Flora Bervoix y recibe la reprimenda del cavernícola de su padre, que es en realidad, y paradójicamente, el culpable de la situación: *Ah, sì, che feci! Ne sento orrore*. Son un verdadero prodigio de delicadeza, sutileza, interioridad, de lacerante expresión poética. Sigue lo pedido por Verdi, pero lo enriquece en un efecto que ningún otro tenor consigue por igual; un momento mágico:

Ilustración musical **9.** Verdi. *La traviata. Ah, si che feci? Ne sento orrore.*

Efecto similar al experimentado con la escucha de las grandes recreaciones krausianas del célebre *Lamento de Federico, È la solita storia del pastore* de *La arlesiana* de Cilea. Son asombrosos tanto el arco general de toda la interpretación, en un continuo *crescendo* desde el susurro inicial, en la línea de los Gigli o epígonos como Tagliavini, como los arcos parciales, entre frase y frase. Y con una emoción muy bien medida:

Ilustración musical **10.** Cilea. *La Arlesiana. È la solita storia del pastore.*

Un pasaje que nos muestra asimismo bien a las claras esta peculiaridad del arte krausiano se localiza en el concertante de *I puritani*, el célebre *A te, o cara*, que se ha convertido ya en un solo de tenor. En cualquiera de las grabaciones del artista y en las actuaciones que le recordamos en vivo y en directo, siempre ha hecho auténticas maravillas; no ya por la exultante facilidad en ascender al agudo o sobreagudo –ese exigente do sostenido 4–, sino por la aplicación de un sistema de reguladores excepcional, atendiendo a lo exigido por Bellini y al sentido musical de la frase. Son admirables las evoluciones, el suavísimo balanceo de la voz, desde el *piano* de los primeros compases hasta el *forte* del la natural agudo filado de *tra la gioia e l'esultAr*, pasando por el *mezzo forte* de *mi guidò furtIvo e in pianto* (asimismo con la natural en la segunda sílaba de *furtivo*, apianado a través de un maravilloso y delicado portamento) y de *or mi guida a te d'accanto*. Es impresionante y muy demostrativo sin duda el modo en el que la línea vocal, de una nitidez y de una luminosidad raras, se va plegando al texto y a las notas en un dulce y lírico vaivén:

Ilustración musical **11**. Cilea. Bellini. *I puritani. A te, o cara*, primera parte.

Escuchemos ahora estas frases fragmentadas de acuerdo con lo dicho.

Creemos que sólo, si hablamos de grabaciones, un Lauri Volpi, por procedimientos más rancios, más propiamente belcantistas, ha igualado o superado esta interpretación. El gran tenor italiano cantaba, no obstante, medio tono bajo.

Una interpretación a la antigua, con voces mixtas, medias voces, falsetes, falsetes reforzados, reguladores varios. Más elegíaca, sin duda, que la de don Alfredo. Otra óptica. En todo caso, la del tenor español mantiene su tersura, su expresividad y su tensión a lo largo de todo el fragmento y consigue, en su segunda mitad, tras el ascenso al do sostenido –tradicionalmente mantenido, aunque en la partitura, colocado sobre una negra, tiene menor duración–, poner en práctica todos los caracoleos que impone el compositor sin romper ni manchar la línea y manteniendo las alternancias dinámicas exigidas. Realmente magistral:

Ilustración musical **12.** Bellini. *I puritani. Al brillar di si bell'ora.*

Es importante la forma en la que Kraus resuelve, tras el sobreagudo, la extensa frase *si raddoppia il mio contento*, hecha prácticamente en un solo fiato, en una exhibición de belcantismo rampante y a cuyo término se ve un poco apurado de fiato:

Tampoco ha de caer en saco roto el espléndido la natural 3 filado, seguido de leve portamento, en la frase de cierre *m'è più caro il palpitAr*, poco antes de que entren los demás solistas y el coro:

Messa di voce

Es un efecto íntimamente ligado al anterior, ya que, después de todo, los mecanismos son los mismos: aguantar el aire, mantener el apoyo a fin de que el sonido pueda ser regulado a voluntad con las máximas garantías y obtener así ese crecimiento que lleva la voz del *piano* al *forte* y del *forte* al *piano*; un dibujo que asemeja una pequeña curva creciente-decreciente. En la segunda parte de este diseño la voz se afila y produce lo que llamamos un *filado*. Para ello hay que tener, como se dice, un excelente apoyo a fin de aguantar y presionar. Generalmente, los cantantes practican esos cambios dinámicos aplicando el falsete en las partes suaves y pasando a la voz plena a veces sin solución de continuidad, bruscamente, con lo que se rompe el efecto encantador. Encontramos numerosos momentos de este tipo, excelentemente realizados, sin que por lo común apareciera el odiado (por él) falsete, en nuestro tenor. Este procedimiento, hay que subrayarlo, lo mismo se puede aplicar a una sola nota que a una frase entera, siempre que quede en evidencia ese dibujo en arco. Volvamos, como ejemplo de lo primero, a aquel largo *tornerò* del aria de *Linda de Chamounix* de Donizetti, que se encuentra en el corte 8.

En las frases comentadas de *Traviata* o *Puritani* tenemos ejemplos claros, continuos arcos, movimientos dinámicos de excepción. Y en el aria de Edgardo del tercer acto de *Lucia di Lammermoor*, particularmente en la delineación de *Tu che a Dio spiegasti l'ali*: escuchamos la parte postrera.

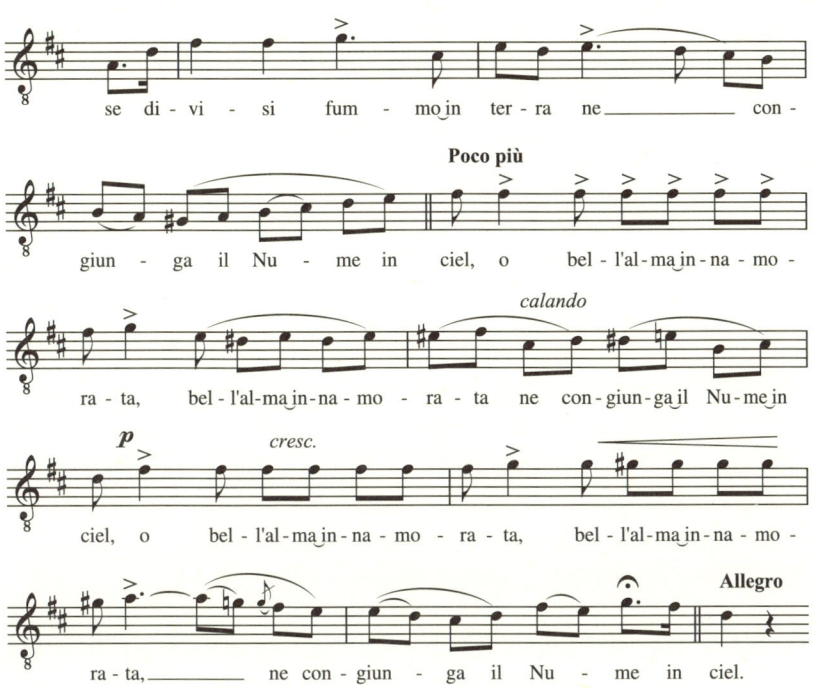

Ilustración musical **13.** Donizetti. *Lucia di Lammermoor. Tu, che a Dio,* final.

Kraus forjaba asimismo en el final de la primera parte de *Una furtiva lagrima* un perfecto crecimiento-decrecimiento, con total respeto a lo consignado por Donizetti. Desde *Che più cercando io vo? M'ama, lo vedo*, con el primer y el segundo ápice situado en la expresión *m'ama*:

Ilustración musical **14.** Donizetti. *L'elisir d'amore. Una furtiva lagrima.*

De refinados efectos de este tipo nos provee el tenor en *Werther*, especialmente en el dúo del primer acto con Charlotte. Hay una frase maravillosa, *mon coeur ne sOUffre plus*, en la que ataca dulcemente un la bemol agudo, le da fuerza y enseguida lo recoge finamente, en una clara *messa di voce* combinada con una *mezza voce*:

Ilustración musical **15.** Massenet. *Werther. Mon coeur ne sOUffre plus.*

Mezza voce

Es decir, media voz, una forma de emisión que Kraus llevó, merced a sus características canoras y a su estilo, a una rara perfección, de tal modo que, gracias a un apoyo y a un sostén soberano, el cantante podía adelgazar a voluntad, disminuir el volumen por el reforzamiento de la presión muscular: para reducir la cantidad de sonido y lograr que éste mantuviera la misma calidad, idéntico timbre que en el *forte*, a plena voz, esa presión, ese esfuerzo ha de ser doble. En el falsete, sin embargo, el sostén es mínimo porque la cantidad de aire que se emplea es muy pequeño, justo el que necesitan para vibrar las cuerdas vocales en uno de sus extremos. Hay en las interpretaciones de Kraus algunas medias voces memorables. Recordemos, por ejemplo, el cierre de la primera parte de *Pourquoi me réveiller*: tras el ascenso al impetuoso si bemol agudo, la voz enuncia *o souffle du printemps*. Es un fa agudo, que el tenor recoge magistralmente sin perder la sonoridad, la posición, el timbre, en un hermoso filado. Aunque antes escuchamos el final de la página, en el que la voz se alza en toda su plenitud.

Hermoso contraste con ese repliegue dinámico en el cierre de la primera sección:

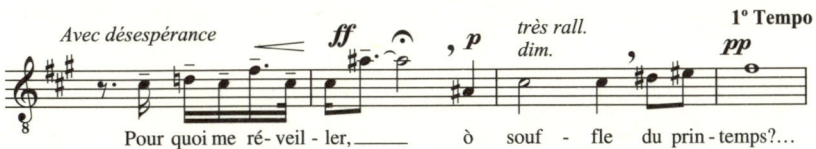

Ilustración musical **16.** Massenet: Werther. *Pourquoi me réveiller, o souffle de printemps.*

Volvamos a *Una furtiva lagrima*. Ahí el artista practicaba ejemplarmente ese toque delicado y matizaba soberanamente, desde el principio, el canto de Nemorino, sin perder por ello el norte de la proyección a los resonadores superiores:

Ilustración musical **17.** Donizetti. *L'elisir d'amore. Una furtiva lagrima*, comienzo.

Sfumature y *smorzature*

Son otras dos clases de variación dinámica del sonido y, para que sean canónicas, han de hacerse sin perder la tan comentada posición, sin que el timbre se difumine, sin que el esmalte se diluya. Ya se sabe: apagamientos o desvanecimientos más o menos acusados, que en el caso de las segundas lleva aparejada una pérdida o disolución del tempo. Efectos en los que era un maestro reconocido Schipa y que Kraus siempre empleó de manera muy discreta, sin olvidarse del norte de la media voz. En el aria de *Werther* teníamos un ejemplo; como los tenemos en la mayoría de las interpretaciones del cantante, de estilo tan completo, variado y ameno. En el mismo cierre de la primera parte de *Una furtiva lagrima, m'ama, lo vedo*

Apuntemos igualmente aquel tránsito, ya comentado, de la segunda a la tercera parte de *Spirto gentil*. Recordemos de nuevo el delicado *tornerò* de *Linda de Chamounix*; y este otro fragmento de *Werther, Mon être*, que se cierra con un do 3 pianísimo, aunque antes hay un magnífico la natural agudo *sfumato*:

Ilustración musical **18.** Massenet. *Werther. Mon être.*

Fraseo

Es lógico, dada su capacidad pulmonar, su administración del aliento, su *legato* que Kraus dominara como pocos el arte de frasear, que aparece como la suma del control de otros muchos, algunos estudiados hasta este momento. Fundamentalmente el de la variación dinámica o regulación del sonido. Lo que combina con la capacidad para acentuar con propiedad, para pronunciar y decir. El fraseo pleno nos llega cuando esa facultad se combina con la técnica del ataque, con la manera de atacar el sonido, con el impulso limpio y neto hacia la nota, un ataque *sul fiato* que no aplicaba trucos conocidos, como el portamento *di sotto*, que recurre al apoyo desde una nota inferior, lo que facilita el salto a la superior y con el arte para el portamento propiamente dicho, del que Kraus nunca abusaba, pero que empleaba hábil y sutilmente.

De otra forma serían impensables frases tan extraordinarias como las obtenidas en el cuarteto de *Rigoletto, Bella figlia dell'amore*, con ese elegante dibujo de las primeras estrofas y el remate hacia el si bemol agudo:

Ilustración musical **19.** Verdi. *Rigoletto. Bella figlia del amore.*

O las conseguidas en el recitativo *Ella mi fu rapita* de la misma ópera, dicho con una elegancia y una acentuación de extraordinaria nitidez. Y una leve desafinación en la frase *ancora mi spingesse!*:

Ilustración musical **20.** Verdi. *Rigoletto. Ella mi rapita.*

Recordemos también *Lunge da lei per me non v'ha diletto* de *La traviata*, recogido en la Ilustración 6, corte 11, recitativo previo al aria *De' miei bollenti spiriti*, donde las alternancias *forte-piano*, realizadas de forma paulatina, siempre en contacto íntimo con el texto, son idóneas. En *Tombe degli avi miei* de *Lucia* las palabras aparecen cinceladas, acentuadas, casi masticadas, con una claridad y fervor excepcionales, dichas con morosidad y casi delectación, a lo largo de un tempo muy lento; y a tono, con escalada al si natural:

Ilustración musical 21. Donizetti. *Lucia di Lammermoor. Tombe degli avi miei.*

Se ha hablado muchas veces de la conexión Schipa-Kraus. Con razón, pese a que entre ambos tenores existieran muchas diferencias. Con afán comparativo y para extraer las oportunas consecuencias, puede ser útil escuchar a ambos artistas, con un fraseo modélico en cada caso, en el que *legato* y regulación, dicción y acento van de la mano, en el comienzo del aria de Ernesto de *Don Pasquale* de Donizetti, *Cercherò lontana terra*:

Ilustración musical **22**. Donizetti. *Don Pascuale. Cercherò lontana terra.*

Kraus le gana por la mano a Schipa en balanceo, en vaivén; Schipa vence en la finura, el terciopelo. Consultar al respecto el capítulo 10, en el que el español habla largo y tendido de su colega italiano.

Agudos y sobreagudos

No es ningún secreto que Kraus era un tenor de agudos, aunque, como hemos venido demostrando, no sólo un tenor de agudos. Era un cantante fenomenal, dueño de un arte depurado que, además, gracias a una soberana emisión y proyección del sonido, contaba con una zona alta privilegiada, de extraordinario poder y amplitud.

Gracias también a ese ataque fulminante, neto y preciso a la nota del que hemos hablado. Esa facultad le permitía pasearse en sus mejores tiempos por los nueve does de *La fille du régiment*, que emitía de manera restallante y precisa, al tiempo que concedía a la expresión toda la pícara y sencilla gracia solicitada:

Ilustración musical **23**. Donizetti. *La fille du régiment. Ah, mes amis.*

En *Puritanos* abordaba de forma exultante no sólo el do sostenido de *A te, o cara*, tal y como comprobábamos antes, sino el re natural y el re bemol 4 de la parte final del largo maestoso *Credeasi, misera*; no el fa 4, situado en una negra, que es prácticamente de paso en escala, y que daría en *falsettone* el creador de Arturo, Giambattista Rubini. Aquí tenemos ese fragmento del finale de ese concertante del tercer acto de la ópera, a partir de la frase *Ella è tremante*. Hay un traslado de la letra y un cambio, hasta cierto punto habitual, en la colocación de las notas:

Ilustración musical **24**. Bellini. *I puritani. Ella è tremante.*

Rubini fue asimismo el primer Elvino de *La sonnambula*, en la que hay igualmente numerosos pasajes de lucimiento en la franja sobreaguda, que Kraus siempre cantó a tono –como los más espinosos de *Lucia*–. Ahí tenemos ese escalofriante Allegro moderato *Ah! perchè non posso odiarti* de la grabación de la ópera en La Fenice en 1961, con ascenso a un re natural sobreagudo no escrito y un inacabable si bemol de cierre, tampoco previsto por Bellini:

Ilustración musical **25.** Bellini. *La sonnambula. Ah! perchè non posso odiarti.*

Hay un pasaje en el aria, más de una vez mencionada, de la donizettiana *Linda di Chamounix* que pone los pelos de punta, tal es la perfección con la que la voz es manejada y la insultante soltura con la que es impulsada hacia lo alto en resplandeciente sucesión de re bemol 4 (tras prodigioso ataque directo), do natural, si bemol y la natural conclusivo; una disposición que fantasea sobre la partitura:

Ilustración musical **26.** Donizetti. *Linda de Chamounix. Se in tanto in ira, final.*

Ya hemos hablado del *Spirto gentil* de *Favorita*. En esa misma ópera hay otros dos agudos que nuestro cantante emitía sin pestañear con suma facilidad: el do de cierre de la obra (no escrito), a veces plataforma para el do sostenido, y el do sostenido del *racconto Una vergine*, solamente apuntado en una semicorchea en el pentagrama y que la tradición manda que se mantenga unos segundos:

Ilustración musical **27.** Donizetti. *La favorita. Una vergine.*

El tenor canario fue de los primeros en recuperar en tiempos modernos la *cabaletta Possente amor mi chiama* de *Rigoletto*, que coronaba con un espeluznante re natural 4; y de los que se atrevían en escena con la página del mismo tipo de *La traviata, O mio rimorso!*, que cerraba habitualmente con un do de pecho, tampoco escrito. Por esta nota mantuvo una acre discusión con Muti durante la grabación de la ópera, una anécdota comentada en el capítulo correspondiente. Finalmente prevaleció el criterio puntilloso e historicista del director y no hubo do. Pero la verdad es que la música, y aquí hay que estar de acuerdo con el cantante, parece pedirlo. En las ilustraciones siguientes escuchamos, en primer lugar, el final de esa *cabaletta* tal y como lo redactó Verdi, en la versión de Muti, y tal y como lo cantaba habitualmente el tenor –que, con el fin de prepararse para el do, se callaba unos compases antes de la nota–, en la versión muy posterior dirigida por Mehta:

Ilustración musical **28.** Verdi. *La traviata. O mio rimorso,* final.

El que nos parezca bien o mal la colocación de un agudo o sobreagudo donde no lo hay también depende, aparte de la correspondencia armónica, de que lo hayamos escuchado así ya muchas veces; como sucede con la misma nota no escrita de la *Pira* de *El trovador*. Pero hay agudos con los que Kraus nos obsequiaba, en busca de una nada ilícita brillantez, que no acababan de convencernos; como algunos de los does que propinaba en *Los cuentos de Hoffmann* o ese si natural de *La tabernera del puerto*, que no terminaba de casar musicalmente con la línea de la romanza de Leandro. Una de las últimas grabaciones del tenor:

Ilustración musical **29.** Sorozábal. *La tabernera del puerto. No puede ser.*

Pero sí nos convencía, y de qué manera, en la parte final de la cavatina de Fausto, en la ópera de Gounod. Tras un ascenso impecable, hacía resonar y brillar esplendorosamente el do sobreagudo (escrito en la partitura) para recogerse después, en el delicado cierre, en un susurro vocal. La marca de un gran artista:

Ilustración musical **30.** Gounod. *Faust. Salut!, demeure chaste et pure.*

Agilidades

No fue Kraus, como se ha dicho, un tenor ligero, de voz leve y aérea, aunque en los momentos adecuados la emisión pudiera aclararse y aligerarse lo necesario. La suya, ya se sabe, tenía densidad y cuerpo; sin embargo, ello no le impedía en tiempos moverla vertiginosamente y trazar impecables escalas, *volatas* y *volatinas*. Recordemos la pulquérrima reproducción que siempre hizo del aria de Almaviva *Ecco ridente* de *El barbero* rossiniano, emulando a su antecesor Manuel García. Las semicorcheas en cascada no eran problema, aunque la página fuera habitualmente cantada en su versión abreviada. En esta versión casi juvenil, además, cierra con do de pecho:

Ilustración musical **31.** Rossini. *El barbero de Sevilla. Ecco ridente.*

La larga *volata* de *Il mio tesoro* de *Don Giovanni* de Mozart era magistralmente diseñada, con todas las notas en su sitio y con su valor. No la realizaba, las pocas veces que interpretó al timorato don Ottavio, en un solo fiato, evidentemente no porque no tuviera fuelle: era una forma de asegurarse la perfecta delineación:

Ilustración musical **32.** Mozart. *Don Giovanni. Il mio tesoro.*

Las agilidades que ilustran asimismo parte de los pentagramas del otro personaje mozartiano que llegó a cantar, Ferrando, de *Così fan tutte* –éste sólo en disco, con Böhm– eran pan comido. Combinaba la ligereza exigida con el carácter dramático que hay que imprimir al novio de Dorabella. Como ejemplo de aquélla, escuchemos este final del dúo del segundo acto con Fiordiligi. Al lado del tenor, Elisabeth Schwarzkopf. Pese a lo que Kraus dice en el capítulo 5, la batuta del director está llena aquí asimismo de levedad.

Ilustración musical **33.** Mozart. *Così fan tutte. Abracciami o caro.*

Ilustración musical **34.** Mozart. *Così fan tutte. Tradito. schernito!*

Y como ejemplo de dramatismo, he aquí la parte final del aria *Tradito, schernito!* La acentuación, la expresión, la colocación de la voz, fraseando en la línea del fa, sol y la agudos, nos dejan, en efecto, la impresión de una persona dolida e indignada al tiempo. Se lamenta de la traición de su novia Dorabella. Escuchando esta soberana manera de frasear, de otorgar carácter, virilidad y vigor al personaje volvemos a lamentar que el tenor no se entregara en mayor medida y con más entusiasmo a la música del compositor salzburgués.

CAPÍTULO 14
El mundo del disco

No puede decirse que la muy extensa carrera de nuestro tenor tuviera la lógica correspondencia en el mundo del fonógrafo. Cantantes inferiores a él, antes, al tiempo y después, han sabido desarrollar con tino una participación, en ocasiones prácticamente masiva, en los estudios. Es cierto que el canario grabó desde el principio, pero en firmas españolas, que pudieron recoger su voz juvenil en el ámbito de la zarzuela, aunque la ópera quedara marginada y presente sólo en un algún que otro recital. La creación del sello Carillón, del que Kraus fue socio junto a Laureano Irazazábal, y para el que grababa en exclusiva, se reveló como una idea poco brillante, pues le cerraba el camino hacia los más importantes estudios y al mercado de las grandes superproducciones al lado de los mejores cantantes. Paulatinamente, pero después de una labor de casi treinta años en los escenarios, la voz del tenor empezó a ser reclamada por las más importantes firmas, EMI en primer lugar, que –más vale tarde que nunca– pudieron aún registrarla en buenas condiciones. Aunque lo más relevante hay que verlo en las incisiones llamadas piratas, esas tomas de extranjis que aficionados o profesionales camuflados han venido realizando, con escasos medios técnicos, a partir de los años posteriores a la Segunda Guerra Mundial y que se mezclan en paralelo con las recibidas de una transmisión radiofónica. Sólo de esta manera ha sido posible que el mejor Kraus, el centelleante tenor lírico-ligero más importante de los últimos cincuenta años en el repertorio italo-francés, haya quedado preservado para la posteridad. La única forma de encontrarnos a veces con su voz en algunos de los papeles en los que ha sido grande, en aquellos en los que debe considerársele intérprete de referencia, ha venido dada, en efecto, mediante estos procedimientos en principio espurios, de menor calidad sonora. Hoy, cuando los años han pasado y los derechos han prescrito, los distintos sellos, que trafican con ese tipo de grabaciones, han llegado a ser perfectamente lícitos. Lo que es una bendición, pues Kraus cantó mucho, aunque mantenía sus calendarios suficientemente espaciados, y por eso se empezó a captar su voz desde finales de los cincuenta. Ahí está esa histórica e impagable *Traviata* de Lisboa, de la que el artista nos habló en el capítulo correspondiente. Y ahí están tantas y tantas noches para el recuerdo, de algunas de las cuales también hemos tenido aquí noticia directa de boca del propio cantante, que en las páginas que siguen nos facilita nuevas apreciaciones, reflexiones y rememoraciones acerca de esta cuestión. Como final del capítulo, consignaremos una lista comentada, con nuestras particulares valoraciones, de lo que podríamos considerar una selección discográfica del más alto interés. Y que podría haberse incrementado con una serie de registros, actualmente en cinta de bobina, de numerosas interpretaciones en vivo del tenor y que la familia guarda como oro en paño. Debería llegarse a un acuerdo con alguna casa comercial para que estos tesoros pudieran salir a la luz pública.

Muchos aficionados al canto se han preguntado siempre por qué Alfredo Kraus, con tantos años de carrera a sus espaldas, no grabó más. Su actividad fonográfica, digamos comercial, empezó a moverse de verdad cuando ya era muy maduro. Aunque existen algunos registros en estudio de su época temprana que han de colocarse en un lugar de honor. Por ejemplo, los tres consagrados a *Rigoletto* –ópera de la que pueden citarse también distintas muestras piratas–, una con Gavazzeni, de 1960 (Ricordi), otra con Solti

(RCA), de 1963, y otra con Rudel, de 1978 (EMI). De ellas nos hablaba el tenor.

"La verdad es que el recuerdo se va desvaneciendo poco a poco, porque estos discos no los he vuelto a escuchar desde que los grabé. He oído, a lo mejor, una romanza durante alguna entrevista en televisión o radio. Creo que las tres versiones son buenas, a mí me gustan. Sin embargo, hay momentos en los que prefieres una sobre las demás porque estimas que la parte técnica es superior. O descubres que la parte puramente interpretativa es mejor en un caso que en otro, posiblemente en la última que hice. Es la que más me convence; la de Beverly Sills ... Es quizás una interpretación más madura, aunque hay muchísimos matices que me pueden gustar más en las otras. No es fácil decidirse. No puedo.

»En todo caso, ya lo hemos comentado, una ópera se justifica verdaderamente en el teatro. En el escenario y con público. La ópera no nació para que fuera grabada. Podría resultar hacerla en estudio si no se perdiera esa cosa viva que es el contacto entre público y escenario, esa corriente que se establece entre uno y otro que no existe en un disco de estudio, que además se va grabando con gran discontinuidad, trozo por trozo, saltando del principio al final, volviendo adelante, lo que quita a la música la unidad expresiva que tiene cuando se representa en teatro. Esto es para mí un inconveniente: el hacer las cosas artificialmente, lo mismo que se fabrica un robot, pieza por pieza, que se van uniendo poco a poco. No creo que la ópera haya nacido para esto, sino que tiene que empezar, irse desarrollando y adquiriendo sus naturales proporciones hasta llegar a un desenlace, un desarrollo que va viviendo cada cantante, y cada instrumento de la orquesta, si se me apura. La frialdad que tiene el micrófono no me atrae, no me seduce. Un inconveniente es también el tener que grabar con los artistas que imponen las casas de discos, con alguno de los cuales puede que no estés de acuerdo musicalmente.

»Por otro lado, y desgraciadamente, la mayor parte de las veces las casas de discos están en manos de personas que son comerciantes pero no entienden nada de ópera ni de teatro, no son artistas ni conocen este mundo y a la hora de repartir los papeles se equivocan, protegen a cantantes que tienen en exclusiva. En fin, es todo un mundo un poco complejo y difícil. Eso supone para mí un atractivo menos. Además considero que el disco tendría que ser un documento para la posteridad, que sirviera para representar lo mejor de cada época. Por tanto los artistas tendrían que dar lo mejor de sí, sin trucos, para que las generaciones del futuro supieran quiénes eran, qué representaban; y eso tampoco se logra, pues se puede llegar a escuchar a cantantes que sabemos lo mal que cantan al natural y que, de repente, en disco resultan ser una maravilla. Y es que en el estudio se corta, se pega, se aumenta y se disminuye. ¡Se inventan hasta los agudos! Con la técnica moderna se puede hacer de todo, hay falta de veracidad y de autenticidad. No es raro por ello que yo sienta hasta antipatía por el disco.

»Sin embargo, ahí está lo paradójico, tus fans y seguidores, y la gente que el día de mañana quiere saber qué pasó en esta época, necesitan del disco. Pero, bueno, afortunadamente, aunque esto vaya contra mis intereses y los de los demás cantantes, existe el disco pirata que refleja de una manera más fiel, o completamente fiel, lo que de verdad ha ocurrido en esas actuaciones en vivo. Con estos registros piratas y con el disco comercial sumados ya se puede uno hacer una idea de lo que ha sido o lo que es en la actualidad la lírica, la ópera. Durante una larga temporada no grabé prácticamente nada en estudio, pero como la gente solicitaba mis discos, por fin me decidí a grabar algunas óperas. Pero, de ahora en adelante, tengo la idea de hacer más discos yo solo que con los demás. Lo que sí estoy haciendo con relativa frecuencia es grabar algunas óperas o actuaciones en directo, como *La hija del regimiento* en el primer caso, en París, o como el concierto con June Anderson en el segundo. Está prevista la grabación de *La favorita* durante un concierto en el Konzerthaus de Viena con Agnes Baltsa y Paolo Gavanelli.»

De esta *Favorita* se habló en el curso del texto y se dijo que, por razones no explicadas, EMI no consideró oportuno lanzarla al mercado.

> Pero repito que ahora prefiero hacer discos yo solo, incluso hasta con piano porque con las orquestas hay problemas, cuestan una barbaridad de dinero y las casas discográficas están reacias, como ya comentábamos. El disco compacto ha elevado los costes y una grabación sale mucho más cara en este soporte que en el tradicional vinilo. No hay dinero para orquestas y ensayos, se simplifica todo con el piano. Acabo de grabar un disco de 65 minutos para la casa Capriccio con dos canciones de Petrarca de Liszt, algunas arias y canciones de Donizetti y canciones de Verdi, Mascagni y Respighi. Es lo último que he hecho, aunque tengo intenciones inmediatas de hacer un disco de Tosti, otro de música española y otro de música francesa. Todo con piano. Y con mi voz como protagonista. Lo que a veces crea problemas, porque mi timbre es difícil para el micrófono, preciso el espacio natural en torno a mí, la distancia que hay en el teatro, y las casas discográficas no han sabido nunca captar esta característica. Te ponen un micrófono delante, sin más, y te falta el espacio. Las membranas del ingenio están recibiendo el metal de la voz, pero no captan los armónicos que va creando a través de su viaje por ese espacio. Menos mal que ahora se está empezando a lograr una mejora muy notable con el sistema digital. En el último disco que he grabado en Nimbus, con arias antiguas, mi voz suena casi como si estuviera en el teatro.

Las grabaciones

En las páginas siguientes el lector encontrará una relación de las mejores grabaciones de Alfredo Kraus a juicio del autor de este texto. Es una estricta selección, subjetiva por tanto. Habrá quien opine de manera diferente y considere que en la lista faltan registros fundamentales o que sobran algunos de los incluidos. Se mencionan y se comentan interpretaciones de cualquier época, piratas y de estudio, todas ellas comercializadas en algún momento y generalmente localizables en el mercado actual. La relación se ha hecho por orden alfabético de autores. Figuran, tras el título, los apellidos de los principales compañeros de reparto y del director, el sello y el año de registro, precedido, en su caso, del teatro o lugar de grabación si ésta es en vivo.

Arrieta

Marina. Bayo, Pons. Pérez. Auvidis Valois. 1998.

Es probablemente la última grabación del tenor, y así lo asevera también el biógrafo Eduardo Lucas. La voz no es la resplandeciente, fresca y de purísimo metal que sonaba en el antiguo registro publicado por el sello del que el propio cantante era consocio, Carillón, en 1960. La tersura se sustituye por la madurez en el decir, en el matiz, en el expresar. Convincente encarnación de un Jorge que no posee la agresividad y el mordiente que todo lo barre. En todo caso, la grabación en sí es muy buena técnicamente y cuenta con una compañía de canto muy equilibrada y una pulcra dirección de Víctor Pablo Pérez.

Auber

La muette de Portici. Anderson, Aler, Lafont. Fulton. EMI. 1986.

El claro fraseo, la densidad y cuerpo vocales, la seguridad en el ataque *sul fiato*, aún muy destacable, dotan a la interpretación del personaje de Masaniello de una vibración singular; aunque algunos puedan preferir las delicuescencias afalsetadas de otros en la famosa aria del sueño.

Bellini

I puritani. Maliponte, Cappuccilli, Raimondi. Gavazzeni. Ornamenti. Catania,1972.

I puritani. Deutekom, Mastromei, Giaiotti. Veltri. Arkadia. Buenos Aires, 1972.

I puritani. Caballé, Manuguerra, Ferrin. Coro Ambrosiano. Orquesta Philharmonia. Muti. EMI. 1980.

Pueden rastrearse más testimonios de este título, pero con estos tres hay suficiente para darse cuenta de que Kraus es el mejor Arturo de los últimos decenios. Supo como casi nadie, partiendo de una voz bien templada, hacer un uso muy inteligente de las áureas reglas de un belcanto evolucionado y trascendido, aplicado hoy. El abandono sin desmedida, el sentido de lo elegíaco, el empleo de un imaginativo pero controlado rubato, el balanceo que otorga a su línea, son insuperables; y perfectamente captables, pese a las deficiencias sonoras en las dos grabaciones de 1972, en las que la voz se escucha un poco en segundo plano. Nos quedaríamos con la de Arkadia. El tenor está realmente magnífico y nos ofrece un *A te, o cara* de excepción, con una utilización soberana del portamento, de la *messa di voce* y de la *sfumatura*. Y con muy pocos problemas en el sobreagudo. Mejor suena la de EMI, sin duda, gobernada por la implacable batuta de Muti, pero nos parece que Kraus, en ocasiones, propone un canto demasiado barroquizante, plagado de infinitos reguladores.

La sonnambula. Scotto, Vinco. Santi. Bongiovanni. Fenice de Venecia, 1961.

Un auténtico hito, comentado largamente por Kraus en páginas anteriores. Los ataques, límpidos y netos, el fraseo bien cincelado, el sentido del *cantabile* nos proporcionan una interpretación de Elvino seguramente muy alejada de los moldes tradicionales, pero provista de carne y de arrebato. El cantante se adorna con unos sobreagudos espectaculares –como el re natural de *Ah perchè non posso odiarti*– aunque siempre justos y musicales. El sonido es regular. Scotto borda su parte.

Bizet

La jolie fille de Perth. Anderson, Van Dam, Bacquier, Zimmermann. Prêtre. EMI. 1985.

Es la primera integral de una ópera de muy bella música y flojo libreto. El reparto es muy bueno, como la dirección musical. El timbre de Kraus centellea en las amplias cantilenas y dota de cuerpo a las partes de mayor contenido dramático.

Les pêcheurs de perles. Maliponte, Bruscantini, Campó. Orquesta y Coro del Liceo. Cillario. Carillón. 1970.

La orquesta y la dirección son mediocres, pero el registro vale la pena por la soberana lección de canto de Kraus y Bruscantini. El aria de Nadir es una demostración de fiato y de *legato* única. Maravilloso dúo con Zurga.

Boito

Mefistofele. Tebaldi, Suliotis, Ghiaurov. Sanzogno. GOP. Chicago, 1965.

Una ópera que Kraus cantó poco, y al principio de su carrera. Una Tebaldi algo agostada, la impetuosa Suliotis y el soberano Ghiaurov, junto a la experta batuta de Sanzogno, son un buen acompañamiento. La posible falta de encaje entre la voz de un lírico-ligero y un cometido que pide un lírico robusto, antes que un *spinto*, es subsanada por un canto a flor de labio y un encendido lirismo. El aria *Dai campi, dai prati* ha sido pocas veces tan bien expuesta, dicha y matizada, con hermosos reguladores marca de la casa. La toma procede de unas representaciones de las que Kraus habla en el capítulo 10.

Chapí

La tempestad. Huarte, Pérez, F. Kraus. Estela. Carillón. 1959.

La bruja. Berganza, Cava, Munguía, Maiza. Lauret. 1962.

Un jovencísimo Kraus, con la voz pura y en sazón, acomete con donosura y facilidad las figuras tenoriles de estas dos zarzuelas grandes en compañía de algunas de las voces femeninas más frescas de la época. Su hermano Francisco le da la réplica en la primera, en cuya aria de salida Alfredo se exhibe de manera insolente, con brillantísimo ataque al re bemol sobreagudo.

Delibes

Lakmé. Welting, Plishka. Rescigno. Legendary. Dallas, 1980.

No es una gran versión, pero escuchar a Kraus frasear con gusto, cantar a voz plena, en la línea de un Vanzo, sin dengues ni artificios falsetísticos, compensa.

Donizetti

Don Pasquale. Guglielmi, Panerai, Montarsolo. Bellugi. Bongiovanni. Milán, 1973.
Don Pasquale. Sills, Titus, Gramm. Caldwell. 1978.

Ninguna de las dos interpretaciones es, en su conjunto, de referencia, pero, pese a su peor sonido y a una dirección un tanto exangüe, hay que elegir la primera por el idiomatismo, la gracia y la fachenda bien desplegadas de la pareja Montarsolo-Panerai. Kraus canta como los ángeles y nos recuerda a Schipa en la exposición de *Cercherò lontana terra* (ver capítulo 13). La dirección de Caldwell es poco cuidadosa con las dinámicas y un tanto ruidosa. Gramm está lejos de la tradición de los buenos bufos italianos. El tenor canario es, junto a ciertas cosas de Sills, lo único de verdad salvable.

L'elisir d'amore. Peters, Sereni, Corena. Cleva. GOP. Nueva York, 1968.

No es una versión modélica, ni mucho menos, pero Kraus, en línea con sus ideas, huye del acercamiento típico del tenorino y plasma un Nemorino de carne y hueso, bien delineado y, sin llegar al estilo *larmoyant,* expresa convincentemente, con medias voces y matices adecuados, las cuitas del campesino. En su sitio, el aria que siempre se espera: *Una furtiva lagrima.*

La favorita. Cossotto, Bruscantini, Vinco. Bartoletti. GOP. Buenos Aires, 1967.

Excelente reparto para una grabación en vivo que recoge una histórica interpretación del Colón de Buenos Aires bien dirigida por Bartoletti. Kraus está soberano y sus intervenciones promueven interminables ovaciones. En la línea intermedia entre los antiguos tenores contraltinos como David y los líricos plenos como Duprez (que fue quien estrenó la obra, en francés). Canto *legato,* sinuoso, suave y melancólico; pero también, cuando la ocasión lo pide, como en el gran concertante del tercer acto, canto dramático, de situación. No parece haberse publicado nunca la versión grabada por EMI con Baltsa, Gavanelli y Polgár, con Giuseppe Patanè en el foso, realizada en Viena en 1989 y de la que el tenor habla más arriba.

La fille du régiment. Anderson, Trempont. Campanella. EMI. París, 1986.

Aún estaba Kraus en condiciones de atacar con seguridad y temple los célebres nueve does sobreagudos. Y de cantar impecablemente el aria del segundo acto, con un tacto, un gusto y un empleo del rubato memorables. Anderson está casi a su altura y Campanella dirige con gracia e impulso.

Linda di Chamounix. Rinaldi, Bruson. Gavazzeni. Foyer. Milán, 1972.

Es una bella versión, de mediocre sonido, de una ópera llena de encanto poético. La fresca voz de Rinaldi y el estilo elegante de Bruson casan muy bien con el arte de nuestro tenor, que se muestra especialmente inspirado en sus dos grandes arias; un auténtico curso de bien decir y de pasearse con autoridad por la zona sobreaguda.

Lucia di Lammermoor. Sills, Sardinero, Hale. Guadagno. GDS. Filadelfia, 1970.

Lucia di Lammermoor. Gruberova, Bruson, Lloyd. Rescigno. EMI. 1983.

Desde un punto de vista musical es mejor la segunda, que tiene además en el foso al competente Rescigno y a una Gruberova en buen estado, con dos voces graves de nivel. Pero Kraus, que está desbordante de fuego y ardor y frasea como nadie el recitativo *Tombe degli avi miei*, encaja mejor con el vibrato *stretto* de Sills. Sardinero es valiente y Hale no es para este tipo de cometidos.

Lucrezia Borgia. Caballé, Verrett, Flagello. Perlea. RCA. 1966.

Un prodigio de neobelcantismo; una grabación justamente famosa a pesar de la rutinaria batuta. Caballé y Verrett hacen maravillas en un año en el que nada se las resistía. Y Kraus, límpido, entonado, vigoroso y dulce al tiempo, realiza una recreación excepcional y hace creíble a un personaje tan feble como el de Gennaro.

Gounod

Faust. Scotto, Ghiaurov, Saccomani. Ethuin. Standing Room Only. Tokio, 1973.

Faust. Freni, Ghiaurov, Cappuccilli. Prêtre. Myto. Milán, 1977.

Pese a la mayor autoridad de la batuta de Prêtre y a la presencia de Cappuccilli, preferimos la versión de Tokio: suena mejor, Kraus está en una forma superior y Scotto, de timbre y emisión menos puros que Freni, matiza lo indecible y otorga un dramatismo que eriza los cabellos a Margarita. La interpretación de la cavatina *Salut! demeure, chaste et pure* por parte del tenor es excepcional, con un rutilante do sobreagudo y un prodigioso recogimiento postrero de la voz.

Roméo et Juliette. Malfitano, Quilico, Van Dam. Plasson. EMI. 1983.

En este papel, abordado por Kraus en su madurez, el tenor

realiza exquisiteces sin cuento en compañía de una muy digna Malfitano y recupera en su tonalidad original el aria O, *leve toi, Soleil*.

Massenet

Werther. Valentini Terrani, Panerai. Prêtre. Mayo Musical. Myto. 1978.
Werther. Troyanos, Manuguerra. Plasson. EMI. 1979.

La intensidad apasionada de la batuta de Prêtre, el fuego de la Charlotte de Valentini Terrani y la intervención del propio Kraus, contagiado de tanto desbordamiento, hacen que, aunque la toma sonora, en vivo, de la sesión florentina de 1978 no sea, ni mucho menos, perfecta, la función pueda ser considerada un hito; con ventaja por tanto sobre la versión en estudio de Plasson, en la que todo funciona, es verdad, bien engrasado.

Manon. Cotrubas, Quilico, Van Dam. Plasson. EMI. 1982.

Otro buen producto de la factoría EMI, una vez que estimó que ya estaba bien de que Kraus no grabara en condiciones. Esta *Manon* tiene muchos elementos positivos, además de la participación del artista canario –que no se identificó tanto con el caballero Des Grieux como con Werther o incluso Romeo–, que canta de forma elegante, procura el debido abandono a sus momentos de éxtasis y dota de carne y dramatismo de buena ley a los instantes finales de la obra. Cotrubas realiza una sentida creación.

Mozart

Così fan tutte. Schwarzkopf, Ludwig, Taddei, Berry, Steffek. Böhm. EMI. 1962.

Llamado a última hora, Kraus sentó cátedra en esta antigua grabación de estudio de cómo se ha de cantar Mozart en tiempos modernos. El carácter que otorga a Ferrando, la perfección de la técnica, la igualdad de registros son admirables y crean un personaje magnífico; aunque se pueda hablar de una cierta falta de efusión. Schwarzkopf, Ludwig y, particularmente, Taddei, le dan excelente réplica. Todo mana fluidamente y Böhm está en su sitio (con Walter Legge en la trastienda).

Don Giovanni. Janowitz, Zylis-Gara, Freni, Ghiaurov, Evans. Karajan. Nuova Era. Salzburgo, 1969.

Don Giovanni. Janowitz, Jurinac, Miljakovic, Ghiaurov, Bruscantini. Giulini. Fonit-Cetra. RAI, 1970.

Dos interpretaciones señeras, en vivo, por el valor y el trabajo de las respectivas batutas, el decoro de los repartos –irregulares y discutibles en algún aspecto (Evans)– y la presencia de Kraus, que otorga al débil don Ottavio una apariencia dramática y una dignidad encomiables, siguiendo una impecable línea de canto y solventando magníficamente tanto las agilidades como las frases de corte amoroso. Por el empaque y la sonoridad del foso, hay que elegir la versión de Salzburgo. Por la viveza y la *italianità*, y el Leporello de Bruscantini, la de Roma.

Puccini

La bohème. Scotto, Milnes, Neblett, Plishka, Manuguerra. Levine. EMI. 1980.

Kraus habla largo y tendido sobre las circunstancias que concurrieron en esta grabación. Pese a que gran parte de la crítica la consideró fallida, sobre todo por falta de adecuación de las voces, a nuestro juicio la interpretación guarda ostensibles valores. Uno de ellos es la sufriente Mimì de Scotto, ciertamente exagerada en algunos pasajes, pero emotiva a más no poder y con una línea de canto nada desdeñable. Otro es la impecable realización vocal de nuestro tenor, que dice con rara exquisitez y respeto a la detallada escritura pucciniana. Nadie podrá decir aquí aquello de la «frialdad de Kraus»; algo que ya se ha visto no está casi nunca realmente justificado. Levine acompaña con profesionalidad y alguna que otra elongación.

Rossini

Il barbiere di Siviglia. Casoni, Cappuccilli, Campi, Washington. Sanzogno. GOP. Nápoles, 1968.

Lo aéreo y liviano de la escritura rossiniana no entusiasmaban precisamente a don Alfredo; pero en sus años mozos el tenor encontraba sin problemas los caminos más directos para mantener con respeto estilístico las propuestas del Cisne de Pesaro; y, aunque con algunos recortes, brindaba un Conde de Almaviva cantado con una sorprendente justeza y una magnífica limpieza en las agilidades, sin que se escapara ni una nota. Incluso es capaz de mecerse con suavidad en la serenata *Se il mio nome*. La versión en su conjunto no pasa del aprobado raspado.

Verdi

Falstaff. Ligabue, Freni, Simionato, Evans, Merrill. Solti. Decca. 1960.

No es posible imaginarse un Fenton más adecuado; por la claridad de emisión, por el color, por el cuidado en el fraseo; por la afinación. Recordemos que el papel no lo estrenó un alfeñique, un ligero ajilguerado, sino un tenor lírico de cierta envergadura como Edoardo Garbin. La batuta de Solti es competente pero tirando a aséptica. Buen reparto femenino. Lástima que el protagonista sea un cantante tan exagerado y *plateale* como Geraint Evans.

Rigoletto. Scotto, Bastianini, Cossotto, Vinco. Gavazzeni. Ricordi. 1960.

Rigoletto. D'Angelo, Protti, Ronchini, Tadeo. Molinari-Pradelli. Trieste. 1961.

Rigoletto. Moffo, Merrill, Elias, Flagello. Solti. RCA. 1963.

La dirección de Solti es irregular, en contra de lo que podría esperarse, y resulta más bien seca. El factor romántico pesa más en la batuta de Gavazzeni, mientras que Molinari-Pradelli exhibe, con el sonido menos limpio del directo, una proverbial intención en los acentos. Kraus es bastante igual a sí mismo; oscilaba poco entre una actuación y otra, tales eran su seguridad y su aplicación, el aire aristocrático que concedía al personaje. Quizá el vivo le dé un plus de emoción a su canto en la versión del Comunale de Trieste. Pero la firmeza del ataque, la limpidez, las diferenciaciones dinámicas son pasmosas en la interpretación de 1960, en la que, como solía hacer en aquella época, canta (sin la repetición, eso sí) la comúnmente amputada *cabaletta Possente amor mi chiama*, que corona con un esplendente re natural 4 (y que falta en la versión de Trieste), y exhibe sus mejores galas técnicas y de fraseador en *Parmi veder le lagrima*. Scotto se revela como una Gilda ideal, con una carne lírica y un dramatismo a flor de labios, que mejoraría aún unos años después junto a Bergonzi y Dieskau bajo la dirección admirable de Kubelik (DG). Bastianiani, sin ser el jorobado más adecuado, hace valer su mórbido timbre. Un reparto, completado por el matrimonio Cossotto-Vinco, que supera a los otros dos. La versión de 1978, con Rudel, citada más arriba por Kraus, hoy descatalogada, nos parece de menor relieve.

La traviata. Callas, Sereni. Ghione. EMI. Lisboa, 1958.
La traviata. Scotto, Bruson. Muti. EMI. 1980.
La traviata. Te Kanawa, Hvorostovsky. Mehta. 1992.

La primera grabación tiene el valor histórico que tiene: única vez que coincidieron en un escenario la soprano y el tenor. Todo es emoción y Kraus canta con un aliento, una dicción y una línea dignos de un joven maestro. Mal sonido. La segunda, con un Kraus menos impulsivo, más meditativo, demasiado atado por la férrea mano del riguroso Muti, posee, en todo caso, valores musicales y técnicos indiscutibles y el artista español sabe recrearse en numerosas frases haciendo belcanto. En conjunto, menos equilibrada la tercera grabación, en la que, no obstante, Kraus aún es capaz de convencer a sus 65 años.

Vives

Doña Francisquita. Olaria, Pérez, Ramalle. Montorio. Zafiro. 1960.
Doña Francisquita. Bayo, Pierotti, Jericó. Ros Marbà. Auvidis Valois. 1993.

Es difícil de localizar la versión de 1960, donde Kraus se exhibía con auténtica insolencia vocal, con agudos penetrantes y eternos y sobrio fraseo, al lado de aquel verdadero jilguero que fue Ana María Olaria, de timbre purísimo y finas agilidades. La ventaja de la versión de 1993 es el sonido y la más refinada apariencia musical. El tenor hace un Fernando quizá algo maduro, aunque con un señorío vocal indudable: el timbre se nos ofrece un punto mate y los alardes de fiato y ataque ya no son, lógicamente, los mismos.

Recitales y clases magistrales

Alfredo Kraus inédito. Arias de Bellini, Lalo, Thomas, Donizetti, Bizet, Puccini, Boito, Meyerbeer, Cherubini, Verdi, Masssenet, Delibes, Gounod, Leoncavallo, y otros. Orquesta Manuel de Falla. Rescigno. Grabaciones de 1975. Boacor 3 Cds. 2006.

Estos tres discos, que contienen antiguos registros del sello Bongiovanni, albergan interpretaciones de varias páginas no habituales en el repertorio del cantante, que se mostraba por estas fechas en un extraordinario grado de forma, poniendo de manifiesto una camaleónica capacidad para adaptarse a los lenguajes más diversos, siempre con enorme riqueza expresiva, nacida del rigor, la entonación y la técnica bien entendida. Las tomas originales han sido reprocesadas, puede que con excesiva brillantez. La dirección musical del experto Nicola Rescigno es notable, pero la orquesta no da la talla.

Kraus en concierto. Arias de Rossini, Donizetti, Verdi, Mannino, Flotow, Bellini, Cilea, Wolf-Ferrari, Massenet, Mascagni, Gounod. Orquesta Academia Musicale Italiana. Mannino. 1989.

Un disco verdaderamente sorprendente por la limpieza, la igualdad de registros, el purísimo y juvenil esmalte, la amplitud del fraseo, la madurez interpretativa en un hombre que tenía ya 62 años. Las arias de *Linda de Chamounix* de Donizetti son un hito.

Una lezione di canto. Roma, 22-3-1990 + fragmentos de *Manon* de Massenet con Zeani. Rapalo. San Carlo de Nápoles. Bongiovanni. 2 CD. 1964.

Una publicación que no debe faltar en la discoteca de los mejores aficionados al canto y, por supuesto, de los amantes del arte de Kraus, que se explica, se explaya y se entusiasma desarrollando concisamente su concepción del canto; la misma que ha venido exponiéndose, mucho más ampliamente, en este libro. Hay intervenciones de los alumnos y correcciones del maestro. Como *bonus*, unas bellas escenas de *Manon* al lado de Virginia Zeani, una de las sopranos que más admiraba el tenor.

Gala para un volcán. Arias de Mozart, Donizetti, Delibes, Massenet, Lalo, Tarridas. Filarmónica de Gran Canaria. Gian Paolo Sanzogno. RTVE Música. 1992.

En la curiosa acústica de los Jameos del Agua de Lanzarote se desarrolló este jugoso recital, con un Kraus ya muy madurito, que comienza con una impecable reproducción de la maravillosa aria de Mozart *Misero! o sogno* (ver capítulo 7).

Lieder y canciones de Liszt, Donizetti, Mascagni, Respighi y Verdi. Arnaltes, piano. Capriccio. 1989.

Uno de los mejores recitales de Kraus, que, en este campo, abordado en plena madurez, se entendía muy bien con el pianista Edelmiro Arnaltes. Muy interesante la recreación del ciclo de tres canciones sobre los sonetos de Petrarca. La impoluta dicción y el sentido del matiz brillaban aquí de manera excepcional.

Canto a Sevilla de Turina. Arnaltes, piano. RTVE Música. 1991.

Los siete números de esta composición, habitualmente cantados por voces femeninas, encuentran aquí, en el fraseo y la pronunciación de Kraus, un brillo nuevo. Una interpretación distinta.

Lieder y canciones de Schubert, Brahms, Strauss, Massenet, Mascagni, Villa-Lobos, Toselli, Satie, Grieg. Arnaltes, piano. RTVE Música. 1991.

Una grabación, realizada en los mismos estudios de Radio Nacional y en la misma fecha que la anterior, que nos muestra una faceta no tan conocida del tenor: la de liederista. No era su mundo, pero ello no es óbice para que no sigamos complacidos las suaves entonaciones de piezas de Schubert, Brahms o Strauss; y para que disfrutemos particularmente del resto de canciones, en lenguas más afines al cantante.

El incomparable Kraus. Arias de Offenbach, Cilea, Donizetti, Gounod, Lalo, Meyerbeer, Strauss. Orquesta de la Welsh National Kraus. Rizzi. Philips. 1995.

A los 68 años Kraus mantenía en todo lo alto algunas de las potencias vocales en las que se asentó su arte. El timbre ha perdido mucha frescura y el aliento se resiente, pero es admirable la manera en la que, pese a ello, se encarama sin vacilar a zonas estratosféricas de la tesitura y mantiene todavía un apreciable *legato*. Nos ofrece además algunas páginas no habituales, como un aria de *Il crociato in Egitto* de Meyerbeer o la famosa cantinela *Di rigori armato il seno* de *El caballero de la rosa* de Richard Strauss.

Canciones de Lecuona. Arreglos y dirección de Juan Márquez. RCA. 1996.

De un año posterior es este disco, un tanto dulzarrón, en el que el cantante desgrana algunas de las páginas más célebres del compositor cubano.

Kraus inmortal. Romanzas, arias y canciones de Donizetti, Verdi, Massenet, Leoncavallo, Cardillo, Soutullo y Vert, Cilea, Mascagni, Villa-Lobos, Toselli, Satie, Turina. Resumen grabaciones del sello RTVE Música. 2 CD. Producción de 1999.

Grabaciones de los años 90 realizadas por Radio Televisión Española en distintos lugares públicos, que recogen interpretaciones variadas a solo o en compañía de otros ilustres cantantes de su tiempo. Un Kraus a pecho descubierto, sin ningún tipo de afeites. Un divertido y ameno popurrí.

DVD
Faust. Freni, Ghiaurov, Stilwell. Prêtre. Dreamlife. Chicago, 1980.
La favorita. Cossotto, Bruscantini. De Fabritiis. Tokio. Bel Canto Society. 1971.
La fille du régiment. Anderson, Coviello. Campori. Parma. Hardy Classics. 1987.
Lucia di Lammermoor. Sutherland, Elvira, Plishka. Bonynge. Pioneer. Nueva York, 1982.
Lucrezia Borgia. Sutherland, Howells, Dean. Bonynge. Londres. Pioneer. 1980.
Rigoletto. Rawnsley, Wise. Collado. Madrid. RTVE. 1989.
Werther. Scotto, Sardinero. Guingal. Liceo. Bel Canto Society. 1987.

APUNTE BIBLIOGRÁFICO

Textos dedicados en exclusiva a Kraus

La bibliografía que se expone a continuación es muy parva. Pero no hay mucho más escrito en exclusiva sobre la figura de nuestro tenor, sea en español o en italiano (no en otras lenguas). Eso sí, su persona, técnica, estilo y características generales aparecen estudiados, con mayor o menor acierto, en multitud de artículos y colaboraciones pertenecientes a revistas, periódicos o diccionarios diversos. Entre estos últimos, debemos citar, en nuestro país, el de la *Música Española e Hispanoamericana* de la SGAE, el de la *Real Academia de la Historia*, el de *Cantantes líricos españoles* de Joaquín Martín de Sagarmínaga (Acento. Madrid, 1997) y el llamado *Voces* de Gonzalo Badenes (Universidad de Valencia, 2005). Citemos asimismo la *Enciclopedia de Canarios Ilustres* (Centro de la Cultura Popular Canaria. Las Palmas, 2005). Por otro lado, es de utilidad conocer lo que en su libro *Voci paralelle* escribió en su día Giacomo Lauri Volpi, traducido excelentemente al castellano por Manuel Torregrosa (Guadarrama. Madrid, 1974).

En el extranjero, dos obras en las que participó el crítico Rodolfo Celletti, una como editor, *Le grandi voci* (Istituto per la Collaborazione Culturale. Roma, 1964; artículo de Giorgio Gualerzi), otra en calidad de autor, *Voce de tenore* (Idealibri. Milán, 1989). En la relación final se recogen.

De interés es el libro editado, como el presente, por la Asociación Lírica Asturiana Alfredo Kraus de Oviedo que alberga el contenido de las conferencias impartidas en el curso de La Granda dedicado al cantante que tuvo lugar del 3 al 5 de agosto de 2009. Participaron especialistas de España e Italia.

DENTICI, Nino: *Alfredo Kraus, el arte de un maestro*. Publicaciones Fher, SA. Bilbao, 1992. 184 páginas.

Probablemente, el primer libro propiamente dicho aparecido en España sobre el tenor. Se trata de un ameno y pormenorizado repaso a las distintas actuaciones del tenor en Bilbao, desde finales de los cincuenta a principios de los noventa. Narración detallada, que se completa con algunos capítulos dedicados a la voz y a la técnica del cantante.

LACOMBRADE, François: *Alfredo Kraus, confidencias para una leyenda*. Traducción de Laura Cobos Herrero. Ediciones del Cabildo Insular de Gran Canaria. Las Palmas, 1997. 230 páginas.

Una extensa y fraccionada entrevista en cinco «actos» o conversaciones con el artista, que se muestra explícito y comunicativo y da una visión de su vida y de su manera de entender el canto. Aportación de numerosas referencias personales y descripción de gestos y actitudes que nos acercan al hombre.

LANDINI, Gian Carlo: *Alfredo Kraus: I suoi personaggi*. Azzali. Parma, 2005. 169 páginas.

Inteligente estudio de los principales personajes del repertorio de Kraus, y completo análisis de la forma en que los abordaba, realizado con claridad conceptual, rigor intelectual y conocimiento. Demostración de la camaleónica facilidad del tenor para acercarse a criaturas operísticas de muy diverso carácter. Libro ilustrativo y enjundioso, escrito con bello y expresivo lenguaje.

Lucas, Eduardo: *Alfredo Kraus: Desde mis recuerdos*. Alcalá, Grupo Editor. Alcalá la Real, Jaén, 2007. 462 páginas.

Voluminoso trabajo, de amplio formato, en el que el autor, prestigioso otorrino y estudioso jiennense, amigo personal del tenor, ha depositado, con extremado cariño, sus recuerdos y añoranzas de su larga relación con él. Abundante documentación, escrita y gráfica, detallada biografía, distintos análisis, debidos a la pluma de varios especialistas, del arte del cantante y extensos y útiles índices. Faltan, no obstante, datos y personas.

Nin De Cardona, José María: *Alfredo Kraus: El último ruiseñor*. Edición no venal a cargo del autor. Madrid, 2000. 381 páginas.

Una bien intencionada aproximación a la figura del tenor desde la óptica de la admiración más absoluta. De una forma no sistemática, se penetra en el espíritu y el carácter de la persona y se enjuicia de manera entusiasta su manera de cantar, al tiempo que se aporta una buena documentación gráfica.

Vitali, Giovanni: *Alfredo Kraus*. Bongiovanni. Bolonia, 1992. 196 páginas.

El autor, en un lujoso y gran volumen, bien ilustrado, antes que el método y características vocales, estudia particularmente la biografía del cantante, con un detallado repaso a las actuaciones florentinas. Buenos índices, sobre todo el de la cronología de la carrera, encomendado a Carlo Marinelli Roscioni; aunque, dado el año, menos completo, como es lógico, que el contenido en la obra de Lucas.

Textos conectados con el canto citados en el libro

Husson, Raoul: *El canto*. Traducción del original francés. Editorial Eudeba. Buenos Aires, 1965.

Lablache, Luigi: *Méthode compléte de chant*. Bruselas, 1840.

LAMPERTI, Francesco: *A Treatise on the Art of Singing*. London, 1877. Rev. & Trans. by J. C. Griffith. New York: Schirmer, 1980.

MANDL, Louis: *Memoire sur la phonation*. Baillière. París, 1853.

REVERTER, Arturo: *El arte del canto*. Alianza Editorial. Madrid, 2008.

VIÑAS, Francisco: *El arte del canto. Datos históricos, consejos y normas para educar la voz*. Salvat editores, S. A. Barcelona, 1932.

Algunos otros textos básicos de interés

CELLETTI, Rodolfo: *Historia del bel canto*. La Nuova Italia Editrice, 1986. Hay traducción francesa de Fayard de 1987.

CELLETTI, Rodolfo: *Il canto*. Garzanti. Milán, 1989.

CELLETTI, Rodolfo: *Voce di tenore*. Idealibri S.p.A. Milán, 1989.

FISCHER-DIESKAU, Dietrich: *Hablan los sonidos, suenan las palabras*. (Historia e interpretación del canto). Turner. Madrid, 1990.

GARCÍA, Manuel: *Tratado completo del arte de canto (Escuela de García)*. Traducción de la edición francesa de 1847 por Eduardo Grau. Ricordi Americana. Buenos Aires, 1953.

LANG, Paul Henry: *La experiencia de la ópera*. Alianza Editorial. Madrid, 1983. Traducción de la edición inglesa de Norton, 1971.

LAURI VOLPI, Giacomo: *Voces paralelas*. Traducido del italiano original. Guadarrama. Madrid, 1974.

LÁZARO, Hipólito: *Mi método de canto*. Edición privada. Barcelona, 1947.

MARAGLIANO, Rachelle: *Coscienza della voce*. Curci. Milán, 1970.

MARCHESI, Gustavo: *Canto e cantanti*. Ricordi. Milán, 1996.

OSBORNE, Charles: *The Dictionary of Opera*. Macdonald & Co. Londres, 1983. Hay edición española.

REGIDOR, Ramón: *Temas del canto. El aparato de fonación*. Real Musical. Madrid, 1975.

REGIDOR, Ramón: *Temas del canto. La clasificación de la voz*. Real Musical. Madrid, 1977.

REID, Cornelius R.: *A Dictionary of vocal terminology. An analysis*. The Joseph Patelson Music House. Nueva York, 1983.

SILVESTRINI, Domenico: *Aureliano Pertile e il suo metodo di canto*. Bologna, Aldina, 1932.

V.V.: *Le grandi voci. Dizionario Critico-biografico dei cantanti*. Director: Rodolfo Celletti. Istituto per la Collaborazione Culturale. Roma, 1964.

ÍNDICE ONOMÁSTICO

Abbado, Claudio, 106
Alonso, Odón, 216
Alva, Luigi, 49, 87
Analoro, Antonio, 34
Anders, Peter, 129
Anderson, June, 228, 276, 282
Andrés, Francisco, 27-28, 30, 33, 37, 40, 58, 84, 191
Ansani, Giovanni, 20
Anselmi, Giuseppe, 200
Aragall, Jaime, 228
Arnaltes, Edelmiro, 13, 114, 224, 230, 234, 289
Arteta, Ainhoa, 228
Ausensi, Manuel, 145

Baltsa, Agnes, 160-161, 276, 282
Barrientos, María, 188
Bartoletti, Bruno, 34, 282
Bastianini, Ettore, 138, 287
Bayo, María, 217-218, 228
Bechi, Gino, 24, 138
Berganza, Teresa, 30, 188, 213
Bergonzi, Carlo, 127, 129, 196, 287
Bernstein, Leonard, 153
Blake, Rockwell, 152
Bogianchino, 176
Böhm, Karl, 91, 110-111, 248, 270, 285
Bonynge, Richard, 181
Bordoni, Franco, 167

Borgioli, Dino, 154
Bruscantini, Sesto, 16, 161, 164, 228, 280, 285
Bruson, Renato, 138, 282

Caballé, Montserrat, 133, 155, 188
Caldwell, Sarah, 281
Callas, Maria, 33, 41, 121, 144, 153, 169, 192, 203, 205-206, 247
Campanella, Bruno, 282
Campó, Antonio, 186, 214
Cappuccilli, Piero, 138, 283
Capsir, Mercedes, 188, 220
Cardoso, Soledad, 224
Carreras, José, 103
Caruso, Enrico, 127, 187, 248
Celletti, Rodolfo, 19, 198, 292
Ciofi, Patrizia, 144
Corelli, Franco, 122, 190
Cortis, Antonio, 127
Cossotto, Fiorenza, 161, 164, 287
Cristofori, Francesco, 67

D'Angelo, Gianna, 143-144
Dal Monte, Toti, 198
Damrau, Diana, 144
David, Giacomo, 151, 282
De Fabritiis, Oliviero, 105
De la Torre, Néstor, 25
De los Ángeles, Victoria, 188

Dermota, Anton, 129, 134
Di Stefano, Giuseppe, 33, 54, 198
Domingo, Plácido, 100, 215, 231
Donzelli, Domenico, 151
Duprez, Gilbert, 44, 49, 82, 282

Eda-Pierre, Christiane, 155
Elías, Jorge, 224
Espada, María, 224
Evans, Geraint, 285-286

Fatuo, maestro, 58-59
Filippeschi, Mario, 156-157
Fischer-Dieskau, Dietrich, 287
Fleta, Miguel, 20, 38, 186-187, 190, 220, 242
Flórez, Juan Diego, 54, 152
Fornasari, maestro, 88
Fraschini, Gaetano, 239
Freni, Mirella, 181, 283
Fuentes, Antonio, 158

Gabaldón, Aurelio, 224
Galeffi, Carlo, 220
Galliera, Alceo, 142
Gandía, Antonio, 224
Garbin, Edoardo, 286
García, Alicia, 224,
García, Ana Lucrecia, 224
García, Juan, 24, 64
García, Manuel, 18, 20, 44, 49, 64, 151-152, 188, 238, 268
Gavanelli, Paolo, 161, 276, 282
Gavazzeni, Gianandrea, 153, 159, 274, 286
Gayarre, Julián, 47, 57, 122, 160, 164, 191, 239-240
Gedda, Nicolai, 230
Gerli, Giuseppe, 57, 191
Ghazarian, Sona, 161
Ghiaurov, Nicolai, 133, 186, 228, 280
Gigli, Beniamino, 24, 81, 101, 170, 190, 230, 249
Gigli, Rina, 190
Giorgi-Righetti, *véase* Righetti, Geltrude
Glossop, Peter, 138
Gramm, Donald, 281
Gruberova, Edita, 283

Hale, Robert, 283
Hidalgo, Elvira de, 188
Horne, Marilyn, 150-151
Huarte, Lina, 216
Husson, Raoul, 48

Irazazábal, Laureano, 273
Iriarte, Ana María, 216

Janowitz, Gundula, 133
Jordi, Ismael, 224

Karajan, Herbert von, 107-110, 133, 165
Kaufmann, Jonas, 18
Kesting, Jürgen, 41
Kiepura, Jan, 100, 170
Kohn, Eugene, 231
Kraus, Francisco, 25, 281
Kraus, Otto, 25, 29
Krips, Josef, 132-133
Kubelik, Rafael, 287

Lablache, Luigi, 64
Lamperti, Francesco, 57-58, 191, 194, 240
Lamperti, Giovanni Battista, 57, 240
Lauri Volpi, Giacomo, 64, 119, 190, 192, 229, 251, 292
Lavirgen, Pedro, 228
Lázaro, Hipólito, 67-68, 220
Legge, Walter, 110-111, 285
Levine, James, 165, 285
Ley, Rosa de, 17, 28
Liebermann, Rolf, 176
Llopart, Mercedes, 16,18, 27, 29-30, 33, 35, 37, 40, 57-59, 65, 84, 124, 169, 191, 195, 202
Lloris, Enedina, 188
Lorengar, Pilar, 131, 145, 188, 213
Lucas, Eduardo, 142, 158, 278
Ludwig, Christa, 285

Machado, Aquiles, 224
MacNeil, Cornell, 45, 138, 142
Maggiera, Leone, 231
Malfitano, Catherine, 284
Mandyczewski, Eusebius, 132
Mandl, Louis, 64
Manzini, Tiziano, 19
Mardones, José, 189, 220
Mariategui, Suso, 13, 223-224, 231, 234-235
Marimpietri, Lidia, 34
Mario de Candia, 239
Markoff, Galli, 26-27, 29, 33, 37, 40, 65, 84, 231-232
Mascherini, Enzo, 33
Massini, Galiano, 239
Matteuzzi, William, 152
Mazza, Gabriella, 167

McCormack, John, 182
Mehta, Zubin, 266
Milani, empresario, 32, 34
Misciano, Alvino, 34, 154
Moffo, Anna, 142
Molinari-Pradelli, Francesco, 142, 286
Monaco, Mario del, 100, 193, 229
Montarsolo, Paolo, 281
Monti, Nicola, 49, 87, 154
Morini, François, 179
Mosuc, Elena, 144
Munguía, Carlos, 214, 216
Muti, Riccardo, 78-79, 98, 106, 109-110, 129, 155, 157, 173, 220, 266, 279, 287

Nieto, Ofelia, 220
Nilsson, Birgit, 122
Nourrit, Adolphe, 49, 83
Nozzari, Andrea, 151

Obradors, Fernando, 24-25
Obraztsova, Elena, 169
Olaria, Ana María, 27, 214, 216, 288
Olivero, Magda, 35
Orfila, Simón, 224
O'Shea, Paloma, 224

Palacio, Ernesto, 228
Panerai, Rolando, 133, 229, 281
Parenti, Mario, 34
Patanè, Franco, 34
Patanè, Giuseppe, 34, 161, 282
Pavarotti, Luciano, 90, 189, 231
Paz, Enrique, 223, 235
Peerce, Jan, 131
Pérez, Víctor Pablo, 278
Pertile, Aureliano, 24, 38, 127, 194-195, 197, 200, 247
Pierotti, Raquel, 218
Pilou, Jeanette, 177-178
Pistocchi, Francesco, 19
Plasson, Michel, 17, 178-179, 284
Polgár, László, 161, 282
Pons, Joan, 228
Porpora, Niccola, 19-20
Pravi, doctor, 100
Prêtre, Georges, 169, 176, 283-284
Protti, Aldo, 138, 142

Raimondi, Gianni, 156
Redondo, Marcos, 210, 220-221
Rescigno, Nicola, 283, 288
Righetti, Geltrude (Giorgi-Righetti), 151
Rinaldi, Margherita, 282
Rivadeneira, Inés, 216
Romeu, Pepe, 24
Ros, María, 190
Ros Marbá, Antoni, 217
Rossi, Tino, 198
Rota, Anna Maria, 167-168
Rubini, Giovanni Battista, 44, 49, 89, 126, 151, 153-154, 157, 239, 263-264
Rudel, Julius, 275, 287

Sabata, Victor de, 105-106
Samaritani, Pier Luigi, 176
Sánchez Cano, Lorenzo, 216
Santi, Nello, 153, 201, 206
Santini, Gabriele, 105
Sanzogno, Nino, 149-150, 231, 280
Saraceni, Adelaide, 199
Sardinero, Vicente, 228, 283
Savarese, Ugo, 138
Schipa, Tito, 24, 38, 51, 86, 136, 169-171, 174, 194-200, 256, 261, 281
Schwarzkopf, Elisabeth, 110, 270, 285
Scotto, Renata, 34, 144, 149, 153, 165, 201-204, 228, 279, 283, 285, 287
Sills, Beverly, 275, 281, 283
Silvestrini, Domenico, 195
Simionato, Giulietta, 193
Simoneau, Léopold, 248
Solti, Georg, 274, 286
Sorozábal, Pablo, 219
Suárez, María, 25-26
Sutherland, Joan, 180, 201, 206-207

Taccone, actor, 168
Taddei, Giuseppe, 138, 229, 285
Tagliavini, Ferruccio, 168, 249
Tamayo, José, 212, 214, 216
Tamberlik, Enrico, 220
Tassinari, Pia, 168
Tauber, Richard, 38, 51
Tebaldi, Renata, 205-206, 280
Thill, Georges, 38, 170-171, 174, 199
Tonini, maestro, 153
Tordesillas, José, 114, 136
Torrano, Ginés, 214
Torregrosa, Manuel, 292
Torres, Raimundo, 185-186
Tosti, Francesco Paolo, 19, 277

Vaccai, Nicola, 18
Valentini Terrani, Lucia, 284

Valletti, Cesare, 87, 154
Van Dyck, Ernst, 170
Vanzo, Alain, 281
Vela, Aníbal, 216
Velázquez, Conchita, 29, 168
Vendrell, Emilio, 214
Verrett, Shirley, 163, 283
Vinco, Ivo, 161, 287
Viñas, Francisco, 52, 54-56
Visconti, Luchino, 153
Votto, Antonino, 153

Wallmann, Margarita, 173
Wunderlich, Fritz, 129, 134

Xinny, Maruxa, 228

Zeani, Virginia, 34, 289
Zedda, Alberto, 151
Zeffirelli, Franco, 142, 206
Zylis-Gara, Teresa, 133